高等院校通识教育
新形态系列教材

大学生就业指导

慕课版·双色版·第 2 版

张业平 王建东 吴优◎主编
杨德龙 刘秀敏 马文玮◎副主编

人民邮电出版社
北京

图书在版编目（CIP）数据

大学生就业指导 : 慕课版 : 双色版 / 张业平, 王
建东, 吴优主编. -- 2版. -- 北京 : 人民邮电出版社,
2023.1
高等院校通识教育新形态系列教材
ISBN 978-7-115-59830-1

Ⅰ. ①大… Ⅱ. ①张… ②王… ③吴… Ⅲ. ①大学生
－就业－高等学校－教材 Ⅳ. ①G647.38

中国版本图书馆CIP数据核字(2022)第144128号

内 容 提 要

本书依据《大学生职业发展与就业指导课程教学要求》编写，主要内容包括剖析就业形势与政策、
正确开启职业生涯规划、全面提升就业技能、找准就业途径与求职方式、掌握应试技巧与职场礼仪、
做好就业心理准备、迈入职场第一步、保障就业权益、大学生自主创业等内容。全书内容丰富、系统、
全面，讲解通俗、易懂、清晰。

本书适合作为高校"大学生就业指导""职业发展与就业指导"课程的教材，也可作为高校相关教
职人员的参考书，还可供有志于确立自己人生规划，提高自己就业与创业能力的广大青年朋友阅读。

◆ 主　　编　张业平　王建东　吴　优
　　副 主 编　杨德龙　刘秀敏　马文玮
　　责任编辑　祝智敏
　　责任印制　王　郁　陈　犇
◆ 人民邮电出版社出版发行　　北京市丰台区成寿寺路 11 号
　　邮编　100164　电子邮件　315@ptpress.com.cn
　　网址　https://www.ptpress.com.cn
　　北京鑫丰华彩印有限公司印刷
◆ 开本：787×1092　1/16
　　印张：13.75　　　　　　　　　2023 年 1 月第 2 版
　　字数：284 千字　　　　　　　2025 年 1 月北京第 5 次印刷
　　　　　　　　　　定价：49.80 元
读者服务热线：(010)81055256　印装质量热线：(010)81055316
反盗版热线：(010)81055315
广告经营许可证：京东市监广登字 20170147 号

前言
PREFACE

就业是民生之本，更是安国之策，也是实现社会长治久安的基本保证和全面建成小康社会的必然要求。党的十九大报告强调就业是最大的民生。党的二十大报告中明确提出"实施就业优先战略，强化就业优先政策，健全就业促进机制，促进高质量充分就业。健全就业公共服务体系，完善重点群体就业支持体系，加强困难群体就业兜底帮扶。统筹城乡就业政策体系，破除妨碍劳动力、人才流动的体制和政策弊端，消除影响平等就业的不合理限制和就业歧视，使人人都有通过勤奋劳动实现自身发展的机会"，再次强调了党中央对做好就业工作的看重。

大学生就业指导旨在提升大学生综合素质和增加就业知识，对提高大学生的个人竞争力、促进社会发展有着十分重要的意义。高校对当代大学生开展有效的就业指导，不仅有利于大学生树立正确的职业观，合理确立就业目标，而且有利于加强对大学生综合素质的培养，使大学生更快地适应经济和社会发展的需要。

在此背景下，我们邀请了长期工作在高校教学和管理一线的资深老师，本着实用、新颖的原则共同编写了本书。该书以全面提升大学生综合素质和就业能力为宗旨，结合当前的就业形势和政策，以及教育改革的特点，把就业指导贯穿大学生活的始终，以创建一个全新的大学生就业指导体系。

本书自推出以来受到广大读者的好评，但第 1 版至今已经过去了一段时间，大学生面临的就业环境、社会环境等也发生了一定的变化。为了适应这些变化，我们对教材内容进行了优化，如调整了章节结构、删减了部分冗余内容，更新了就业政策和就业趋势内容，增加了新的案例和拓展阅读等。

作为大学生就业指导的教材，与目前市场上的其他同类教材相比，本书具有以下特点。

（1）内容切合实际。本书从大学生的职业生涯规划、能力要求、心理素质、角色转换、创业环境、创业能力等方面进行全面阐述，引导大学生树立并培养在职业规划、就业、角色适应、创业等方面的意识与能力。

（2）知识分布合理。本书包括就业形势与政策、职业生涯规划、就业指导、

自主创业、案例分析 5 个部分共 10 章内容。其中，第一章为剖析就业形势与政策，主要介绍就业环境、就业现状、就业帮扶政策与措施等内容，帮助大学生做出正确的择业判断；第二章为正确开启职业生涯规划，主要介绍职业生涯规划的主要内容、方法和基本步骤等，让大学生从时间、实力和经验等方面做好充足的准备；第三章至第八章主要涉及就业指导领域，主要介绍提升就业技能、求职技巧、面试与笔试攻略、就业心理调整、角色转换与就业权益保障等内容，帮助大学生成功就业；第九章为大学生自主创业，介绍创业现状、创业准备、创业计划书的编写等，以激发大学生创业的意愿，鼓励大学生自立自强；第十章为大学生就业与创业案例分析，通过案例形式帮助大学生进一步了解就业与创业的相关知识。

（3）注重素质提升。主要体现在素养目标、课堂讨论、案例阅读与点评、思考与练习等栏目。希望在培养读者具备所需知识和能力的同时也能提高读者的道德品质和修养。

（4）案例丰富。本书附有大量就业案例，这些案例真实有趣，具有很强的可读性和参考性，大学生可以从中得到感悟，并汲取经验教训。

（5）寓教于乐。本书配有大量的课堂活动和自我评估测试题，课堂活动的作用是引导学生在活动中理解课堂知识，提升对知识的认知；自我评估测试题则用于学生进行自我评估，加深对自我的认识。课堂活动和评估测试题既具有教学作用，又可以增加阅读的趣味性。

（6）丰富的配套资源。本书配有丰富的拓展资源，学生通过扫描书中的二维码，可以获取更多的学习资源。此外，本书还提供 PPT、教学教案、教学大纲和练习题库等教学资源，有需要的读者可在人邮教育社区网站（www.ryjiaoyu.com）免费下载。

本书由张业平、王建东、吴优任主编，杨德龙、刘秀敏、马文玮任副主编。本书编写过程中参考和使用了大量相关资料，在此谨向这些资料的作者致以诚挚的谢意。

由于作者能力有限，书中可能存在表述不妥之处，恳请同行专家与读者朋友批评指正。

目录

CONTENTS

第一章　剖析就业形势与政策

学习目标

了解大学生当前所处的就业环境；
熟悉我国的就业扶持政策与措施；
了解大学生就业流程。

素养目标

能够树立正确的就业观，并借助国家的相关扶持政策与措施实现就业。

案例导入

　　小许在高考前填报志愿时一直很犹豫，不知道该选哪一个专业。最后，在家人的建议下他选择了当时热门的"工商管理"专业。在校期间，小许埋头苦读，成绩也不错。大学毕业时，本以为学的是热门专业，好找工作，但当他拿着毕业证书走进人才市场时才发现，该专业毕业的大学生很多，竞争压力可想而知。但更糟糕的是，用人单位提供的工作岗位并没有因为毕业生人数的增加而增设，反而在减少，造成了几十个人竞争一个岗位的局面，面对"供大于求"的专业，此时的小许有些迷茫。

案例思考

　　1. 当年看好的"热门"专业，为何毕业时却找工作不易？

　　2. 从这个案例，你得到哪些启发？如果你是小许，在面临工作岗位减少时，你会怎么做？

职场的需求冷热是一个动态的过程，没有永远的"热门"，也没有永远的"冷门"。如果只考虑当前的"热门"或"冷门"，而不分析当前的就业形势、行业发展趋势、岗位需求等综合因素的变化，当"热门"变成"冷门"时，求职就会遇到难题。因此，大学生就业前，一定要先对当前的就业形势有一个清晰的认识，以便帮助自己作出正确的择业判断。

第 一 节　分析大学生面临的就业形势

📝 课堂活动

活动主题：谈一谈自己所处的就业环境。

活动内容：请同学们各抒己见，谈一谈自己对当前就业环境的看法。

　　张同学说："受大环境及专业背景的影响，加上往年待业的毕业生及留学回国的学生，就业难度相比往年会有所增加。"

　　李同学说："互联网平台催生的新就业形态，已经成为当前及未来不容忽视的就业形式，蕴含着巨大的发展动力和潜力。所以，我觉得新就业形态不仅拓展了我们的就业空间，而且还为我们提供了更多的就业机会。"

　　……

通过上述活动不难看出，大学生更加成熟，对自己所处的就业环境认识得也更加透彻和理性。那么，目前我国的就业环境到底是什么样呢？作为新时代的大学生，面对就业时又应该具备怎样的就业观？

一　大学生就业环境

就业环境，是指与大学生择业有关的经济、政治、文化等社会环境。就业环境对大学生的择业影响是多方面的，包括直接的、间接的、积极的影响等。因此，大学生在择业时，一定要正确认识并充分分析自己所处的就业环境，并从中寻找有利因素，防止不利因素，这样才能在择业时做到有的放矢。

1. 新一轮科技革命为就业创业带来新机遇和新挑战

新一轮技术革命涉及实体和虚拟经济，覆盖制造、信息、金融、教育、医疗及生活服务等多个行业和领域，将重构生产、分配、交换、消费等经济活动各环节，从而促使劳动力市场岗位需求结构发生改变。

另外，新技术的发展又促使就业市场发生积极变化，催生出一批新模式、新业态，带来新兴产业发展和经济增长加速，并创造出新的岗位需求，如技术发明、创业设计、产品研发、工程师、教育、管理咨询师等方面的人才需求增加，这将会为大学生创造更多、更匹配的就业机会。

提醒

数字经济背景下，大学生作为就业的主力军，一定要以积极的心态迎接新业态、新岗位的挑战，将就业压力转化为就业动力，牢牢把握就业机会。另外，数字经济背景下，学习能力是实现成功就业的"敲门砖"，所以，在校期间，大学生一定要不断提升自己的专业技能和学习技能。

阅读材料

把握就业机会

小郭是某高校数控技术专业学生。大三寒假结束后，他抱着多尝试、多见识的心态，在网上投了几十份简历，但没有得到一个面试机会，小郭十分沮丧，于是寻求辅导员的帮助。辅导员得知小郭的情况后，帮助小郭分析了当前的就业形势，目前的就业形势处于"慢就业"的状态，寻找就业机会时，应尽可能精确匹配。于是，在辅导员的指导下，小郭认真准备求职信息，并分析自身优势、性格、兴趣等因素，最后结合岗位需求进行择业。后来，小郭应聘一家装备制造公司的数控工艺员一职，通过前期的准备工作，成功入职该公司。

分析：有些公司受业务量影响缩减招聘岗位，给求职者带来了一定影响。另外，对就业形势把握不准、对就业机会识别不够准确等也是应届毕业生的短板。因此，作为大学生，应当立足自身需求，实时掌握就业环境的动态变化，科学匹配、精准甄选就业信息，这样，才能在毕业就业时精准发力，提高就业成功率。

2. 大学生就业市场在转变

近年来，随着经济和各项事业的不断发展，我国高等教育模式已从传统的精英化模式向现代的大众化模式转变。在"精英教育"阶段，高校毕业生供给小于社会需求，大学生处于"卖方市场"。但是当高等教育迈向"大众化教育"阶段时，大学生紧缺的时代一去不复返，大学生与市场需求逐渐呈现"供需平衡"，直至"供大于求"的现状。此时，大学生就业基本趋于市场化，价格机制在就业市场中的调节作用越来越大。

大学生一定要主动出击，通过各种渠道，如学校的就业信息网、各大招聘网站、企业的官方网站、本地人才市场等，寻找就业机会。

3. 用人标准由"重学历"转向"重能力"

过去，我国大部分企业都会对求职者的学历做出硬性要求，求职者学历越高，就业就越容易，求职者文化程度的高低成为企业选才用人的重要参考因素。但是，近年来，用人单位用工要求由原来的侧重求职者学历，开始转向注重求职者的实际工作能力和综合素质等方面转变，学历因素对求职者的影响略有下降。

各类企业和机构招聘人才时，会同时评估大学生的能力和学识水平，所以，为了寻求一份好工作，大学生还应该在提升自身能力水平上多下功夫。

阅读材料

同等学历，能力更重要

小君是一名金融学专业的研究生，金融专业也被戏称为最有"钱"途的专业。不管是在哪个口径统计出来的薪酬数据中，金融行业的薪酬都位居前列。小君也感觉自己很幸运，选择了当下最热门的专业，找到理想工作完全没有问题。

小君信心满满地来到招聘平台，搜罗各种适合她专业的岗位，简历也投了很多。一开始她打算去银行、证券、保险行业谋求职位，可就业要求实在太高，最终她选择了财务行业。于是，小君开始关注国有企业、合资企业、民营企业等的招聘信息，也相继参加了一些单位的笔试、面试，但最终的结果都不尽如人意，有些公司待遇不理想，有些公司地理位置偏远。小君陷入了苦恼，时常在想"也许不读研究生，早点就业会更好吧？"

后来，小君的导师了解到她就业的情况，将她叫到办公室安慰了一番，还主动为她介绍了一家从事期货的民营企业。这家民营企业的经理通过与小君面对面交谈后，发现她除了学历上有优势外，在工作能力和特长等方面比较弱，而企业里面研究生毕业且能力比她强的人有很多。小君应聘的职位，不仅需要学历的支撑，对数学和英语的要求也很高，同时还需要较好的沟通能力。这些能力她都不具备，所以聘用也就成了泡影。

分析： 从案例不难看出，研究生学历并不是应聘的单一条件。个人学历固然重要，但在同等学历基础上，提升个人职业能力和学习能力更加重要。要想保证自己有较强的竞争力，大学生就需要认真分析就业环境，提前做好充分准备。

4. 就业形式由"单一"走向"多样"

高等教育逐渐步入大众化发展阶段，已不仅仅是数量的变化，还包括培养模式、教学方式、培养目标等一系列的改变。培养目标和要求的多样化必然导致毕业生就业取向和就业形式的多样化。

（1）就业地点有大城市、中小城市和城镇等。

（2）就业单位有党政机关、事业单位、国有企业和民营企业等。

（3）就业方式有录用、聘用、灵活就业、项目就业和境外就业等。

阅读材料

就业地点不是择业的唯一标准

小金的父母都是英语老师，从小她的英语就非常好，还经常参加各种英语演讲比赛并获得了不错的成绩。马上面临大学毕业，小金却开始犯愁了，因为到目前为止，她还没有找到满意的工作，几个月求职碰壁的经历真真切切地让她感受到了就业的不易。

"找工作要慢慢来，不能着急，有时工作地点也不是首要的参考标准，你可以考虑在家乡发展也不错，现在老家也有很多不错的企业。"放下电话的小金觉得心情豁然开朗。父母的一席话也让小金重新定位了自己的择业目标，不再一味地追求大城市，而是将目光投向了自己的家乡。很快，小金就获得了一次面试机会，是一家能源科技公司的翻译员职位，虽然工资待遇比不上大城市，但发展前景好，也与小金的职业目标符合。小金顺利通过面试后，参加了公司的第二轮笔试，在二十几个应聘者当中，小金以出色的口语和笔试能力胜出，正式加入销售科，负责外贸部门的翻译工作。

分析：中小城市不一定没有就业机会。随着市场经济的不断发展，许多中小城市都有了自己的龙头企业，这些企业的发展同样需要大量的人才。大学生应该根据自身情况，选择一个有发展前景的职位，创造属于自己的一片天地。

5. 战略新兴产业受青睐

国家发展的大布局，特别是与"一带一路"、京津冀一体化、粤港澳大湾区等相关的行业，对人才吸引力巨大。此外，信息网络行业、机械制造业、生物医药行业对毕业生的需求比较大，智能装备、新材料、新能源、空间技术等战略性新兴产业对毕业生的需求也呈上升趋势。

二、大学生就业现状

目前，对大学生而言，除了就业人数逐年上升外，就业需求结构性的变化、专业的热门与冷门转化快，也是面临的主要问题。大学生认清就业现状，有助于在这种就业形势下找准定位，树立正确的就业观。

1. 就业需求结构变化，供给与需求存在矛盾

随着中国高等教育的不断发展，以及国民对文化教育重视程度的不断提高，高等教育进入大众化时代。但一些问题也随之产生，教育大众化要求普通高校进行大规模扩招，导致高校毕业生（一般简称毕业生）数量快速增长。2016 ~ 2022 年 6 年间高校毕业生的数量（图 1-1），2022 年高校毕业生规模达 1 076 万人，同比增加 167 万人，规模和增量均创历史新高。

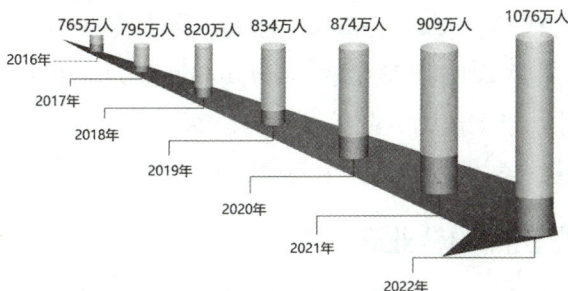

765万人　795万人　820万人　834万人　874万人　909万人　1076万人

2016年
2017年
2018年
2019年
2020年
2021年
2022年

图 1-1　2016 ~ 2022 年高校毕业生的数量

高校毕业生数量的快速增长对毕业生择业就业造成了很大影响，近几年，无论是国际还是国内，经济增长速度都有所放缓，此时，很多企业为了生存，采用"断尾"的方式求生，即消减成本压力，缩减校园招聘名额。除此之外，社会对毕业生的学历要求也越来越高。在应届生求职数量远大于招聘数量的情况下，企业有可能会抬高入职门槛，如提高学历要求、学校要求等，以筛选出适合企业的优质毕业生。

随着我国制造业水平的不断提升，对于高级技工的渴求日益迫切。《制造业人才发展规划指南》数据表明，到 2025 年，我国制造业 10 大重点领域人才需求缺口将达到 2 985.7 万人，缺口率高达 48%。高科技产业人才缺口大，一方面是大量应届毕业生一岗难求，另一方面是企业对于技术工人求贤若渴，结构性用工荒越发突出。

2. 片面的人才观依然存在

近年来，随着高等教育大众化的普及和就业压力的增加，大学生的就业观念也有所改变，就业期望值有所降低，但"好高骛远"的想法依然存在，大多数毕业生希望到大城市、大机关、大公司、大院所、大企业等比较体面的单位就业。毕业生择业时容易受社会上一些舆论的左右，而不考虑自身条件及社会整体需求。

大学生自身定位与社会发展对人才的需求存在较大的差异性，结果出现了有些大学生找不到工作，而又有不少工作岗位没有招聘到人的异常现象。

3. 专业的热门与冷门转化快

学习的最终目的是学以致用。为适应社会发展的需求，学校教育也在不断改革，专业设置、课程设置与社会的关联度不断上升。教育改革在一定程度上缩短了学校与社会的差距，弱化了理论与实践之间的距离。

但随着社会科学技术的迅速发展，企业内部结构不断发生变化，企业岗位的设置、人员的需求都在不断调整。高校热门专业的扩招只能针对当下的社会需求和社会热点，有可能大学生经过多年学习，毕业后，企业的岗位需求已经发生了变化。

4. 素质要求大于学习成绩

随着社会经济的发展，用人单位的择才观念也在发生变化。调查显示，用人单位对大学生的基本能力要求依次为环境适应能力（约占26.3%）；人际交往能力（约占22.5%）；自我表达能力（约占18.7%）；专业能力（约占16.29%）；外语能力（约占16.3%）。能力成为影响大学生成功就业最基本、最直接的因素。除了专业能力，用人单位还提出了明确的非专业能力要求，主要集中在表达能力、协调沟通能力、人际交往能力、组织管理能力、适应能力、实践能力、学习能力、应变能力、观察能力和分析能力等，尤其是学习能力，已成为现代用人单位考查大学生能力的一个重要因素。

三 大学生应树立正确的就业观

毕业在即，莘莘学子在踏入社会打算一展宏图之时，除了要认清当前的就业形势外，还需要在不断提高自身综合素养的同时，树立正确的就业观。

1. 认清就业形势，把握就业机会

当代大学生应理性看待当前的就业形势，把握社会发展的趋势。由于某些学校和媒体过分渲染就业形势的严峻性，而某些大学生又不做尝试和调查，盲目地偏听偏信，导致就业信心不足。其实，我国不断发展的经济给大学生带来了很多新的机遇，面对这些机遇，大学生应积极把握，同时又要理性选择，切忌盲目跟风，适合自己的才是最好的。建议广大毕业生全面冷静地分析自身情况和社会发展趋势，调整心态，不断充实自己，把握就业机会。

2. 提高综合素养，增强就业竞争力

大学生在校学习期间，除了努力学习课本知识外，还必须培养良好的职业道德，树立崇高的职业理想，不仅是为了拓展职业的价值领域，更是为了提升世界观、人生观和价值观。与此同时，大学生还应当具有创新精神，面对激烈的社会竞争，能视变化为机遇，视困难为坦途，对生活、对未来充满期望，充满热情。除此之外，大学生还要注重自身能力的培养。能力是一个人素质的外在表现，大学生应尽可能培养自己处理信息的能力、处理人际关系的能力、系统看待事物的能力、运用技术的能力、审美能力等，只有这样，才可能在社会上更有立足之地。

3. 找准自己的位置

找准自己的位置对大学生择业而言非常重要。不管是"双向选择"还是"自主择业"，最后都会落实到一个具体的工作岗位。大学生要选择适合自己的岗位，首先要从需求信息入手，信息越多，选择的余地就越大；信息越可靠，越有利于做出决定。

同时，大学生要善于从主客观两个方面筛选信息。从主观来讲，大学生要考虑自身条件适合哪些单位、哪些职业；从客观来讲，要考虑用人单位的工作性质、发展前景、人才结构、需求情况，是否与自己的预期相同。只有综合考虑主客观因素，大学生才不会在择业的过程中迷失方向，理性地寻找到适合自己的工作。

除此之外，大学生就业时应服从社会需求，把自己对职业的期望与社会需要统一起来，着眼现实，面向未来，既不好高骛远，也不消极被动，以积极主动的态度面对就业问题。

4. 敬业爱岗，勤奋工作

坚持爱岗敬业、勤奋工作是树立正确就业观的基本要求。对工作中遇到的难题，要想方设法、竭尽所能予以解决，始终能够任劳任怨，尽职尽责做好自己的工作。同时，要主动思考工作中遇到的问题，通过理论学习和实践工作弥补自己的不足。在工作中，始终坚持以身作则，率先垂范，强化自己的责任意识。

> 提醒
>
> 每一个时代都有一种引领精神，这种精神成为推动社会前进的原动力，引领着无数人战胜苦难、不懈创新，这种精神被称为劳模精神。作为即将走向社会的毕业生，我们一定要凭借自己的智慧和毅力创造出人生价值，同时也要懂得用劳模精神指引自己前进的方向，并向劳模学习，争做服务社会的先锋。

第二节　熟悉就业帮扶政策与措施

课堂活动

活动主题：了解就业政策信息。

活动内容：在信息时代，大学生学会获得信息，准确判断信息，并灵活运用信息，对于自身的成长是极为重要的。请大家将自己所了解的一些就业政策信息，或是通过中国政府网、中华人民共和国教育部网，或各地区的相关网站搜索高校毕业生就业政策，将其中适合自己或对自己有益的就业政策整理出来。

党和政府一贯重视大学生就业问题，党的二十大报告提出"实施就业优先战略，强化就业优先政策，健全就业促进机制，促进高质量充分就业"。通过了解就业政策信息不难看出，国家推出了不同的政策措施以支持大学生就业，各大高校与用人单位也积极为大学生提供了就业指导和服务，为大学生的就业创造了便利。所以，在众多利好情况下，大学生更应该了解和学习就业帮扶政策，从而更好地实现就业。

一　国家就业帮扶政策与措施

为了促进高校毕业生更加充分、更高质量地就业，国家出台了一系列促进高校毕业生就业创业的政策措施，对于大学生来说是很好的机遇。

1. 扩大就业规模

扩大就业规模是帮助大学生就业的主要措施之一。

（1）扩大企业就业规模。企业是吸纳毕业生就业的主要渠道，国家扩大政府机关、事业单位、国有企业等公共部门招聘规模，鼓励各类市场主体，特别是中小微企业吸纳大学生就业。国家采取一系列措施鼓励中小微企业吸纳大学生就业，并给予一次性就业补贴，对企业招收毕业生，开展以工代训的，给予职业培训补贴支持。通过稳定企业就业这个主渠道，稳定高校毕业生就业。

（2）扩大基层就业规模。国家各级政府部门有序启动机关事业单位、基层服务项目笔试面试，扩大招聘招募规模。例如，"三支一扶"项目，从 2019 年招募人员共 2.7 万人，如今已招募超过 4 万人。2021 年 6 月，中华人民共和国人力资源和社会保障部（简称国家人社部）会同教育部、财政部、水利部、国家卫生健康委、国家乡村振兴局等部门印发通知，决定于 2021~2025 年实施第四轮高校毕业生"三支一扶"计划，每年选派 3.2 万名左右高校毕业生到基层服务。除此之外，国家还扩充中小学和幼儿园教师队伍，解决高校毕业生就业的问题，补上基层公共服务的一些短板，采取"先上岗、再考证"的举措，进一步加强中小学和幼儿园教师配备，更加有利于高校毕业生尽快地加入这些岗位工作。

鼓励企业吸纳高校
毕业生的相关政策

（3）扩大自主就业创业规模。国家各级政府部门实施高校毕业生创业支持计划，加快落实创业担保贷款、免费场地支持等措施，扩大创业带动就业；鼓励发展平台经济，落实社保补贴政策，支持灵活就业。

（4）扩大升学入伍规模。教育部对扩大研究生、专升本招生规模都出台了具体的措施，为毕业生提供更多升学深造的机会。另外，教育部积极推动大学生参军入伍。教育系统配合兵役部门积极推进"一年两征"征兵改革，组织开展"政策咨询周""征兵宣传进校园"等活动，大学生已成为新兵征集的主体。

（5）扩大见习培训规模。国家各级政府部门多渠道募集优质见习岗位，给予见习单位补贴支持，鼓励留用见习生；实施专项培训计划，拓展岗位培训、技能研修，助力毕业生以一技之长实现就业。

2. 鼓励毕业生到基层就业

鼓励毕业生到基层就业，不仅可以帮助毕业生解决后顾之忧，而且还能帮助毕业生树立正确的就业理念和择业理念，从而促使毕业生能够获得更多的就业机会。

（1）拓宽毕业生基层就业渠道。各地各高校深入贯彻中央《关于进一步引导和鼓励高校毕业生到基层工作的意见》，落实好基层就业学费补偿代偿等政策，实施高校毕业生基层成长计划；服务乡村振兴战略，引导毕业生到现代种植业、农产品加工、农村电子商务等一二三产业就业创业；继续组织实施好"教师特岗计划""大学生村官""三支一扶""西部计划"等中央基层就业项目；实施"三支一扶"、西部计划、乡村教师等基础服务项目，鼓励毕业生到中西部边远地区就业，鼓励和支持毕业生自主创业、灵活就业等；多渠道拓展毕业生就业门路，鼓励毕业生到城乡基层从事教育文化、健康养老、扶贫开发等工作，到社会组织就业。

（2）继续做好大学生征兵工作。各地各高校加强与兵役机关的协调配合，落实学费资助、复学升学、就业创业等优惠政策，共同组织咨询周、宣传月等活动；加强高校大学生征兵机构建设，面向毕业生、在校生及新生等群体开展宣传动员，在高校放暑假前对体检、政考合格的学生发放"大学生预定兵通知书"。

（3）鼓励毕业生到中小微企业就业。各地各高校充分发挥中小微企业吸纳毕业生就业的主渠道作用，广泛收集发布岗位信息，办好全国中小企业网上百日招聘等活动；省级教育部门积极配合人力资源社会保障部门、税务部门、中小企业主管部门等，落实小微企业吸纳毕业生的社保补贴、培训补贴、降税减负等优惠政策；高校要关心毕业生在中小微企业的成长发展，支持毕业生在小微企业进行产品研发和技术创新。

3. 提供全方位就业指导服务

各高校相继成立毕业生就业服务机构，并积极构建全方位的毕业生就业服务体系，尽最大努力帮助毕业生找到适合自己的社会舞台，最大程度地实现其社会价值和人生价值。

（1）强化就业服务资源。加强政府部门、市场机构和社会组织联动，合力打通校内、校外服务资源，推动公共就业服务进校园，促进公共就业政策和服务资源更多惠及高校毕业生；充实高校就业服务力量，建立公共部门共享的毕业生信息资源库，实现部、省、校三级就业数据实时同步共享，为毕业生提供不断线的优质便捷就业服务；统筹岗位信息进校园，推动公共服务机构和市场机构岗位信息与校园信息网络互联互通，为毕业生提供安全有序的就业服务。另外，高校对离校尚未落实工作的毕业生，全面纳入实名制管理，开展百日攻坚行动，延长报到接收、档案转递、落户办理的时限，确保服务不断线。

（2）加大就业困难群体帮扶力度。各地各高校重点帮扶身体残疾毕业生等就业困难群体，配合有关部门落实好求职创业补贴等政策；通过开展个性化辅导、组织专场招聘、优先推荐岗位、发放求职补助等方式，确保困难群体就业一个不能少、一个不能掉队。对于部分大学生，实施专项帮扶行动，开展"一对一"援助，力争帮扶举措到位，稳定就业到位。

（3）规范就业工作管理。各地各高校严格落实就业签约"四不准"要求，不准以任何方式强迫毕业生签订就业协议，不准将毕业证书、学位证书发放与签约挂钩，不准以户档托管为由劝说毕业生签订虚假协议，不准将顶岗实习、见习证明材料作为就业证明材料；建立健全毕业生参与的就业状况统计核查机制；严禁发布带有歧视性内容的招聘信息，严密防范"培训贷"、求职陷阱、传销等不法行为，切实维护毕业生权益，确保校园招聘活动公平、安全、有序；有条件的地区积极推动建立入职定点体检和结果互认机制，尽力避免手续过于烦琐、重复体检等现象。

（4）提高毕业生就业能力。各地各高校加强职业生涯教育和就业创业指导，加大就业实习、见习实践组织力度，开展大规模、高质量高校毕业生职业技能培训，提高高校毕业生就业能力。

（5）提高就业指导能力。各地各高校加强就业指导教师的培养培训，在专业技术职务评聘中充分考虑就业指导教师的工作性质和工作业绩，推进就业指导教师队伍职业化、专业化和专家化；把学生职业发展与就业指导课程贯穿整个人才培养体系，将课程与学科专业相融合，探索慕课等新型课程形式。要为大学生职业发展提供个性化咨询指导。

（6）充分发挥高校毕业生就业状况反馈体系的作用。各地各高校认真落实就业情况统计和监测责任制,确保就业数据真实准确;不断完善就业质量评价指标体系,按时向社会发布高校毕业生就业质量年度报告;鼓励开展毕业生就业创业与职业发展状况跟踪调查,推动形成就业与招生计划、人才培养、经费拨款、院校设置、专业调整的联动机制。

4. 加强组织领导和宣传教育

各地高校用心做好教育宣传和组织领导工作,不断提升就业服务,将就业工作与全过程人才培养进行有效衔接,强化素质养成,努力做到毕业教育动心、就业指导入心、就业服务暖心。

(1)强化组织保障。各地各高校认真落实就业"一把手"工程,建立就业工作目标责任制,切实做到就业创业工作"机构、人员、经费、场地"到位;省级教育部门加强与相关部门的协调配合,共同研究制订就业政策,开展就业服务;高校完善就业部门牵头,学工、招生、教学、创业、武装等部门参与的工作机制,形成齐抓共管的工作格局。

(2)加强监督检查。各地各高校开展就业创业政策和工作落实情况督促检查,建立就业创业情况通报、约谈、问责等工作制度,对工作创新成效显著的要总结经验、表扬推广;对于不履责、不作为的现象要及时纠正并要求限期整改,对发生就业率作假等违规行为的要严肃查处并追究领导责任,确保政策和工作落实到位。

(3)深化思想教育和宣传引导。各地各高校落实全国高校思想政治工作会议精神,把思想政治工作融入高校毕业生就业创业工作全过程,坚持立德树人,引导毕业生树立科学的就业观和成才观;加强正面宣传,广泛宣传基层就业创业毕业生典型事迹,宣传解读国家促进就业创业的政策措施,努力营造有利于就业创业的良好舆论氛围。

提醒 作为即将就业的大学生,应随时查看学校相关的就业信息,把握就业机会。同时,在国家大的就业政策和框架的支持下,各地方还会出台相应的就业支持政策,大学生也需要多登录地方就业网站查看。

二 部分省市就业帮扶政策与措施

高校毕业生人数年年创新高。面对庞大的求职大军,除了国家层面,地方层面出台了相关政策、措施,为高校毕业生就业"保驾护航",下面介绍部分省市的相关政策。

1. 海南省的相关政策

海南省人力资源和社会保障厅与省财政厅于2021年12月3日出台了《海南省就业补助资金管理办法》,提出高校毕业生社会保险补贴的有关办法,具体内容如下。

(1)补贴对象。当年新招用离校2年内未就业高校毕业生,与之签订1年以上劳动合同并为其缴纳社会保险费的小微企业或社会组织;灵活就业并缴纳社会保险费的离校2年内未就业高校毕业生。

(2)补贴标准。按其为招用补贴对象实际缴纳的基本养老保险费、基本医疗保险费和失业保险费给予补贴，不包括补贴对象个人应缴纳的部分；离校 2 年内未就业的高校毕业生灵活就业按其个人实际缴纳的养老保险费和医疗保险费的 66% 给予补贴，但不得高于"缴费期间全省上年度在岗职工月平均工资 × 相应险种灵活就业人员的缴费率 × 缴费月数 ×66%"的数额。

（3）补贴期限。单位招用离校 2 年内未就业高校毕业生的社会保险补贴期限，最长不超过 1 年；离校 2 年内未就业高校毕业生灵活就业的社会保险补贴期限，最长不超过 2 年。

各省市吸引人才提供的落户优惠政策

2．成都市的相关政策

成都市发布《成都实施人才优先发展战略行动计划》（以下简称《行动计划》），《行动计划》推行"先落户后就业"的落户政策，具有全日制大学本科及以上学历的青年人才，以及在同一用人单位工作两年及以上的技能人才，均可申请办理落户手续。为增强对人才的吸引力，《行动计划》为"蓉漂"安居问题提出了人才公寓、产业新城配套租赁住房和用人单位自建倒班房等多种方式和途径的解决方案。为方便外地来蓉应聘的高校应届毕业生，《行动计划》还设置了 22 个 7 天以内免费入住的青年人才驿站。

3．长沙市的相关政策

长沙市对新落户并在工作的博士、硕士、本科等全日制高校毕业生（不含机关事业单位人员），两年内分别发放每年 1.5 万元、1 万元、0.6 万元租房和生活补贴；博士、硕士毕业生在工作并首次购房的，分别给予 6 万元、3 万元购房补贴；新进长沙市企业博士后工作站的博士后科研人员，给予 10 万元生活补贴。

4．武汉市的相关政策

武汉市提出要在"5 年留住 100 万大学生"。武汉市实行大学生落户与就业创业政策全脱钩，确保大学生落户零门槛，同时对引进的博士毕业生，每月补贴 2 000 元，持续补贴 3 年；到新城区工作的本科生，每年补贴 1 万元，持续补贴 2 年。对留汉创业就业的国内外知名高校博士毕业生，给予每人 6 万元资助；对留汉创业就业的优秀毕业生，给予每人 2 万元资助；对青年优秀创新创业人才、用人单位举荐的技术骨干或高管，给予 10 万 ~20 万元项目资助。

5．郑州市的相关政策

郑州市于 2020 年 9 月推出"3.0 版"人才新政，这是继 2015 年"1125 聚才计划"、2017 年"智汇郑州"人才工程之后推出的又一人才新政。新政规定，对毕业 3 年内（海外留学优秀人才毕业 6 年内）来郑工作的全日制博士研究生、35 岁以下硕士研究生、本科毕业生和技工院校预备技师（技师），分别按每人每月 1 500 元、1 000 元、500 元的标准发放生活补贴，最长发放 36 个月；实行更加积极的就业创业政策，高校毕业生自主创业可申请最高 40 万元的创业担保贷款，合伙经营或组织创业的，可获得最高 200 万元的创业担保贷款。

6．上海市的相关政策

上海市教委等九部门联合发布了《关于做好 2021 年上海高校毕业生就业创业工作的通

知》，要求鼓励企业吸纳高校毕业生就业，扩大高校毕业生基层就业项目规模，推进高校毕业生就业创业见习计划。上海市 2021 年推出"大学生村官（选调生）"岗位 400 个、"三支一扶"岗位 330 个。

7．南京市的相关政策

为充分发挥南京科教资源优势和城市集聚效应，促进青年人才集聚发展，南京市特制订了《南京市青年大学生"宁聚计划"实施办法（试行）》，该办法的相关政策和措施如下。

（1）发放一次性面试补贴。对非市域范围全日制普通高校（含海外留学）的应届毕业生（含港澳台毕业生）来南京市市域范围内登记注册并纳税的各类企业、民办非企业单位和社会团体求职面试的，经核定给予每人 1 000 元的一次性面试（交通和住宿）补贴。

（2）提供职业技能训练和见习。运用技工院校、高技能人才公共实训基地、企业培训中心等职业技能培训平台，每年提供不少于 10 万人次的青年大学生职业技能训练机会。对参加见习实训的青年大学生按规定给予 3~6 个月见习生活补贴，补贴标准提高到南京市最低工资标准的 70%。对见习实训期满留岗就业率高的基地或单位，经核定给予一次性奖励。

（3）降低创业运营成本。青年大学生在南京市实现首次创业，领取营业执照后，给予一次性 2 000 元的开业补贴；正常经营纳税 6 个月以上的，再给予一次性 4 000 元的创业成功奖励；吸纳南京市户籍失业人员就业，签订 1 年以上劳动合同并缴纳社会保险的，按吸纳就业人数给予每人 2 000 元的一次性带动就业补贴；对在工商部门首次注册登记起 3 年内的创业者，企业注销后登记失业并以个人身份缴纳社会保险 6 个月以上的，按照其纳税总额的 50%、最高不超过 1 万元的标准从就业资金中给予一次性补贴，用于个人缴纳社会保险费。

第 三 节　大学生就业流程

✍ **课堂活动**

活动主题：大学毕业后档案存在哪里？

活动内容：人事档案是记录个人的政治面貌、品德作风、主要经历等情况的书面材料，它将伴随我们一生，并在人生的重要时期起到佐证和参考作用。对于如此重要的资料，同学们知道你们毕业后，它将存放在哪里吗？

明确档案那些事后，下面介绍大学生们从学校过渡到职场这一时间段内，需要了解的相关就业流程（图 1-2）。

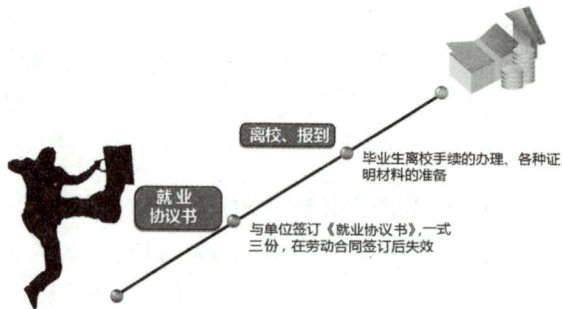

图 1-2 大学生就业流程

一、签订就业协议书

《全国普通高等学校毕业生就业协议书》（以下简称就业协议书）是高校毕业生和用人单位在正式确立劳动关系前，经双向选择，双方在规定期限内就确立就业关系、明确双方权利和义务而达成的书面协议。协议条款应该是协议主体之间权利与义务的明确表示，对双方当事人皆具有约束力。一经订立，当事人不得随意解除，否则应承担违约责任。

就业协议书明确了毕业生、用人单位、学校三方在毕业生就业中的权利和义务。就业协议书一般统一制表（图 1-3）。

图 1-3 就业协议书模板

提醒　就业协议书一般统一制表,但由于各个省市的要求不同,内容也会有所差别。例如,就业协议书的"备注"页,一般用于学校填写就业时需要学生注意的事项;"签约须知"页,即就业协议书的第3页,是就业协议的具体条款,但因地域不同,也会存在一些差异。

1. 就业协议书的主要特征

毕业生与用人单位双向选择达成意向后,用人单位要先与毕业生签订就业协议,当劳动者正式到用人单位报到时,再签订劳动合同,从而确定劳动关系。从法律上讲,就业协议书是一种民事合同,主要有以下3个特征。

（1）就业协议书是当事双方的民事法律行为。毕业生与用人单位通过双向选择达成意向,约定毕业生毕业后到用人单位工作,其基础是相互协商的民事法律行为。

（2）就业协议书是当事双方在平等互利基础上的民事法律行为。毕业生可以根据自己的需求选择经济效益好、能够发挥自身特长的用人单位;用人单位也可以自由选择优秀毕业生到单位工作,不存在一方当事人强迫签订就业协议书的情况。

（3）就业协议书是当事双方设定各自权利义务的民事法律行为。就业协议书主要规定毕业生的工作期限、工作岗位、工资报酬、劳动待遇、就业协议终止条件、违反协议的责任等,明确了毕业生到用人单位工作的权利等。

2. 就业协议书的填写内容

毕业生在填写就业协议书时,应注意查看和填写以下内容。

（1）学生部分。专业名称应为学生现在所学的专业名称,应与学校登记的专业名称完全一致,不得误写、简写。

（2）用人单位部分。应主要注意3个方面:一是用人单位名称与单位公章应一致,不得简写、误写或写别名;二是用人单位性质应填写单位的经济类型,如国有、独资、合资、民营、私营等;三是档案转收详细信息（包括单位名称、邮政编码、详细地址等）,若某些外资、私营、民营等单位没有人事档案保管权,应填写委托保管档案的单位地址,如某人才市场等。

（3）甲乙双方协商达成条款部分。应主要注意3个方面:一是服务期、见习期等条款,必须明确填写;二是各项福利、违约金等必须注明;三是甲、乙双方就有关事项协商达成的附加条款,如甲方有何特殊的体检要求等均可在协议中写明。

3. 就业协议书的签订程序

毕业生与用人单位在签订就业协议书时应遵守相应的程序,所有相关人员签字盖章后,就业协议书才能生效。签订就业协议书的基本程序如下。

（1）毕业生到学校就业办领取写有本人编号的就业协议书。

（2）毕业生和用人单位经双向选择达成就业意向后,双方在就业协议书上签字盖章。

（3）用人单位或毕业生本人将就业协议书交至学校院系，由学校院系签署意见并加盖公章，纳入就业计划派遣。

（4）用人单位或毕业生本人将就业协议书交至学校学生处就业指导科，由就业指导科签署意见并加盖公章。

（5）毕业生、用人单位各留一份，学校留两份（其中一份交至学校所在地毕业生就业主管部门）。

4．就业协议书的解除

就业协议书的解除根据提出解除方的不同，分为单方解除和三方解除，具体内涵如下。

（1）单方解除。包括单方擅自解除和单方依法或依协议解除。单方擅自解除属违约行为，解约方需承担违约责任。单方依法或依协议解除，指一方解除就业协议时有法律或协议依据，如毕业生未取得毕业资格，用人单位有权单方解除就业协议。此类单方解除就业协议的情况，解除方无须承担法律责任。

（2）三方解除。指毕业生、用人单位、学校三方经协商一致，取消原来签订的协议，此类解除三方均不承担法律责任。

> **提醒**　每一方只能有一份就业协议书，复印无效，应妥善保管；就业协议书中档案转寄地址、单位、邮编应填写清楚，以免档案误投，损害毕业生自身利益；如校方为鉴证方，就业协议书在毕业生和用人单位双方签约后即可生效。

二、毕业离校

大学生在校学习期满，并且各科成绩达到毕业要求后，就要在6月着手办理离校手续，然后准备到用人单位报到。大学生要积极主动地配合学校做好各项工作，做到文明离校，顺利就业。

毕业生完成学业，离开学校前还有一些必要的离校手续需要办理，主要包括毕业鉴定、填写普通高等学校毕业生登记表、毕业体检等。

1．毕业鉴定

毕业鉴定是毕业生临近毕业时，通过回顾自己大学期间的德、智、体、能等综合的表现，为自己所做的准确且客观的评价和总结。鉴定的主要内容如下。

（1）思想、道德素质。对党的领导和党的路线、方针、政策等方面的认识，参加学校组织的各项思想政治教育活动情况；遵守国家各项法规、制度及校规、校纪的情况；参与社会实践活动的情况等。

（2）学习情况。学习成绩和专业知识的掌握程度；学习态度和学习自觉性方面的表现；科研活动成果及创新能力方面的表现等。

（3）身心素质方面。身体健康状况、心理健康状况、参加各项体育活动的情况等。

（4）综合能力方面。自己的专长和特点；交际与沟通能力；对社会的认知和适应能力等。

（5）存在的主要缺点、问题及今后的努力方向。

大学生在进行毕业鉴定时，一定要认真听取教师和同学的意见，要实事求是，不能弄虚作假，也不能满纸空话、套话；态度要端正，字迹要工整；奖励和处分切不可隐瞒。

2. 毕业生登记表的填写

《普通高等学校毕业生登记表》是由国家教育部制订的学生毕业材料之一，要归入学籍档案，凡取得毕业资格的毕业生都必须认真填写。其内容主要包括毕业生基本情况、学习经历、社会关系、个人总结、毕业实习单位和主要实习内容、毕业论文题目、本人工作志愿、学校意见等。

毕业生登记表是毕业生在校综合情况的反映和记载表，是学校对毕业生在校期间的综合评价材料，毕业生要按照每个栏目的具体要求认真填写。学校也要认真核实其中的各项内容，要以对国家负责、对毕业生负责的态度严肃对待。

3. 毕业生离校手续的办理

毕业生办理离校手续的时间一般在毕业生离校前的一周左右，按照学校的相关规定进行。其主要流程如下。

（1）通过学校官网中的相关链接，登录毕业生离校系统。首先仔细阅读毕业生离校手续办理说明和简易操作说明（本科生版）和（研究生版），然后输入学校统一身份认证的用户名和密码，如果已经修改密码请使用修改后密码，最后根据操作提示进行离校手续登记（请以本校的办理指南为准）。

（2）到校党团部门办理党团组织关系转接手续。

（3）到图书馆办理归还图书及借书证等手续。如果将学校的图书损坏或丢失，应按照学校的有关规定予以赔偿。

（4）到财务部门进行费用核对、清退。

（5）到宿舍管理部门办理退宿手续，交还宿舍钥匙。家具如有损坏，应按照学校的有关规定予以赔偿。

（6）到学生管理部门交还学生证。

（7）到教务部门交还借用的教学仪器和用具。

（8）到校医院交还医疗证。

（9）享受国家助学贷款的毕业生，到贷款管理部门办理有关手续。

（10）以上手续办理完毕后，即可领取毕业证、学位证。

第四节 拓展阅读——"互联网＋就业"服务

随着数字经济在我国的发展，"互联网＋"理念下的新就业、新形态也脱颖而出。如今，"互联网＋就业"新模式已成为拓宽高校毕业生就业渠道，提升就业质量的新途径。各地区也在借助"互联网＋就业"模式，不断完善专业化、精细化线上服务。

（1）在"互联网＋就业"模式下，广州于2022年3~5月举办了2022年上半年"阳光就业"高校毕业生系列专场招聘活动，高校毕业生可通过"广州市阳光就业"微信小程序在线投递简历应聘相关招聘岗位，也可以参与现场招聘，高校毕业生凭个人求职简历入场。在"阳光就业"招聘会上，主办方还创建了"云面试""云宣讲""直播间"等新模式，这些招聘新形式破解了供需错位难题。另外，招聘会还联动了广州地区高校、重点行业重点企业，强化信息共享及就业指导合作，分专场、分行业，有针对性地精准发布就业岗位信息，提升就业成功率。

（2）为了积极推进"互联网＋就业"服务模式，充分发挥"青海人才市场网"平台优势，青海省人力资源和社会保障厅联合经营性人力资源服务机构，多渠道收集和宣传企业招聘信息，并依托各类线上平台发布3 000多家省内（外）用工企业，共计10.4万个用工岗位招聘信息，切实做到"网络招聘不停歇"。

（3）为了做好毕业生的就业工作，在做好校园招聘的同时，天津市教委还不断完善"互联网＋就业"新模式，引导高校完善毕业生求职意向数据库和用人单位岗位需求信息数据库，搭建供需服务平台，实现供需精准对接。通过互联网，高校毕业生的就业工作将变得更加精准与透明，而"互联网＋就业"模式也将成为高校就业工作的一个常态，精准招聘也将成为企业招聘的一个趋势。

（4）为确保疫情防控期间人才引进工作持续保持"在线"状态，确保招聘不止，"互联网＋就业"模式，已成为郑州市高校毕业生的求职主通道。2022年3月25日~4月16日，郑州市人力资源和社会保障局职业介绍中心和52就业网联合举办"2022大中城市联合招聘高校毕业生专场活动"郑州大型线上云视频招聘会，共邀请600多家国企、央企、优秀民营企业参加，提供优质岗位36 000余个，涉及管理、行政、人力资源、财务、市场营销、软件开发、技术员、教育培训等岗位。

（5）上海将完善高校毕业生就业信息共享发布机制，深入推进"互联网＋就业"新模式，开展线上校园招聘。上海市教委、市人力资源和社会保障局将联合社会机构、统筹各方资源，组织开展一系列面向全市高校毕业生的网络招聘会。大力推进面向用人单位和高校毕业生的线上招聘求职服务，促进人岗匹配、精准就业。

更多拓展阅读

在国家政策的号召下，全国各省市也根据国家的相关政策，推出了众多扶持政策，稳定企业生产经营、减少岗位流失，以积极就业政策确保大学生就业的有序进行，为大学生未来的职业发展提供有力保障。

案例启发

"互联网＋就业"模式与互联网联系紧密，灵活性强，不仅提供了更多的就业岗位，也丰富了求职方式。因此，大学生应充分利用高校、人力资源和社会保障局提供的求职信息数据库中的岗位信息，挖掘出适合自己的岗位，进行精准对接，尽快实现就业。尽管线上求职方便快捷、省时省力，但网络信息鱼龙混杂、真假难辨，甚至可能蕴藏不少陷阱，所以，大学生在求职时要保持高度警惕，谨慎对待线上面试。

第五节 自我评估

为了更好地为毕业生提供就业上的帮助，下面制作了一份有关毕业生就业情况的问卷调查，请大家认真填写这份调查表，并结合自身情况填写就业方面的意见和建议。

大学生就业情况调查表

〖调查目的〗

通过该调查了解大学生的就业期望、对自身素质的评价，以及对就业形势的看法等，旨在了解当前就业形势对大学生的影响；通过对影响大学生就业因素的调查与分析，帮助大学生尽快地认识自我，为今后的求职就业过程提供参考。

〖调查内容〗

1. 您目前是否已经就业？
   ○否　　　　　○有初步意向，但未签订就业协议　　　　　○是，已签订就业协议
2. 您理想的工作环境是什么样的？
   ○自由职业，工资无要求　　　　○相对稳定，工资一般　　　　○稳定，工资高
3. 您认为现在就业形势如何？
   ○不了解　　○形势正常　　○形势好，容易就业　　○形势不太好，就业有点难
4. 您打算选择什么样的单位就业？（多选）
   ○自主创业　　○国有企业　　○民营企业　　○外资企业　　○其他
5. 如果自主创业，您认为最需要的是什么？（多选）
   ○政策支持　　○技术　　○资金　　　　　　○其他
6. 您想在哪个地区找工作？
   ○原家庭所在地区　　　　○省会城市　　○沿海城市　　　　○其他
7. 您会选择何种方式来找工作？（多选）
   ○学校推荐　　　　　　○人才交流会　　○互联网　　　　　○其他

8. 您是否希望毕业后立刻就业？

　　○ 是　　　　　　　　　　　　　　　○ 否

9. 您理想的工资待遇是？

　　○ 没想过　　　　○ 月薪3 000元左右　　　○ 月薪4 000~6 000元　　　○ 月薪8 000元以上

10. 您觉得自己在求职过程中，最具竞争实力的是？（多选）

　　○ 专业技能　　　○ 学习成绩　　　　　　○ 实践经验　　　　　　○ 考试证书/技能认证

11. 您获取就业信息的主要渠道是什么？（多选）

　　○ 校园招聘会　　○ 社会招聘会　　　　　○ 学校校园网　　　　　○ 人才职业介绍机构

　　○ 新闻媒体　　　○ 招聘网站　　　　　　○ 其他

12. 您对就业流程和相关扶持政策与措施是否了解？

　　○ 不关心　　　　○ 不了解　　　　　　　○ 不太了解　　　　　　○ 了解

13. 在大学期间，您对自己的职业有无规划？

　　○ 无　　　　　　○ 比较模糊的规划　　　○ 比较明确的规划　　　○ 非常明确的规划

14. 您是否愿意从事大学生村官、"三支一扶"、西部计划等基层工作？

　　○ 愿意　　　　　○ 不愿意　　　　　　　○ 视具体情况

15. 在求职过程中，常常困扰您的因素有哪些？（多选）

　　○ 信息量少　　　○ 缺乏实践经验　　　　○ 能力不足　　　　　　○ 学校就业指导不够

　　○ 求职技巧欠缺　○ 对岗位的专业知识缺乏了解

16. 您认为对大学生进行就业指导，以下哪方面是最需要的内容？（多选）

　　○ 就业形势与政策　　○ 就业流程　　　　○ 就业心理调适　　　　○ 职业生涯规划

　　○ 提供就业信息　　　○ 面试技巧

17. 您认为在求职过程中，学校最有效的服务是什么？（多选）

　　○ 实习实训基地　　　　　○ 校园招聘会　　　　○ 就业指导讲座

　　○ 就业信息资讯的发布　　○ 没有帮助

18. 您认为就业困难的主要原因有哪些？（多选）

　　○ 自我定位不准确　　　○ 没有工作经验　　　○ 所学专业的社会适应性不强

　　○ 英语和计算机水平欠缺　○ 知识能力储备不足　○ 就业信息了解不足

　　○ 其他

19. 面对目前大学生就业形势，您认为应该如何有效解决就业问题？

第六节　思考与练习

　　1. 访问本地（或目标就业地）的人才网，通过人才网了解大型招聘会的举办时间和地点，并结合自己的专业、兴趣，搜寻相关岗位的招聘情况。

　　2. 随着时代的发展，一些曾经带给人们美好记忆的传统行业，如浇烛、藤编、捏面人、吹糖、银匠等逐渐淡出。一些人提出了"中国传统行业呼唤继承者和创新者"的口号。你如何看待传统行业的消逝？你愿意从事这方面的工作吗？

　　3. 目前，国家对大学生的就业扶持政策有很多，如积极聘用优秀高校毕业生参与国家和地方重大科研项目，鼓励和支持高校毕业生到中小企业就业和自主创业，鼓励高校毕业生到基层和中西部地区就业等，请咨询和了解当地相关的申请条件。

4. 阅读以下材料，回答问题。

许洋是刚毕业的大学生，在毕业之前，他曾打算考取公务员，但这对当时的许洋来说，压力非常大。他学习的是语言专业，如果选择考公务员，就意味着放弃自己这几年的专业知识，进入另一个新的领域。经过再三考虑，许洋决定放弃考公务员的打算。虽然公务员工作稳定，是很多人梦寐以求的，但在许洋看来，再好的工作，如果没有兴趣就很难做好。

现在，大学生就业加入求职竞争的人更是数不胜数，有本科生、硕士生，另外，还有非常多的"海归"回国，许洋更是不敢懈怠。不过他的专业知识让他很有底气，因为大学四年一点儿也没有荒废。接下来的日子里，许洋陆续参加了很多单位的面试，但结果都不理想，这让他有些灰心，觉得自己确实个人能力不足。在各种因素的影响下，许洋萌生了回家乡工作、为家乡发展贡献一己之力的想法，而且也能守护在父母身边。

（1）你认为许洋放弃考取公务员的决定对吗？为什么？

（2）假设你是许洋，你是会选择回乡创业还是继续留在大城市找工作？请说一说原因。

CHAPTER 02

第二章 正确开启职业生涯规划

学习目标

了解职业生涯规划的重要性；
熟悉建立职业生涯规划的方法与
主要步骤。

素养目标

能够制订一份适合自己的职业生
涯规划方案。

案例导入

　　小陈是一名大一新生，由于高考发挥失常，进入了一所远低于自己预期的大学，进校后情绪一直很低落，也没有学习动力，感觉每天就是在混文凭，没有实际意义。偶尔想起未来的发展，小陈也有些迷茫，总觉得现在谈未来的发展还太早了，等到大学快毕业时再考虑也不迟。不知不觉就到大二了，小陈也从校园"新生"变成了"老生"，天天跟着同学们上课、听讲座、参加社团活动，但总觉得忙得没有意义。一天，小陈听到室友们在讨论创业的事情，也萌生了创业的想法，但迫于没有好的创意和资金支持，最终还是放弃了。

　　转眼就到毕业季了，看到同学忙都朝着自己设定的目标忙碌着，小陈也打算考取一个专业证书。但由于前期学习落下太多，导致考证失败。最后，小陈选择毕业后在一家公司担任文职工作，但她时常觉得目前的工作并不是她想要的，上班也无精打采的。

案例思考

1. 案例中，小陈毕业后找到了工作却认为并不理想，试分析原因。
2. 结合案例中小陈的情况，为其提出几点职业生涯规划建议。

案例中的小陈从大一开始，就不满意自己的选择，但又没有职业生涯规划的能力，所以直到大学毕业后都没有确定的目标。目标规划，具有"灯塔效应"，它能让一个人聚焦所有的精力和时间去逐步实现目标。为此，大学生在大一时进行职业生涯规划探索是非常有必要的，首先要树立正确的职业目标，一旦确定了职业目标，就可以根据职业目标来规划自己的学习和生活，并为获得理想的职业和生活积极地准备相关事宜。

第一节　职业生涯规划概述

📝 课堂活动

活动主题：三个砌墙人。

活动内容：三个工人正在砌墙，有人问他们在干什么，第一个人不屑一顾地说："我们在砌墙"；第二个人微笑着说："我们正在建一座大楼"；第三个人笑容满面地说："我们正在建设一座城市"。数年后，第一个人仍是砌墙工，第二个人成了工程师，第三个人则成为了建筑公司的老板。三个人同样的起点，却造就了不同的人生，请同学们想一想，是什么原因造成他们不同的职业生涯。

工作本身并没有区别，为什么三个人的人生走向却大相径庭？这就是不同的职业生涯规划造就的结局。第一个人给自己的人生定位是工人，最终也就只能成为工人；第二个人给自己的人生定位是建筑师，最终便成了工程师；第三个人给自己的人生定位是城市建造者，最终便成了建筑公司老板。由此可见，成功的职业生涯规划，离不开最初的个人定位，以及为自己整个职业生涯规划所做出的努力。所以，大学生一定要明确"我将来想要去哪里？""我怎么去？"，对自己的职业生涯做出合理的规划。

一　职业生涯规划的意义

职业生涯规划（Career Planning）简称生涯规划，又称职业生涯设计，指对职业生涯和人生的发展进行系统而持续的计划。一个完整的职业生涯规划由职业定位、目标设定和通道设计 3 个要素构成。职业生涯规划可表述为：通过个人与外部环境结合，对职业环境等外在因素进行测定、分析和总结，再结合个人的兴趣、爱好、能力和个性等内在因素进行综合分析与权衡，然后根据个人的职业倾向和时代特点，确定最佳的职业定位和人生目标，并为实现这一目标做出行之有效的安排和策划。

大学生对职业生涯进行科学、合理的规划，有助于顺利地踏入社会，进入职场，谋求职业发展与事业成功。

1. 形成积极向上的人生观

刚踏进大学校门的新生，绝大部分不知道该以什么样的态度面对大学生活，也不知道自己的人生目标是什么，自己身上所肩负的人生责任更是无从谈起。因此，大学生应该用科学的方法来正确地、全面地认识自我，了解社会需求，找出自己的发展方向与目标。

一个人只有了解自己的需要和追求后，才能确定自己的人生目标，有了目标才会有健康向上的人生态度。人们不仅有基本生存需要，而且有爱、归属、尊重与自我实现的需要，后者的满足依赖个人的社会化。其中，自我实现的需要可以理解为"事业有成"，而事业有成是建立在正确的职业选择与发展基础之上的。因此，大学生应以职业发展为切入点，通过追求职业与事业的成就，实现高层次的自我实现的需要，从而形成积极向上的人生观。

2. 有助于合理安排工作和学习

做好合理的职业生涯规划，需要大学生处理和安排好日常学习、工作和生活中各项事务之间的关系，集中精力去做必须做的事。有了合理的安排，大学生的生活就会越发充实，厘清头绪，职业目标也会随之变得具体，增加职业生涯成功的可能。

在实际工作后，职业生涯规划也会发挥同样的作用。根据职业生涯规划，大学生可以明确地安排自己的工作，同时也能安排自己业余继续学习、进修等，将生活和工作安排得井井有条。如果大学生没有明确的职业生涯规划，则可能得过且过甚至陷入浑噩，工作和生活也就一团糟了。

3. 明确职业发展方向

在制订职业生涯规划前，大学生要对个人的专业特长、性格特征、待人接物的能力、擅长的技能等做充分、全面的分析，这样可以帮助自己进行正确评估、准确定位，明白自己更适合从事什么样的工作，将来有可能在哪些方面获得成功。在逐渐厘清职业生涯发展的方向，形成较明确的职业意向后，大学生再进一步提升自己的职业生涯自主意识和责任，为今后的事业发展做全面长远的打算。

大学生明确职业生涯规划的目标，除了可以协助自己找到一份满意的工作外，更重要的是能够帮助大学生真正了解自己，不断增强职业竞争力，实现职业目标和理想。

阅读材料

从兴趣开始，探索职业方向

小谢在填报高考志愿时，不明确自己应该选什么专业，于是，听从父母意见，选了"女孩子比较适合"的商务英语专业。她对商务英语谈不上喜欢，也不讨厌。进入大学后，小谢发现自己真正喜欢的是汉语言文学，她觉得能像自己的大学语文老师那样，毕业后站在讲台上，才是自己最喜欢的工作。于是，小谢在不耽误自身专业学习的前提下，详细规划了自己所有的课余时间，全部用于学习大学语文和古代文言文，并全心全意备考"汉语言文学"的研究生，经过自己的科学规划和努力奋斗，小谢在大三下学期考取了小学语文教师资格证，她觉得这将为自己实现职业梦想打下良好的基础。

　　分析： 兴趣和投入是人生幸福感的主要来源，当人们在感兴趣的事情上投入时间与精力，便会更有激情和创造力，也更能在这件事情上获得成就。所以，大学生一定要明确自己的兴趣爱好，了解跟自己兴趣爱好相关的行业与职业，从而探索出自己的职业方向。

4. 促进学习实践的自主性

一个人一旦有了目标，就应该向这个目标努力，相信自己能够实现它。大学生制订职业生涯规划的目标后，主动性更强，必将主动完成大学阶段的学习和能力培养计划，如饥似渴地追求知识，充实自己、完善自我，使整个大学阶段的学习和生活由被动变为主动。

如果大学生毕业后想去政府机关工作，那么在大学期间就要主动提升自身的政策理论水平，提高口头表达能力和文字处理能力；如果毕业后想从事营销工作，则应注重培养自己的市场分析能力、预测能力和应变能力等。在努力达到目标的过程中，大学生应集中精力、心无旁骛，建立起一种自我激励机制，即使遇到困难和挫折，也要努力克服。

5. 增强就业核心竞争力

当今社会，到处存在激烈的竞争。好工作不是依靠运气得来的，对大学生而言，它是多种因素共同作用的结果。影响大学生就业的因素包括学校品牌、专业与社会需求、学生自身因素（如个人综合素质、就业能力、就业技巧、家庭背景等）、学校就业指导工作的质量等。其中，个人综合素质、就业能力与就业技巧是大学生本人能够控制的。

科学地规划职业生涯，将引导大学生正确认识自身的个性特质、现在与潜在的资源优势，激励大学生提高自己的竞争意识，使其更加注重自身素质和创新能力的提升，从而增强就业的核心竞争力。

6. 奠定职业成功的基础

有效的职业生涯规划可以帮助大学生重新对自己的价值进行定位，能够引导其评估个人目标与现实之间的差距，使其学会运用科学的方法，采取可行的步骤和措施增强自己的职业竞争力，最终实现职业目标。大学生要想在未来拥有成功的事业，实现自己的人生价值，就需要按照规划，有步骤、有计划地去实施，为自己的人生发展储备能量，创造机会。

阅读材料

正确的职业生涯规划是迈出成功的第一步

　　小胡高中毕业后就读于一所热门的职业技术学校。在进校之前，小胡就听说过一些优秀校友的事例，有的当上了大公司的总经理；有的当上了销售总监；有的自己创业成为私营企业的大老板。这些成功的事例深深地激励着他，成为他学习的动力。然而，虽然他很刻苦，但学习成绩一直很一般。小胡对自己的能力有着清醒的认识，为了增加就业的成功率，他为自己制定了一个符合自身情况的应聘方案：先就业再创业，从低职位做起。在人才招聘会上，当大家都一窝蜂地涌向那些高端企业时，小胡专门找了一些刚起步、比较有发展前景的私营企业。小胡通过现场与一家私营企业老板的交谈，了解了该企业未来几年的发展方向后，感觉自己的职业生涯规划与公司发展方向很吻合，当即表达了自己想加入公司的意愿，老板也很高兴，当场决定录用这个朴实而有理想的小伙子。

分析：案例中，小胡对自己有充分的认识，并进行了正确的职业生涯规划，这为求职成功奠定了基础。同时，小胡在求职时没有一味地"舍低求高"，而是选择适合自己的岗位，自然更容易面试成功。

三、职业生涯规划的特点

凡事预则立，不预则废。规划是必需的，尤其是对职业的规划。一个人能否通过自身的努力获得良好的成长，满意的收入和社会地位，取决于职业生涯规划的质量和在规划引导下的具体行动，这是关系到日后生存和发展的重大课题。因此，大学生需要把握职业生涯规划的特点，为职业生涯规划厘清思路，寻找合理的航行方向。

一般情况下，良好的职业生涯规划都具备以下4个特点。

（1）可行性，即规划是根据实际情况（自己的能力、兴趣、性格等）做出的，而非脱离实际的幻想。

（2）适时性，即确定的目标符合当时的情况，所进行的各种活动都有实施的步骤与时间规划。

（3）适应性，即适当地考虑职业环境的变化因素，规划应有一定的弹性和伸缩性。

（4）持续性，即职业生涯规划过程中的各种活动应持续连贯，在不同阶段有不同的发展目标与步骤，需根据具体的情况和需要逐一完成。

三、职业生涯规划的主要内容

职业生涯规划，实质上是指个人和组织相结合，根据自己的职业倾向，确定最佳的职业奋斗目标，并为实现这一目标做出行之有效的安排。职业生涯规划一般包含以下9个内容。

（1）题目：包括姓名、规划年限、年龄跨度、起止日期。

（2）职业方向及总体目标。

（3）社会环境分析：包括对经济环境、法律环境、政治环境、职业环境的分析等。

（4）行业和企业分析：包括对即将从事的行业的分析，若有目标企业，可分析该企业的制度、企业文化、领导人、企业产品和服务、未来发展领域等。

（5）自身条件及潜力测评结果。

（6）对自己职业生涯影响较大的一些人的建议。

（7）目标分解及目标组合。

（8）自身实际情况与实现目标之间的差距。

（9）缩小差距的方法及实施方案。

四、职业生涯规划的原则和常见问题

职业生涯规划对于人生道路的发展具有重要意义，大学生在制订职业生涯规划时，除了要遵循相应的原则外，还应注意一些容易导致职业生涯规划失败的常见问题。

1. 职业生涯规划的原则

正确的职业生涯规划能够使大学生顺利步入职场并走向成功。因此，大学生在制订自己的职业生涯规划时，切忌随意而为，必须在遵循职业生涯规划原则的基础上，科学地制订个人职业生涯规划。

目标导向原则

制订职业生涯规划，首先从选定目标开始，以目标为导向是大学生进行职业生涯规划的首要原则。在职业生涯发展过程中，只要不放弃目标，每一次挫折、每一次失败都是有价值的。大学生在进行职业生涯规划的过程中，目标的设定十分重要。一般而言，职业生涯目标的制订原则如下。

（1）目标要明确。这是指目标要有针对性，主要解决的问题要明确。

（2）目标要具体。目标可以有具体的衡量标准，如实现目标的准确期限、有关的约束条件等。

（3）目标要系统。全面考虑规划目标在职业生涯发展中的主次、先后关系，建立起层次结构分明的目标体系。

（4）目标要切实可行。目标应依据个人能力、所处环境、某些不确定因素的影响等来制订，应避免制订一些不太现实甚至纯粹空想的目标。

相适应原则

随着社会的发展，岗位的数量和需求发生了改变，出现了新兴行业、新的岗位，也有些岗位被市场逐步淘汰或取代。因此，大学生在制订个人职业生涯规划时，一定要分析社会需求，把社会需求与个人愿望有机结合，这样才能顺利实现自己的职业生涯规划目标。

相匹配原则

个人职业生涯规划要与个人专长相结合，实际上就是在规划职业道路时，充分发挥自身优势，人尽其才、物尽其用。每一个行业，对从业者都有共性的能力素质要求，或是在某一专项上有高规格的要求。例如，外贸行业对个人的外语听说能力的要求等。大学生要在对自身能力与素质进行充分分析的基础上，正确地确定职业目标。

一般来说，大学生的专长与专业关系密切，因此，个人规划与个人专长是否匹配的评判标准之一就是职业目标与专业对口，但也并非绝对，如学法律的同学，擅长管理；学会计的同学，擅长营销。因此，大学生要从自身实际出发，确定自己的专长才是最重要的，

而以专业代替专长，一味通过所学专业确定自己的职业目标，有时可能会适得其反。

专业不对口，不就白学了吗？

　　谢静是某大学工商企业管理专业的应届毕业生。她的目标是毕业后进入知名企业从事管理工作，她认为知名企业不仅待遇较高，而且受人尊敬。为此，谢静努力学习，读书期间成绩也很理想，还拿过两次奖学金。从大四开始，谢静就陆续向各大企业投递简历，并参加各种招聘活动。投出的简历近百份，却很少有回复，只有两家公司通知她面试，但最后都没有被录取。虽然有其他公司愿意录取她，但她觉得所从事的工作与自己所学专业不对口，都一一拒绝了。谢静心想，毕竟学了几年的管理，到头来放弃专业，岂不浪费了这几年所投入的人力、物力和财力？

　　分析：大学生在择业时，要结合市场需求和个人专长，适时进行择业的调整，做好职业生涯规划。专业对口固然好，但是学校在培养学生时，除了传授专业知识外，也注重讲授拓展课程及大学生综合素质的培养。当专业与职位发生冲突时，大学生可以结合自身的特点和优势，寻找能够发挥个人专长，又能够在一定程度上发挥专业优势的职业，把眼光放长远一点，而不是一味地追求专业对口。

相结合原则

职业生涯规划中的相结合原则主要包括以下几个方面的内容。

（1）抽象与具体相结合。在进行职业生涯规划的过程中，有些地方要抽象、模糊，有些地方则要具体、清晰。例如，战略考虑可以抽象，但具体措施必须清晰。

（2）确定性与非确定性相结合。一般来说，在职业生涯规划过程中，职业生涯的大方向是确定的，而实现职业生涯最终目标的具体方法、途径、手段等相对灵活。

（3）质化与量化相结合。在职业生涯规划过程中，某些目标需要通过质化和量化相结合的方式才能实现，如职业方向、最终的职业目标就应注重质的规定性；而具体目标的实现时间、实现手段、实现形式等，则必须量化，以便随时了解实际状况，从而进行修正或强化。

（4）实力与挑战相结合。职业生涯目标的抉择是以自己的实力为依据的，即以自己的最佳才能、最优性格、最大兴趣等为基础，否则设计一个好高骛远的目标就很难实现。但作为一个大学生，设计的职业生涯目标应略高于自身的实力，这样才能最大程度地发掘自己的潜能，取得更大的成功。

（5）自己主见与他人意见相结合。自己的职业生涯规划当然应该有自己的主见，这样才能积极、主动地实现自己的目标。但是大学生的人生观、价值观等都还未完全形成，单凭自己的能力来完成职业生涯规划还是有一定难度的。此时，大学生应该认真听取他人的意见，更全面地掌握信息，更深入地分析问题，以最小的偏差作正确的决策。

实践性原则

个人进行职业生涯规划的目的在于指导自身的职业实践，如果没有积极的实践，规划本身就变得毫无意义。大学生确定了职业目标后，就应为之不懈努力。大学生进行职业生涯规划时坚持实践性原则，就能客观地审视内外条件，清醒地认识自我，敏锐地感知社会需求，从而"量身定做"出切实可行的职业生涯规划。

2. 职业生涯规划的常见问题

职业生涯规划对于大学生虽然并不陌生，但其仍然存在缺乏科学规划职业生涯的问题，主要表现在以下 4 个方面。

职业生涯规划意识淡薄

一些大学生缺乏自我规划意识，不能针对自身所处的具体情况制订科学、合理的职业生涯规划。大学生一方面对工作岗位充满了向往，另一方面缺少理性的思考与规划，即使制订了职业生涯目标，也会因为对就业形势的错误预估，而缺乏竞争意识和紧迫感，不能准确确定职业发展的方向，从而导致制订的职业生涯规划缺乏竞争性、科学性和针对性，最终影响职业生涯规划的实际完成效果。

除此之外，大学生学业规划的迷糊直接导致职业意识的淡薄。一些大学生在高中阶段，将考大学作为自己唯一的奋斗目标，填报志愿时很少考虑自己的兴趣、爱好和特长；进入大学后，又没有明确的学习目标，很少进行学业规划，也就不能为将来的职业发展奠定良好的基础。

职业价值取向有偏颇

一些大学生把对职业和前途的长远期盼转化为对薪酬待遇、工作地点、环境条件、休假制度等的具体要求，他们更加注重的是职业的经济价值，而忽视了它的理想价值。当理想与现实错位时，大学生就会择业困难。

阅读材料

别高估了自己

会计专业的小邓在学校的成绩一直不错。会计专业在学校属于热门专业，时常会有企业前来选拔人才，所以，小邓觉得就业压力不大。抱着这样的态度，她一开始只向薪酬福利好的大企业投简历，结果投了十多份都没有得到面试的机会。此时的小邓开始着急，也顾不上精挑细选，又匆忙投了三四十份简历。最终，有一家公司愿意录用小邓，但开出的工资待遇却低于小邓的心理预期，于是她放弃了这个工作。目前，小邓还在继续寻找工作。

分析：案例中小邓的问题在于对自己的期望值过高且定位不准确，从而导致就业失败。大学生要客观分析目前的就业形势和自身能力，切忌眼高手低，不要怕从基层干起，无论什么样的工作岗位，只要有好的表现，用人单位都会给你一个发展空间，满足你对职业目标的追求。

自我认识不足

自我认识不足是职业生涯规划不准确的重要原因。充分地认识自己，是进行科学职业生涯规划的前提。在认识自我的过程中，大学生一定要清楚自己想要什么、想成为什么样的人、自己能做什么、自身的优势和弱点有哪些等。这些问题看上去简单，回答起来却并没有想象的容易。

大学生对自我的认识往往并不全面，对事物的观察和思考容易理想化，不能准确地评价自己的优势与劣势。当所定的目标与现实相差太远时，有的大学生就会产生自责、自怨甚至自卑的心理，从而不能正视择业过程中的不合理现象，无法承受挫折和失败。另外，还有部分大学生在择业时会过分考虑自己的兴趣、爱好和未来的发展空间等因素，导致很难找到与理想相匹配的工作，从而失去很多就业机会。

缺乏对职业生涯规划的认识

职业生涯规划是一个动态的发展过程，每个人在每一阶段，对职业的认识、理解，乃至终极目标的实现都会有所不同，因此需要随着自身的成长，循序渐进、动态地调整职业生涯规划。职业生涯规划的"动态过程"主要体现在以下 4 个方面。

（1）大学阶段与学业规划紧密结合。部分大学生凭"感觉"、随"潮流"规划职业，与大学生活、学习目标脱节，职业目标就成为空想，也就无学习的动力。

（2）多个阶段规划的融合。大学生活的每一阶段都能体现学业规划与职业生涯规划的紧密结合。有了学业才会有职业，这个道理很简单。水滴石穿、积少成多，多项学业的进步，终将促成大学生职业目标的实现。

（3）社会实践体现职业能力。有的大学生为了增加职业经验，选择了丰富多彩的兼职，如家教、促销员、营销员等；有的大学生则选择考证来增加择业"分量"，认为证书就代表能力，如驾驶证、教师证等。总体来说，大学生社会实践活动缺乏围绕职业定位的方向性，耗费大量的时间和精力，却收效甚微。

（4）及时反馈机制。大学生初入大学时制订的职业生涯规划、实践路径会与实际情况产生偏差，需要及时总结、调整，并通过有效的机制予以保障，这就需要大学生有较强的自制能力和自我约束能力。

第二节　建立职业生涯规划的方法

📝 课堂活动

活动主题：尝试规划你的大学生活。

活动内容：假设自己是一名大三学生，还有半学期就要毕业了，请根据自身需求，规划接下来的大学生活，以便为日后就业打下基础。

大学生的职业生涯规划较之日常生活更为复杂，因此，在进行职业生涯规划时，需要借鉴相关方法，以辅助自身建立起一份适合自身发展的职业生涯规划方案。该方案可以使制订者客观分析环境，充分认识自己，并且通过确立的目标选择适合自己的职业。其实，职业生涯规划的制订并不难，它是有章可循的，下面介绍制订职业生涯规划的相关方法。

一　SWOT 分析法

SWOT 即 Strength（优势）、Weakness（劣势）、Opportunity（机会）、Threat（威胁）的首字母组合，SWOT 分析法是一种可以检查个人技能、能力、职业、喜好和职业机会的科学的分析方法，最早由美国旧金山大学管理学教授提出。大学生可以利用 SWOT 分析法分析内部环境中个人的优势与劣势，以及外部环境的机会与威胁，在此基础上制订出有依据的职业生涯规划。使用 SWOT 分析法进行职业生涯规划，一般有以下 3 个基本步骤。

（1）正确评估自己的优势和劣势。

（2）找出自己的职业机会和威胁。

（3）列出自己未来 5 年内的工作目标和工作计划。

阅读材料

通过 SWOT 分析法制订职业生涯规划

小王于 2018 年考入某著名大学播音主持专业，是 2022 年的应届大学生。他使用 SWOT 分析法对自身情况及社会环境进行了职业生涯规划分析，具体分析内容如下。

（1）自身情况分析。

S：优势

乐观向上；口齿伶俐、诚实守信、善于与人交往、待人诚恳；有较强的责任心和社会适应能力，勇于创新，对问题有独特看法。在读书期间，曾利用业余时间兼职婚礼主持、活动主持等工作，积累了一些工作经验。

W：劣势

社会工作经验不足、遇事缺少理性思考；自视清高、听不进他人的友善建议、优柔寡断。

（2）外部环境分析。

O：机会

现在不论是社会上，还是电视台等媒体机构均对播音主持人才有一定程度的需求，并且随着社会经济的发展，社会中需要播音主持的领域越来越广。播音主持需要通过较高的普通话等级考试，因此除了主持人，老师、配音等都是不错的职业选择。

T：威胁

随着社会经济的快速发展，越来越多的用人单位更看重应聘者的实际工作能力和工作经验。

另外，播音主持虽然是一个技术岗位，但相对来说，普通播音主持的技术含量往往不高，其他专业的人也可能将其替代。

（3）结论。

小王运用SWOT分析法，清楚地认识了自己的优势与劣势。根据个人的喜好及擅长的领域，小王决定以主持人作为自己的职业，计划进入大型国家级电视台。但由于这类电视台对于主持人的要求较高，于是他准备从地方台做起，从收视率相对较低的节目做起，积累更多经验。同时，积极提升自己的专业技能，考取相关的资格证书。

三、5What 分析法

5What 分析法是许多专业的职业咨询机构和心理学专家进行职业咨询和职业生涯规划时常采用的方法，它是一种归零思考法。5What 即5个问题，分别介绍如下。

（1）What are you？（你是谁？）

个人可对自己进行一次深刻的反思，同时把自己的优点和缺点都列出来，进行分析。分析内容可以包括自己的专业、动手能力、思考能力等方面。

（2）What do you want？（你想做什么？）

每个人在不同阶段的兴趣和目标可能不一样，在追问的过程中，找到自己最终想做的事情，从而形成自己的终身理想。

（3）What can you do？（你能做什么？）

职业定位的依据是个人能力，职业发展空间的大小则取决于个人潜能。通过追问，发现自身的不足及与他人的差距，让理想化的职业生涯规划逐步回归现实。

（4）What can support you？（环境允许你做什么？）

环境包括客观环境和主观环境，其中客观环境包括当前的经济发展状况、人事政策、企业制度、企业文化等；主观环境包括同事关系、领导关系等。两者结合起来才是真实客观的环境。通过追问，大学生可以清楚认识到在该环境下自己可以做些什么。

（5）What can you be in the end？（你的最终目标是什么？）

大学生通过对前面4个问题的回答，找到对实现职业目标有利和不利的条件，选出不利条件最少的、自己想做且能够做到的职业目标，就是自己"最终的职业目标"。

提醒　　除了前面介绍的两种职业生涯规划方法外，大学生还可以使用测试法（即通过已有的测试题目，测试自己的职业趋向）、平衡单法（主要是对比各种职业生涯规划的优缺点，选择可实施的职业生涯发展规划）等方法来进行职业生涯规划。

三、大学生职业生涯愿景模型法

"愿景"原本是企业战略管理的概念，概括了企业的未来目标、使命和核心价值，是企业最终希望实现的图景。大学生建立职业生涯愿景模型的目的，是在基于价值观、个人形象、知识技能这些核心内容的基础上，尽可能地让自己发挥长处、弥补不足，使个人在机会把握、技能增长、形象管理等方面逐步与职业生涯愿景重合，最终实现职业目标。

1. 个人愿景

个人愿景是指个人发自内心的、真正关心的、一生热切渴望达成的目标。当为了达成个人愿景付出无限心力时，它就会转化成一种自然的、发自内心的强大力量。

个人愿景的内容包含物质上的欲望，有关个人健康、自由方面的欲望，以及对某领域知识的贡献等，这些都可以成为个人心中真正愿望的一部分。总的来说，个人愿景主要包括7个方面的内容。

（1）个人健康。对于自己的健康、身材及其他与身体有关的事情，有什么期望？

（2）自我形象。希望自己成为什么样的人？如果可以变成自己所期望的那种人，会有哪些特征？

（3）职业状况。理想中的职业状况是什么样？希望通过自己的努力发挥什么样的影响力？

（4）家庭生活。在自己的理想中，未来的家庭生活环境是什么样的？

（5）有形财产。希望拥有哪些物质财产？物质财产达到多少自己才会满意？

（6）人际关系。希望与同事、家人、朋友及其他人保持何种关系？

（7）个人休闲。在个人的学习、旅游、阅读或其他领域中，希望取得什么样的成果？

2. 个人愿景的建立

每个人都有自己的愿景，但很多情况下，大学生对自己的愿景往往是模糊的，或者是误解的，这样就容易盲目行动，离期望越来越远。因此，对大学生来说，建立个人愿景的重点是厘清个人愿景，具体可以分为以下3步。

（1）想象实现愿景后的情景（假如你得到了梦寐以求的职位，那么……）。这到底会是什么样的情景？你怎样来形容它？你的感觉如何？这种感觉是不是自己真正想要的？

（2）形容个人愿景（想象你正在达成你一生热切渴望达成的愿望，这些愿望会是什么样？）。这些愿景包括自我形象、有形财产、感情生活、个人健康、工作等，如回顾自己在中小学时代、高中毕业时、大学毕业时、参加工作后及现在的个人愿景，其中，哪些愿景已经实现，哪些还未能实现，原因又是什么。

（3）检验并建立愿景（检视自己写下来的个人愿景所组成的清单，从而找出最接近自己内心深处的愿望）。如果现在就可以实现愿景，你会接受它吗？假如你现在已经实现了愿景，这愿景能为你带来什么？

第 三 节 制订职业生涯规划的基本步骤

📝 课堂活动

活动主题："生涯幻游"设想。

活动内容：想象一下未来 3 年、5 年或 10 年后的自己将变成怎样的一个人，那时的你在哪里？又在做什么呢？

　　示例："生涯幻游"将自己带到 10 年后的场景中，想象自己的容貌、周围的环境。你早上起床后，吃过早餐（吃什么？和谁一起吃？），来到公司（坐什么样的交通工具上班？），与同事打招呼后，开始一天的工作（工作内容是什么？和谁一起工作？），下班后回到家（家里有哪些人？），然后开始做晚餐（都做了什么？和谁一起聊天？），吃过晚餐后，上床休息，回想自己一天的工作和生活，你满意吗？

通过生涯幻游，大学生可以从事业、家庭、休闲、学习四个维度来探索自己的价值观，并从中分析出自己在哪些方面比较缺失，是没有规划到的。职业生涯规划是一个长期的、连续的过程，需要有一套完整的步骤来确保规划的顺利完成，包括客观认识自我、评估职业环境、设定职业生涯目标、制订行动计划并实施、评估与反馈等。

一、客观认识自我

客观认识自我建立在个人自我观察与自我分析的基础上，是对自身条件和状态的全面评估，这些因素影响着个人对待自身和外界的方式与态度。大学生需要认识和了解的关于自身的内容很多，主要包括性别、年龄、健康、兴趣、性格、能力和价值观等。

在对职业生涯进行规划的过程中，大学生通过对自我的认识，可以将个人从"我想干什么"转变到"我能干什么"，这一过程需要运用适当的方法，以达到正确认识自身优点与不足的目的，实现对个人的管理与监督。因此，要客观认识自我，就必须运用科学合理的方法对自我进行剖析，心理学家将认识自我的内容划分为 4 个部分，并以橱窗的形式展现出来（图 2-1）。

（1）橱窗 1："公开我"，即自己知道，别人也知道的部分，指个人的外在表现。

（2）橱窗 2："隐私我"，即自己知道，别人不知道的部分，指个人的内在隐私。

认识自我的方法

（3）橱窗3："潜在我"，即自己不知道，别人也不知道的部分，指个人未经开发的部分。

（4）橱窗4："背脊我"，即自己不知道，别人知道的部分，指个人对自己认识的盲区。

个人对自身的认识是有据可依的，通过橱窗展示的形式，可以更好地对"公开我""隐私我""潜在我"和"背脊我"进行认识，这将促进大学生对个人的管理和运用。

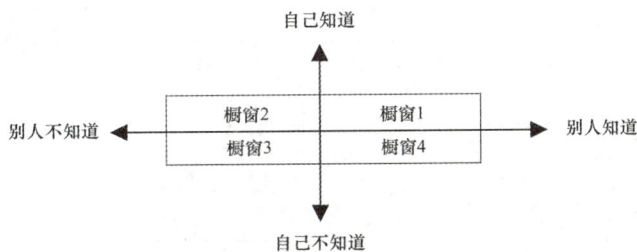

图 2-1　橱窗分析

"职业迷茫"症

小蒋参加工作快2年了。刚毕业时，学校推荐她到省城一家教育机构从事文案编辑工作，但由于她文笔不好，始终没有做出让领导认可的工作成绩，上班的压力越来越大，于是小蒋主动辞职了。小蒋的第二份工作是在一家公司当文员，做一些收发邮件、文档编辑的事，小蒋感觉这份工作枯燥乏味且难以提升，于是又辞职了。后来她又陆续找了几份工作，但情况都差不多。目前，小蒋在一家外企做经理助理，对于这份工作，小蒋还比较满意。

最近同学聚会，小蒋发现周围的老同学个个都比自己强，以前在学校成绩比她还差的同学现在都已经当上经理了，有的同学还自己开了公司。反观自己，小蒋只是一个经理助理，一直干着一些琐碎的事情。小蒋越想越自卑，可想来想去，除了文员、经理助理之外，也想不出其他自己可以胜任的工作了，她该怎么办呢？

分析：小蒋遇到的问题是典型的"职业迷茫"问题，她应该客观地认识自己，然后再根据自身性格、兴趣爱好、特长等来选择相匹配的职业。

1. 兴趣与职业

兴趣是人们力求认识和掌握某种事物，并经常参与该项活动的心理倾向。职业兴趣则指人们对某种职业或工作所抱有的积极性态度，是有关职业偏好的认识倾向。大学生清楚地了解自己的兴趣所在，对于提高自我认识、进行职业生涯规划都有非常重要的意义。

根据霍兰德的职业兴趣理论，人们一般都倾向于寻找与其个性类型相适应的职业。通过对个人行为和特质的分析，霍兰德把人的个性特点、适宜的职业环境和匹配度较高的典型职业进行了整理和归纳（表2-1），通过该表格，大学生可以探索出自己将来有可能选择的职业类型。

表2-1　霍兰德职业兴趣量表

类型名称	特点	典型职业
常规型（R）	此类型的人通常具有较好的身体技能。他们可能在自我表达和向他人表达方面感到困难，不善于与人打交道。他们喜欢在户外活动，喜欢使用和操作工具，尤其是操作大型机械。他们愿意从事操作性工作，偏好于具体任务，动手能力强，做事手脚灵活，动作协调	计算机硬件人员、飞机检修工、汽车驾驶员、工地检查员、钳工、建筑工、制图员、机械装配工、木匠、厨师、技工、修理工等
	他们遵守规则，对新观点和新变化兴趣不大。这种类型的人不善言辞，喜欢独立做事	
社会型（S）	此类型的人关心社会的公正和正义，比较看重社会义务和社会道德，责任感强，关心社会问题、渴望发挥自己的社会作用，具有较强的人道主义倾向，社会适应能力强	教师、学校校长、临床医师、导游、营业员、教育行政人员、咨询人员、公关人员、临床心理学家、就业指导顾问、护士和律师等
	他们善于表达，善于与周围的人相处，追求广泛的人际关系网，喜欢处于集体的中心地位，喜欢通过与他人交流讨论来解决存在的难题。他们不喜欢需要剧烈的身体运动的工作，不喜欢与机器打交道，具有与他人相处共事的能力	
企业型（E）	此类型的人通常精力充沛、热情洋溢，做事有较强的目的性、喜欢竞争、富有冒险精神、自信、支配欲强、有野心和抱负	经理、推销员、主持人、宣传人员、营销管理人员、企业领导、法官、律师和社会活动家等
	他们喜欢争辩，总是力求使别人接受自己的观点，通常追求权力、财富、地位，有领导才能，为人务实，习惯以利益得失，如权力、地位、金钱等来衡量做事的价值	
传统型（C）	此类型的人通常谨慎保守、忠诚、尽职尽责，忠实可靠、自我控制能力强，尊重权威和规章制度，喜欢按计划办事，细心、有条理，习惯接受他人的指挥和领导，不喜欢冒险和竞争，缺乏创造性，富有自我牺牲精神	秘书、计算机操作员、办公室人员、统计员、打字员、记事员、会计、行政助理、出纳员、投资分析员、审计员、图书管理员、税务员和交通管理员等
	他们既不喜欢从事笨重的体力劳动，也不喜欢在工作中与别人形成过于紧密的联系，对于明确规定的任务可以很好地完成，喜欢关注实际和细节情况，不喜欢模棱两可的指示，希望能精确地了解自己所要做的事情	
研究型（I）	此类型的人抽象思维能力强，求知欲强，善于思考，对科学研究和科学探索有热情，并表现出对工作的极大热情，对周围的人并不感兴趣。他们习惯通过思考来解决所面临的难题，而并不一定实现具体的操作	科学研究人员、教师、工程师、计算机编程人员、医生、系统分析员、工程设计、生物学研究人员、社会科学研究人员、实验研究工作者、物理学研究人员、气象学者等
	他们常常具有非传统的观念，倾向于创新和怀疑。此类型的人知识渊博，不善于领导他人，考虑问题理性，做事喜欢精确，喜欢逻辑分析和推理，并不断探讨未知的领域	
艺术型（A）	此类型的人天资聪慧，喜欢具有较多自我表现机会的艺术环境，不喜欢从事粗重的体力活动和高度规范化和程式化的任务，喜欢单独活动，有强烈的自我表现欲望，往往过于自信	艺术家、艺术设计师、雕刻家、建筑师、摄影家、广告制作人、画家、作家、作曲家、歌唱家、戏剧导演、诗人、记者、演员、音乐演奏家、剧作家等
	他们的独立性、自主性、自发性、非传统性和创造性都较强，好表现，不拘小节，自由放任，不受常规约束，情绪变化大，比较敏感	

2．性格与职业

性格指个人对客观现实稳定的态度和与之相适应的习惯化的行为方式，如有的人总是热情周到，有的人总是沉默寡言。这种对人对己稳定的态度和习惯化的行为方式所表现出来的心理特征，就是这个人的性格。对大学生来说，了解自己的性格特征，才能将职业与性格进行正确匹配，激发对工作的兴趣和热情。

近年来，一些教育学、心理学研究人员根据我国的实际情况，将职业性格总结为9种基本类型，即主要特征及其较适合的职业（表2-2）。

表2-2　9种典型职业性格参考表

性格类型	性格特征	较适合的职业
变化型	在新的或意外的活动或工作情境中感到愉快，喜欢多样化的工作，善于转移注意力	记者、推销员、演员、装调员等
重复型	适合连续从事同样的工作，按固定的计划或进度办事，喜欢重复的、有规律的、有标准的工作	纺织工、机床工、印刷工、电影放映员、运维员、技术员等
服从型	愿意配合别人或按别人的指示办事，而不愿意自己独立做出决策、担负责任	办公室职员、秘书、翻译等
独立型	喜欢计划自己的活动与指导别人活动，喜欢对未来的事情做出决定，在独立负责的工作情境中感到愉快	管理人员、律师、警察、侦察员、经纪人、调饮师、碳排放管理员等
协作型	在与人协同工作时感到愉快，善于引导别人，并想得到同事们的喜欢	社会工作者、咨询人员、易货师、职业培训师、社群健康助理员等
劝服型	通过谈话或写作等方式使别人认同自己的观点，对别人的反应有较强的判断力，善于影响别人的态度和观点	辅导员、行政人员、宣传工作者、作家、专业顾问等
机智型	在紧张和危险的情况下能自我控制与沉着应付，发生意外和差错时能不慌不忙出色地完成任务	驾驶员、飞行员、公安人员、消防员、救生员等
自我表现型	喜欢表现自己的爱好和个性，根据自己的感情做出选择，通过自己的工作来表现自己的思想	演员、诗人、音乐家、画家、设计师、架构师等
严谨型	注重工作过程中各个环节与细节的精确性。愿意按一套规划和步骤工作，希望尽可能做得完美，倾向于严格、努力地工作以看到自己出色完成工作的效果	会计、出纳员、统计员、校对员、图书档案管理员、打字员、程序员、分析师等

> **提醒**　绝大部分职业同时与几种性格类型特点相吻合，而一种性格类型也同时具有几种职业性格类型的特点。在实际的吻合过程中，应根据个人的性格与职业的要求，具体情况具体处理，不能一概而论。

3．能力与职业

能力是人们解决问题的个性心理特征，是完成任务或达到目标的必备条件。能力中有天赋的部分，也包括后天训练的技能。一个人的能力可以从多个角度去描述，如观察力、注意力、记忆力和理解力等。心理学家们在关于能力的研究中，根据个人能力特点与职业成就之间的规律，将与职业成就和职业满意度相关的能力分为以下3种。

（1）知识性能力。是与工作内容相关的，是具体的、专业化的、针对某一特定工作的基本能力，如大学生在学校学习的专业知识就是知识性能力的直观体现。

（2）适应性能力。是个人进行自我管理的能力，也被称为情商，通常认为其包括自我觉察、情绪管理、自我激励、认知他人情绪和理解他人情绪这5大能力。

（3）可迁移能力。指个人在日常活动中就能够获得或改善的，并对所有工作都适用的有价值的能力，一般用行为动词来描述，如沟通、组织、计划、决策及操作等。可迁移能力可以从一项活动迁移到其他工作中，如你拥有沟通的能力，那么在其他工作中也具备该项能力。

大学生要想胜任某一项工作，仅仅拥有知识性能力是不够的，所以，择业时还要考虑具有的适应性能力和可迁移能力能否胜任此项工作。另外，大学生对于自己哪一方面能力不足，还需要进一步培养，也要做到心中有数。

4. 价值观与职业

价值观是基于个人思维和感受作出的评价、判断、理解或选择，主要以潜在的方式对个人的思想和行为进行主导和影响。价值观在职业选择上的体现叫作职业价值观，在考虑对职业的认识、职业目标的追求与向往、乐趣、收入和工作环境等问题时，对这些职业因素的判断和取舍，便是职业价值观的具体表现。我国学者阚雅玲将职业价值观分为以下12类（表2-3）。

表2-3　职业价值观分类参考表

职业价值观类型	特征
收入与财富	通过工作能够明显有效地改变自身财务状况，将薪酬作为选择工作的重要依据
兴趣特长	以自己的兴趣和特长作为选择职业最主要的因素，能够扬长避短、趋利避害、择己所爱，能从工作中得到乐趣和成就感
权力地位	有较强的权力欲望，希望能影响或控制他人，使他人按照自己的想法行动
自由独立	希望工作有弹性，不想受太多的约束，可以充分掌握自己的时间和行动，自由度高，既不想治人也不想受制于人
自我成长	要求工作能提供受培训和锻炼的机会，使经验与阅历能够按照自己的意愿丰富和提高
自我实现	看中工作提供的机会和平台，使自己的专业和能力得以全面运用和施展，实现自身价值
人际关系	将工作单位的人际关系看得非常重要，渴望能够在一个和谐、友好的环境中工作
身心健康	工作安全、劳逸适当、无紧张感和恐惧感，使自身身心健康不受工作影响
环境因素	看中的是舒适安逸的工作环境，或对工作地域有特别的要求
工作稳定	工作相对稳定，不用担心裁员和被辞退，免于经常奔波找工作
社会需要	愿意根据组织和社会的需要响应号召，为集体和社会作贡献
追求新意	希望工作的内容经常变换，有丰富多彩的工作和生活

当然，实际上每个人的条件和需求不同，表现出的职业价值观是多样性的，以上类型都十分具有代表性，为大学生分析自己的职业价值观指明了方向，对职业生涯规划有积极的意义。

阅读材料

张贵华回乡记

张贵华出生于齐齐哈尔市的一个山村，自然条件较差，其从小的心愿就是走出大山，看看外面的世界。通过自己的努力，张贵华考上了市里的一所高等专科学校，成为村里少有的大学生，距离梦想又近了一步。

2019年初，在六合村的首届在读大学生座谈会上，张贵华获悉了政府的扶贫政策，对家乡近年来的变化以及未来的发展有了更深的了解。他决定，大学毕业后回到家乡，为家乡作贡献。毕业后，张贵华回到了家乡，他一边在村里协助村党支部书记开展村镇建设管理工作，一边参加"扶贫专干"考试。2020年5月，他考取了高布村的扶贫专干，3个月后顺利入职驻村公司。经过半年的历练，张贵华已经成了在销售、策划、管理等方面都能独当一面的经营能手。

2020年10月，六合村宣布，全部贫困户脱贫。张贵华也成为全村最年轻的预备党员。未来，张贵华将继续为家乡发展贡献力量。

分析：我们可以看出，张贵华原本的职业价值观主要以工作环境为主，但后来经过座谈会，其价值观转变为以"社会需要"和"自我实现"为主，返乡发展，成为建设家乡的一分子。

二、评估职业生涯环境

职业生涯环境的评估，主要是评估各种环境因素对自己职业生涯发展的影响。每个人都处在一定的社会环境中，或多或少都会与社会这个大环境发生关联。因此，在制订个人职业生涯规划时，大学生要分析环境的发展变化情况、自己与环境的关系、自己在这个环境中的地位及环境对自己提出的要求等。大学生只有充分了解了这些环境因素，才能在复杂的环境中避害趋利，使自己的职业生涯规划具有实际意义。职业环境的评估主要包括4方面的内容，如图2-2所示。

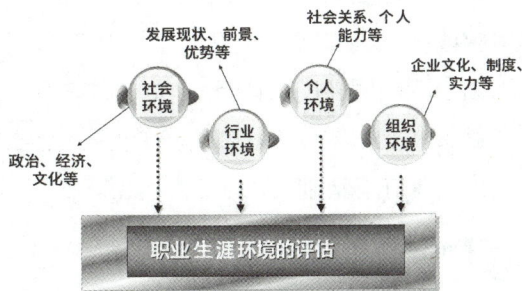

图2-2　职业生涯环境的评估

三、设定职业生涯目标

职业生涯目标的设定是职业生涯规划的生涯核心。一个人事业成功与否，很大程度上取决于有无正确、适当的目标。只有树立了目标，才能明确奋斗方向。职业生涯目标应具有一定的挑战性，同时也要符合自身的性格特点，顺应环境的发展趋势。确定目标时，大学生可贯彻落实党的二十大精神，在综合考虑所学专业、爱好的基础上，立足国家大业，树立理想目标，如入职科研院所等，以小我入大我，将自身发展融入国家发展大局之中，以青春之我，成就强盛中国。

按时间长短，大学生可将职业生涯目标分为短期目标、中期目标和长期目标。

（1）短期目标：一般为 1～3 年。通常是短期内需要掌握的知识技能和工作能力等。在这个阶段，大学生需找出自身与短期目标之间的差距，并制订出切实可行的实施计划和计划评估。短期目标又分日目标、周目标、月目标和年目标。

（2）中期目标：一般为 3～5 年或 3～10 年。通常是对自己的职业晋升有个初步的定位，例如，要做到公司业务部门的总经理。中期目标的设定在整个职业生涯目标阶段中起着承上启下的作用。大学生需要拟订一个切实的目标，这个目标既要根据短期目标的完成情况适当进行调整，又要为长期目标的设定和实现做好铺垫、打好基础。

（3）长期目标：时间一般为 5 年或 10 年以上。主要是设定比较长远的目标，如 40 岁时成为公司的负责人。长期目标与职业生涯的总体目标在一定程度上很接近，是实现总体目标的最后阶段。当然，这些时间的划分不是唯一和固定的，可以根据自身的需要进行调整。

四、制订行动计划并实施

一旦确定职业生涯目标，行动便成了关键。没有行动，目标就难以实现，更谈不上事业的成功。这里所说的行动，是指落实目标的具体措施，主要包括社会实践活动、工作、训练、教育、轮岗等方面的措施。例如，为达成目标，在工作方面，计划采取什么措施提高工作效率；在业务素质方面，计划学习哪些知识和技能提高业务能力等。这些目标都要有具体的计划与明确的措施，并且这些计划要特别具体，以便于定期检查。

需要注意的是，社会上的实践活动不少，但是其中优质的并不多，一些优质的社会实践活动名额也往往竞争激烈。因此，大学生一旦发现适合自己的实践活动机会，就应该赶紧行动，并且尽量争取。当然，优质的实践活动对大学生自身能力的要求往往也较高，大学生应该认识到实践活动是为了提升自身的能力，是为增加未来的就业竞争力、更好地适应职场生活而服务的。因此，首先要正确地认识自己，同时要对本专业的就业方向有一定的了解。其次，在确立了职业方向后，就要充分利用各种实践机会锻炼与提升自己，为日后成功就业打下基础。

五、评估与反馈

正所谓"计划赶不上变化"，影响职业生涯规划的因素很多，有的影响因素是可以预测的，而有的影响因素则难以预测。因此，要使职业生涯规划行之有效，就必须不断地对其进行评估与修正。一般修正的内容包括职业的重新选择、人生目标的修正、实施措施与计划的变更等，修正时应考虑以下两种因素。

1. 外部环境因素

外部环境包括社会环境、行业环境、职业环境、学校环境和家庭环境。例如，国家政策变动，可能某一行业就会兴盛或衰落；某项科技突破，可能会导致市场的巨大变化等。

事实上，外部环境一直处于不断变化的过程中，大学生需要从宏观的角度来认识和把握这些变化，顺应外部变化，从而修正自己的职业生涯规划。同时，由于外部环境的变化并非个人能力所能改变的，因此，大学生要努力适应这些变化，而不能"逆时而动"。

2. 自身实际情况

大学生在做职业生涯规划修正时，要密切联系自身的实际状况，不要脱离现实，要充分结合个人的实践实习经历、学历、家庭背景、兴趣爱好和价值观念等因素。同时，大学生要对自己有更清晰的认识，且不断地完善自己。

职业生涯评估的方法

阅读材料

及时修正职业生涯规划

小陈大学所学专业为软件工程，在校期间，每天浑浑噩噩地混日子。最终醒悟的时候才猛然发觉，大学时代即将结束。眼看秋招在即，大部分同学有了不少荣誉，很多企业向他们抛出了橄榄枝，但小陈却因荒废度日无人问津。家里人看在眼里，急在心里，最后在某工厂为小陈找了一份电子装配工作，这与小陈所学专业也不对口。但小陈自己又不能找到合适的工作，所以毕业后便去了这家工厂工作，工厂流水线的工作简单而枯燥，小陈对这份工作并不感兴趣，但他已经懒得去重新评估自己的兴趣和能力，也懒得再去换一个工作环境。就这样，小陈每天浑浑噩噩地做着这样一份重复性的工作。

分析：小陈的经历给同学们敲响了警钟，大学生在制订职业生涯规划时，最关键的是对自己制订的职业生涯规划做好评估与调整，可以通过实践活动、职业生涯人物访谈等方式深入进行职业生涯规划评估，然后结合自身的兴趣、性格、能力、价值观等，及时调整职业生涯规划。

第四节　实现职业生涯规划的必备措施

课堂活动

活动主题：讨论如何实现职业生涯规划。

活动内容：作为一名当代大学生，只有做好属于自己的职业生涯规划，才利于自己在未来的发展中达到"人职匹配"的最佳状态，也才能成为一名有为青年。请大家制订一份职业生涯规划，并思考为实现目标应具有的必备条件或需采取的措施。

职业生涯发展规划一般有知己、知彼、抉择、目标和行动5个要素，大学生一旦确定自身的职业生涯规划目标后，就应根据职业生涯规划，一步步完成职业目标。在实现职业生涯规划目标的过程中，面对各种问题，应采取必要的措施来帮助实现目标。下面具体讲解大学生在实现职业生涯规划目标的过程中可以采取的有效措施。

一、确定与分解目标

职业生涯目标包括人生目标、长期目标、中期目标和短期目标，它们分别与人生规划、长期规划、中期规划和短期规划相对应。一般来说，大学生首先应根据个人的性格、兴趣、价值观、所学专业及社会的发展趋势来确定自己的人生目标和长期目标，然后再将人生目标和长期目标进行分解，最后根据当前环境和情况制订中期目标和短期目标。

通常来讲，人生目标可能过大，大多数人很难在一定时期内实现。但是一个中长期、短期的目标是较容易制订的，如制订10年、5年、3年、1年目标，以及1月、1周、1日目标。由大到小对目标进行分解，并逐个达成，继而最终实现人生目标。

例如，大学期间所学的专业是人力资源管理，为自己制订的职业生涯总体目标是成为某公司的首席人才官，此时，就可以将成为首席人才官这一目标分解为多个职业目标阶段，同时需要规划相应的职业晋升路线（表2-4）。

表2-4　人力资源专业的职业晋升路线表

职　位	业绩目标	知　识	人才培养	目标评估标准
人力资源专员	完成工作要求，进行考核、招聘、薪酬、培训的组织工作，纪律监察合格，业绩考核在良好以上	了解《中华人民共和国公司法》《中华人民共和国劳动法》，掌握考核、招聘、培训、劳动关系等人力资源知识，并应用于实践	新员工的培训考试合格率为100%	目标完成度为80%以上，遵守纪律，差错率每月2次以内，服务满意度在中度以上
人力资源主管	员工满意度合格，考勤、招聘、薪酬、培训工作专业能力及组织能力强	精确了解国家与企业相关的法律法规，具有应用人力资源管理知识的能力，能制订某一方面的工作方案并实施产生效果	培养人力资源专员1名	目标完成度为80%以上，遵守纪律，差错率每月2次以内，服务满意度在中度以上
人力资源副经理	员工满意度合格，考核、招聘、薪酬、培训工作专业能力及组织能力强，部门运作支持力度强	精确了解国家与企业相关的法律法规，具有应用人力资源管理知识的能力，能制订某一方面的工作方案并实施产生效果	培养人力资源主管2名	目标完成度为80%以上，遵守纪律，差错率每月1次以内，服务满意度在中度以上
人力资源经理	制订公司基本制度，设计招聘、培训、绩效、福利等规则，并合理地在企业中应用	精确了解国家与企业相关的法律法规，具有应用人力资源管理知识的能力，具有报告和方案制订能力，具有制度规划能力	培养人力资源主管2名	人才培养目标达成率为80%，年度人才流失率在10%以内，人力资源工作满意度为优秀，品行良好

职　　位	业绩目标	知　　识	人才培养	目标评估标准
人力资源高级经理 ↓	制订公司基本制度，制订招聘、培训、绩效、福利等规则，并合理地在企业中应用；具有培训讲师能力，具有人才测评能力和胜任力考核能力	精确了解国家与企业相关的法律法规，具有应用人力资源管理知识的能力，具有报告和方案制订能力，具有制度规划能力	培养人力资源主管2名	人才培养目标达成率为80%，年度人才流失率在10%以内，人力资源工作满意度为优秀，品行良好
人力资源总监 ↓	公司员工成长正常进行，公司人力资源目标达成率达到公司要求，企业人力资源管理及企业文化建设达到预期，制度合适	具有文化建设及导入的能力，具有培训的能力，具有制度建设的能力	培养人力资源经理2名	人才培养目标达成率为80%，年度人才流失率在10%以内，人力资源体系健全，品行良好
首席人才官	根据公司绩效，由董事会决定任命			

　　通过表2-4可以看出，大学生要想实现成为首席人才官这一职业生涯的总体目标，可以分为7个阶段，由人力资源专员、人力资源主管、人力资源副经理、人力资源经理、人力资源高级经理和人力资源总监逐级过渡，最终成为首席人才官。因此，若大学生在制订阶段目标的时候无从下手，不知道如何设置阶段性目标，可以去了解相关的职业晋升发展路线，并以此作为制订阶段目标的参考依据。

> **提醒**　在校大学生，由于知识结构尚不完善，观念变动较大，因此需要灵活地规划职业生涯目标，制订可实现的未来发展目标、大学期间学习目标、学年目标、学期目标等。另外，一些大学也提出了"学业生涯规划"，用以规划大学生大学期间的学习和能力目标。

二　调整计划与周期性总结

　　由于社会的变化和一些不确定因素的影响，人的个性也是在不断变化的，如兴趣、能力、价值取向等，会随着外部环境的变化和个人的学习体会而不断改变。因此，大学生在职业生涯规划实施的过程中可能会出现与最初的规划有所偏差的情况，这时应当对职业生涯目标与规划重新进行评估，然后做出适当的调整，以更好地符合自身发展和社会需要。正所谓"偶尔的停顿与总结，是为了更好地上路"，总结与计划是个人对自己、对社会不断认识的过程，是最终实现职业生涯规划的有力手段。

　　对于在校大学生而言，周期性总结同样重要，它可以修正大学生当前的不正确行为。但应注意，未来的长期计划是综合考虑各方面的因素后做出的，不应该三心二意，随意改变。

第 五 节 拓展阅读——我的未来我做主

在科技公司工作了两年的行政前台沈小丽毅然辞职了，理由是她不甘平庸，不想在枯燥乏味的工作中丧失对生活的热情。沈小丽对未来仍有无限希冀，她想去追寻更加灿烂和精彩的明天。

辞职后，沈小丽继续留在了西安这座城市，刻苦打拼，但一切并不尽如人意，她遭遇了求职史上的"滑铁卢"，面试屡屡碰壁。面试高级秘书，面试官说她没有工作经验，逻辑思维松散；面试人事行政职位，面试官又说她经验不足，技能欠缺；面试婚礼主持，但又没有主持功底。一次次的打击，让沈小丽开始重新认识自己，并为自己拟订了一份详细的职业生涯规划方案。

首先，沈小丽对自己的兴趣、性格、能力和价值观进行评估，她发现自己在工作上粗心大意，缺乏条理，且对自己的定位偏低，做事很犹豫。但同时，她又有着明显的性格优势，善沟通、能思考、富有冒险精神、自信、有野心和抱负，经过反复分析后，沈小丽确定了自己的职业目标，2年后成为"招聘经理"。于是，围绕该目标，沈小丽制订了一份详细的行动计划并实施（表2-5）。

表2-5　行动计划表

职务目标	2022年1月　成为人力资源部招聘专员
	2022年7月　成为人力资源部招聘主管
	2024年1月　成为人力资源部招聘经理
成果目标	2022年1月　根据现有编制及业务发展需求，能够制订并执行招聘计划
	2022年7月　熟练拓展和维护现有招聘渠道，充分利用各种平台资源在招聘周期内满足公司的人才需求
	2024年1月　拟定薪酬标准和晋升机制，并结合公司当前发展战略，制订招聘计划，为公司人才挖掘和引进工作做好准备
经济目标	2022年年初　年薪6万元
	2022年年底　年薪10万元
	2024年　年薪18万元

在实施过程中，沈小丽又发现自己的工作技能有点不足，所以她又努力考取了一些必备的职业证书，以硬性资质来弥补自身能力的短板。经过前期的准备工作，沈小丽很快就找到了一份招聘专员的工作。在此岗位上，沈小丽不仅找到了自我，而且工作也很出色，每天都过得很充实。她暗下决心，一定要按照自己的职业生涯规划一步一步走下去，并为之奋斗终生。相信沈小丽一定会在自己的职业道路上越走越好，越走越远。

更多拓展阅读

案例启发

　　职业生涯的成功并非偶然，通往职业目标的道路上总是充满荆棘，需要大学生利用不同的专业知识和技能披荆斩棘，不断攻克一个又一个的难题，最终才能实现自己的人生价值。当代大学生在整个职业生涯过程中，要保持良好的心态，正确面对困难，积极上进，这样，哪怕最终离成功仍有差距，也将度过充实、有价值的职业生涯。

第六节　自我评估

　　在某种意义上，性格决定了一个人更适合从事的职业。如果求职者能够清楚地了解自己的性格，将有利于更好地选择职业，更准确地进行职业定向。

职业性格测试

〖测试说明〗

　　关于个人性格与职业的关系，有一些以心理学为基础的测试，可以供大学生参考。MBTI 职业性格测试是其中比较流行且具有科学性的测试。

　　下面是以 MBTI 职业性格测试为基础，列出的一些测试题，其中的问题都取自日常生活，所有问题的答案无所谓对错，也无好坏之分，只作为参考。被测试者在答题时不必对每道题多加考虑，只需按感觉判断并进行作答。

　　1. 你倾向从何处得到力量？（　　）

　　（E）别人

　　（I）自己的想法

　　2. 当你参加一个社交聚会时，你会（　　）。

　　（E）在夜色很深时，一旦开始投入，也许会是最晚离开的那一个

　　（I）在夜晚刚开始的时候，就疲倦了并且想回家

　　3. 下列哪一件事听起来比较吸引你？（　　）

　　（E）与男（女）朋友到有很多人且社交活动频繁的地方

　　（I）待在家中与男（女）朋友做一些特别的事情，例如，观赏一部有趣的录影带并享用最喜欢的外卖食物

　　4. 在约会中，你通常（　　）。

　　（E）整体来说很健谈

　　（I）较安静

　　5. 过去，你遇见异性朋友主要通过下列哪种方式？（　　）

　　（E）在聚会、工作上、休闲活动中、会议上或当朋友介绍你给他们的朋友

　　（I）通过私人的方式，如社交平台，或由朋友或家人介绍

　　6. 你倾向拥有（　　）。

　　（E）很多认识的人和很亲密的朋友

（I）一些很亲密的朋友和认识的人

7. 过去，你的朋友和同事倾向对你说：（   ）

（E）你难道不可以安静一会儿吗

（I）可以请你从你的世界中出来一下吗

---

8. 你倾向通过以下哪种方式收集信息？（   ）

（N）对有可能发生的事的想象和期望

（S）对目前状况的实际认知

9. 你倾向相信（   ）。

（N）直觉

（S）直接的观察和现成的经验

10. 当你置身于一段关系中时，你倾向相信（   ）。

（N）永远有进步的空间

（S）若它没有被破坏，不予修补

11. 当你对一个约会觉得放心时，你偏向谈论什么？（   ）

（N）未来，关于改进或发明事物和生活的种种可能性。例如，你也许会谈论一个新的科学发明

（S）实际、具体、关于"此时此地"的事物。例如，你也许会谈论品酒的好方法或你即将要参加的新奇旅程

12. 你处理事情时，喜欢先（   ）。

（N）纵观全局

（S）掌握细节

13. 你是哪种类型的人？（   ）

（N）与其活在现实中，不如活在想象里

（S）与其活在想象里，不如活在现实中

14. 你通常（   ）。

（N）偏向于想象一大堆关于即将来临的约会的事情

（S）偏向于拘谨地想象即将来临的约会，只期待让它自然地发生

---

15. 你倾向如此做决定：（   ）。

（F）首先依自己的心意，然后依自己的逻辑

（T）首先依自己的逻辑，然后依自己的心意

16. 你能够察觉到（   ）。

（F）当人们需要情感上的支持时

（T）当人们不合逻辑时

17. 当你和某人分手时，会怎么做？（   ）

（F）通常让自己的情绪深陷其中，很难抽身出来

（T）虽然你觉得受伤，但一旦下定决心，你会尽快地将过去恋人的影子甩开

18. 当与一个人交往时，你倾向于看重什么？（   ）

（F）情感上的相容性：表达爱意和对另一半的需求很敏感

（T）智慧上的相容性：沟通重要的想法；客观地讨论和辩论事情

19. 当你不同意恋人的想法时，会怎么做？（   ）

（F）你尽可能地避免伤害对方的感情，若是会造成伤害，你就不会说

（T）你通常毫无保留地说话，并且对恋人直言不讳，因为对的就是对的

20. 认识你的人倾向形容你为（　　）。

（F）热情和敏感

（T）逻辑和明确

21. 你把大部分和别人的相遇视为（　　）。

（F）友善及重要的

（T）另有目的

---

22. 若你有时间和金钱，你的朋友邀请你到国外度假，并且在前一天才通知，你会（　　）。

（J）先检查你的时间表

（P）立刻收拾行装

23. 在第一次约会中，若你所约的人来迟了（　　）。

（J）你会很不高兴

（P）一点儿都不在乎，因为你自己常常迟到

24. 对于约会，你会怎么做？（　　）

（J）事先知道约会行程：要去哪里、有谁参加、你会在那里多久、该如何打扮

（P）让约会自然地发生，不做太多事先的计划

25. 你选择的生活充满着（　　）。

（J）日程表和组织

（P）自然发生和弹性

26. 哪一项较常见？（　　）

（J）你准时出席而其他人都迟到

（P）其他人都准时出席而你迟到

27. 你是（　　）的人。

（J）下定决心并且做出最后肯定的结论

（P）放宽自己的选择面并且持续收集信息

28. 你是哪种类型的人？（　　）

（J）喜欢在一段时间里专心于一件事情直到完成

（P）享受同时进行好几件事情

〖测试分析〗

上述测试每7题为一部分，根据所选答案，找出你选择最多的字母，然后按顺序进行排列。排序完成后，可以将排序情况与自己的职业性格相对照。扫描右侧二维码，可以查看每一类职业性格及其所对应的职业倾向。

职业倾向

第七节　思考与练习

1. 职业生涯规划不仅具有很强的理论价值，还具有很强的现实意义。因此，作为当代

大学生，制订一份适合自身发展的职业生涯规划是必不可少的，它将指引你迈向成功的第一步。试根据职业生涯规划的主要步骤（客观认识自我—评估职业环境—确定目标—制订行动计划并实施—评估与反馈），为自己拟订一份短期的职业生涯规划方案。

2. 某大学生的职业理想是当一名职业经理人，但是他目前并不具备职业经理人必备的管理能力，甚至对企业的具体运作都知之甚少，这位同学应该如何达成自己的职业目标？

3. 有的大学生表示："与其不断评估和改正职业生涯规划，我还不如自己再制订一个新规划。"你认为这种观点是否合理，为什么？

4. 你是否评估过你的职业生涯规划？你的职业生涯规划与客观实际之间是否存在差距？你又是如何进行修正的？根据你对上述问题的思考，完成填写（表2-6）。

表2-6　评估与修正表

阶段目标 （预计结果）	实施结果	评估差距	差距原因	修正措施

5. 有的大学生认为"职业生涯规划是针对那些成绩好、能力强的人，而自己很平庸，只要能找一份普通工作，做一天算一天直到退休就行，哪里还需要什么职业生涯规划？"你觉得这种想法对吗？为什么？请就这个问题提出你自己的观点。

6. 在我国实现"十四五"规划，继续向着第二个百年奋斗目标迈进的当下，作为时代主人公的大学生必然也会面临新的局面，接受新的挑战。请同学们讨论并分享，如何在对个人和社会环境因素进行分析的基础上，确定一个适合自己的职业目标，并围绕该目标来实现最终的职业生涯规划目标。

7. 阅读以下材料，回答问题。

　　廖岑并不是一位天资聪颖的学生，但其并不气馁，他自进入大学时起，就迅速明确了"读研—科研"的职业生涯规划路径，并朝着这个目标一步一个脚印坚实地奋斗。廖岑面对学习上的短板，采取"死磕到底"的办法，他在数九寒冬仍坚持6点起床，6：40读书、背单词。在完成大学课业的同时，还要准备考研。

　　大学四年坚持下来，廖岑最终以优异的成绩考上了某知名大学的研究生，并在研究生期间发表了多篇论文，这使他在研究生毕业后，应聘成为华东某研究院的助理研究员。大学期间的刻苦学习也帮助他更好地适应了研究院的工作，他的工作很快走上了正轨，他也对自己未来的职业生涯发展更有信心了。

（1）案例中职业生涯规划对廖岑的职业发展起到了哪些作用？

（2）案例中的廖岑在职业生涯规划上有哪些值得我们学习的地方？

CHAPTER 03

第三章　全面提升就业技能

学习目标

掌握大学生就业应具备的知识和能力；
了解就业信息的准备方法；
掌握自荐材料的准备方法。

素养目标

能够全面提升自己的就业技能和
职业素养，为实现第二个百年奋
斗目标贡献一份力量。

案例导入

又是一年毕业季，同窗4年的同学不得不说再见，这时班上却呈现出不同的景象。

同学A：天天忙忙碌碌，准备英语四级证、计算机二级证、学校竞赛优胜奖、优秀奖学金证明等各种材料，让自荐材料丰富而有说服力，每天在网上和招聘会上投递简历。

同学B：仍旧保持着"三点一线"的生活，教室、图书馆、寝室，熟悉他的同学都知道，他决定考研。

同学C：和以前一样没有多大变化，父母为他在家乡谋了一份职业，他虽然并不了解这份职业具体做什么，也不太清楚这个公司的发展情况，但又懒得找工作，就先做着吧。

同学D：表面若无其事，心中暗暗着急，他心中清楚，自己并没有掌握多少技能。感叹某某同学进入了世界500强企业，某某同学又和他人合伙开了家小公司，而自己却茫然无措，在毕业的关头急得像热锅上的蚂蚁。

同学E：在校期间就开始做兼职，与自己专业相关的、与自己专业无关的，只要在学习之余能够兼顾的工作，他都尝试过。临近毕业，他心中的想法也越来越清晰。

5年后，当时的同学再聚在一起。同学A换过两份工作，现已是一家公司的项目经理；同学B考研失败后，就职于一家国营企业；同学C已不在父母安排的公司上班，正谋划与朋友合伙创办一个项目；同学D没有参加同学会；同学E经历了一次创业失败，又走在下一次创业的路上……

案例思考

1. 试想一下，D 同学为什么没有来参加同学聚会？
2. 针对自己当前的就业状态，想一想，你与 A、B、C、D、E 几位同学中的哪一位比较类似？

大学生在完成自己的学业后，必然会面对就业的抉择，而求职市场又是一个双向选择市场，对大学生的要求也在提高，所以，大学生除了要提升自己的专业技能和综合素质外，还要全面收集和掌握各式各样的就业信息，并准备好相关的就业材料。手中的就业筹码越多，实现高质量就业的机会才越大。

第一节　知识与能力的准备

📝 课堂活动

活动主题：夸夸我自己。
活动内容：请同学们拿出一张白纸，在 5 分钟内，尽可能多地写出自己具备的能力，看看谁写得多。写完后，将白纸与邻座的同学进行交换，看看大家写得一样吗。

大学生要想成功就业，除了拥有过硬的专业技能和知识储备外，良好的就业心态和职业素养也是必不可少的。下面将重点介绍就业前知识准备和能力准备的相关内容。

一　知识准备

知识是从事各行各业的工作所必须具备的，每个职业需要的知识都不一样。知识分为专业知识和非专业知识两类。

1. 专业知识的准备

专业知识主要指该职位上人员所必须具备的专业技能，一般来说，具备优秀丰富的专业知识的毕业生更容易找到理想的职位。

由于一些用人单位在实际工作中更加注重大学生的工作能力，让一些大学生产生了专业知识并不重要的错觉，认为专业知识在以后的工作中用处不大，因此学习起来就很懒散，不用心。实际上，在同等条件下，用人单位在无法直观地考查谁更优秀时，会根据大学生的在校成绩来进行选择，特别是专业课的成绩。因为专业知识是大学生在就业时的重要资本之一，所以，大学生在校期间应注意知识的积累，特别是专业知识的积累。

2. 非专业知识的准备

非专业知识主要指可在各行业通用的知识，它是对所学专业知识以外的其他知识的统称。非专业知识也是用人单位选拔人才的重要依据。非专业知识涵盖面很广，它从某种意义上代表了大学生的综合素质。对这类知识，大学生除了可从书本中学习，还可以从日常的学习和生活中积累。

二　能力准备

一个人能否胜任某个岗位，除了可以从知识方面对其进行考查外，还可以从能力方面对其进行考查。能力是指直接影响活动效率、使活动顺利完成的个人个性心理特征。社会上对一个职业人能力的要求主要包括职业素养、学习能力、人际交往能力、创新能力、思维分析能力、沟通与协作能力、决策能力、实践操作能力、信息处理能力和表达能力。

1. 职业素养

职业素养指个人通过训练和实践而获得的职业道德修养。在此基础上，可以将职业素养理解为个人在职场生活中通过训练和实践而获得和表现出来的职业道德修养和综合品质。总体来说，可以把职业素养分为职业道德信念、职业知识技能和职业行为习惯3类。

（1）职业道德信念。良好的职业素养应该包含积极向上的职业道德信念。纵观古今中外，每一个成功的职业人士都拥有正面积极的职业价值取向。这些价值取向包括爱岗、敬业、忠诚、奉献、负责、合作、包容和开放等。

（2）职业知识技能。这是指从事一个职业的人员所需要具备的相关专业知识技能，是职业素养的基础。一个人若没有基本的职业知识技能，都达不到工作的基本要求，想要成为行业的佼佼者是不可能的。

（3）职业行为习惯。这是指职业素养的外在表现形式，是在工作过程中不断学习、改变和提升而最终形成的一种行为习惯。

值得注意的是，职业道德信念是职业素养中的核心部分。许多企业特别看重员工爱岗敬业的精神和合作包容的态度。大学生更应该注重对这两方面的培养，做一个有良好职业道德信念的人。

阅读材料

一辈子做好一件事

"七一勋章"获得者、全国道德模范（全国敬业奉献模范）、湖南华菱湘潭钢铁有限公司焊接顾问艾爱国，他在焊工岗位奉献50多年，攻克了数百项技术难关，成为拥有一身绝技的焊接行业"领军人"。从一名普通焊工到湖南省技能大师，到"七一勋章"获得者，再到全国道德模范（全国敬业奉献模范），艾爱国将自己的成功经验总结为一句话：一辈子只做一件事，一辈子做好一件事。

1969 年 9 月，艾爱国进入湘潭钢铁厂工作，进厂之初，他的师傅告诉他，当工人很简单，就是做人、学技术，做好事情。他记住了师傅的话，立志做一名好工人。艾爱国在湘钢工作一辈子，领导想从职务的角度提拔他，但艾爱国婉言谢绝领导好意，"我还是安心从事自己的岗位工作"，最终以焊接班班长的职务退休。

在 50 多年的工作生涯中，艾爱国刻苦钻研焊接技术，大胆实践，勇于创新。他在紫铜、铝镁合金、铸铁、埋弧焊等焊接领域有突出造诣，为国家冶金、矿山、机械、电力等行业攻克焊接技术难关 500 余项，改进焊接工艺 34 项，创造了极为可观的经济效益和社会效益。同时，作为我国焊接领域"领军人"，他倾心传艺，在全国培养焊接技术人才 600 多名。

分析： "一辈子做好一件事"是艾爱国师傅职业素养的高度总结。虽然只是一名普通的焊工，但艾爱国将自己的工作做到了极致，经过数十年如一日的钻研与实践，最终取得了非凡的成就。

2. 学习能力

学习能力就是学习的方法与技巧，它是所有能力的基础。评价一个人学习能力的指标一般有 6 项，即专注力、成就感、自信心、思维灵活度、独立性和反思力。大学生可以通过以下 3 种方法来提升自己的学习能力。

改变学习态度

以往的基础教育中，老师会详细讲解每一个知识点，帮学生梳理知识结构和脉络，学生只需要掌握和牢记即可，不需要自己去主动思考。然而在大学阶段，由于课时有限、知识层面加深，老师不可能在课堂讲解时做到面面俱到，往往只能挑选重点。这就需要大学生有课前预习的好习惯，要把从前的被动学习变为主动的求知和探索。

借鉴他人优势的学习方法

他人优秀的学习方法都具有一定的参考价值，可供学习借鉴，但是不能将他人的学习方法生搬硬套地应用在自己身上。对他人有用的东西不一定对自己有用，所以，大学生应该在借鉴他人学习方法的基础上，结合自身情况进行改造，使之转化为自己的东西。

强化自己的学习动机

内因是事物变化发展的根据，因此，要想提升自己的学习能力，关键在于个人。大学生只有强化自己的学习动机，设置符合自身条件的目标，并坚定不移地为之奋斗，学习能力才会在奋斗过程中得到一点一点的提升。

3. 人际交往能力

人际交往能力是个人与他人交往，并能建立和谐人际关系的能力。人际交往能力是一项很重要的能力，它在一定程度上能影响个人情绪的稳定、心理的变化，甚至是个人未来的发展。因此，作为大学生，一定要重视自身人际交往能力的培养，以下是大学生提升人际交往能力的 3 种方法，供大家参考。

（1）学会与他人相处。大学生要正确地分析自己的优缺点，不要一味地自以为是。大学生在与他人交往的过程中，要多肯定他人的自我价值，在恰当的时机运用合适的表达方式对他人进行称赞，能够促进和他人的良性交往。

（2）多参加校园活动。大学里有种类众多的社团组织，大学生可以参加感兴趣的社团，结交有共同志向、爱好的朋友，这些共同点能促进友情的培养和延续。

（3）学习社会交往常识。大学生可以通过阅读有关人际交往方面的书籍，学习如何与他人相处并了解需要注意的问题，反思自己与他人相处时的表现。大学校园中，一般有心理咨询室，大学生遇到实在解决不了的困难时，可去寻求专业老师的帮助。

4. 创新能力

创新能力指创新主体从事创新活动的能力，是指运用一切已知信息，包括已有的知识和经验等，产生某种独特、新颖、有社会或个人价值的产品的能力。创新能力具有普遍性、潜在性、综合独立性、结构优化性等特点。每个人的创新能力都有不一样的构成要素，但通常情况下，创新能力强的人在以下 7 个能力方面的表现也更加优秀。

培养大学生创新能力的3种方法

（1）学习能力。这是指获取、掌握知识、方法和经验的能力，包括阅读、写作、理解、表达、记忆、搜集资料、使用工具、对话和讨论等能力。

（2）分析能力。这是指把事物的整体分解为若干部分进行研究的技能和本领。

（3）综合能力。强调把研究对象的各个部分结合成一个有机整体，进行考查和认识的技能与本领，是将事物的各个要素、层次用一定线索联系起来，以此发现其本质关系和发展规律的能力。

（4）想象能力。这是指以一定知识和经验为基础，通过直觉、形象思维或组合思维，不受已有结论、观点、框架和理论的限制，提出新设想、新创见的能力。

（5）批判能力。在学习、吸收已有知识和经验时，批判能力保证大学生能批判性地、选择性地吸收和接受知识与经验，去粗取精、去伪存真。

（6）实践能力。产生创造发明成果，只是创新活动的第一阶段，要使成果得到承认、传播、应用，实现其学术价值、经济价值和社会价值，则必须要和社会打交道，实践能力就是指为实现这一目标而进行各种社会实践活动的能力。

（7）组织协调能力。通过合理调配系统内的各种要素，发挥系统的整体功能，以实现目标。对于创新人才来说，要完成创新活动，就要协调各方关系。当拥有一定资源时，就可通过沟通、说服、资源分配和荣誉分配等手段来协调各方，以最终实现创新目标。

虽然创新能力具有普遍性，人人都具有创新的潜力，但是大学生也需要有意识地开发自己的创新潜力，培养创新能力。当今时代对创新能力的要求越来越高，大学生只有不断培养和提升自己的创新能力，才能在迎接挑战的过程中把握机遇。

> 📢 **提醒**　近年来，党和国家非常重视创新创业，各地也不同程度地开展了免费的创新创业培训，大学生创业者应该积极地向当地政府部门、就业部门了解这些培训活动并积极参与，从而提升自己的创新创业意识和能力。

5. 思维分析能力

思维分析是人的主观能动性行为，只有通过思维分析，个人才能整理零碎的知识，并将整理好的系统知识转化为自身的能力。尤其是对于大学生来说，社会竞争的加剧和知识的爆炸式增长，都需要大学生拥有良好的思维分析能力去面对。作为大学生，应该怎样培养提高自己的思维分析能力呢？下面介绍 3 种方法。

加强对逻辑思维知识的学习

现在社会上十分看重个人的逻辑思维能力，许多考试都会有针对逻辑思维能力的考查，如研究生入学资格考试、公务员考试等。虽然很多学校和专业并没有开设与逻辑学相关的课程，但是市面上有很多与逻辑思维相关的书籍。大学生可以根据需要选择适合自己的书籍，加以自学，有条件的同学还可以参加相关的培训班。

逻辑思维测试题

学会批判性思维

批判性思维就是在客观理性的立场上，能够思考和敢于质疑、敢于挑战权威。大学生在日常学习思维的过程中，要不断地尝试对问题运用"否定之否定"的规律，克服思考的片面性，以便更加全面、客观地解决问题。

学会思考

"学而不思则罔，思而不学则殆"，大学生在平时遇到问题的时候，不要着急去询问他人或翻阅资料，要先自己动脑思考。大学生如果实在思考不出来，经过他人的帮助得出答案后，应该思考他人的思路和解题过程，学习他人的思维分析过程。大学生在平时思考过程中，要多运用纵向思维，加深自己的思维深度，而不是仅仅停留在浅层思考上。

6. 沟通与协作能力

沟通与协作能力主要考查一个人在团队中是否可以很好地与他人相处合作，并且发挥出自身的最大作用。当今社会上，一个项目、一项事业能否成功，依靠的不再是一个人的个人能力，而是团队的力量。

沟通与协作能力要求一个人在团队中首先做好自己的事情，然后要信任他人，包括信任他人的工作能力。普遍认为，大学生的沟通与协作能力可以通过以下两种方式来提升。

（1）成为班级干部。大学和以往的初高中不同，班级干部部分取代了教师，成为班级工作和活动的策划者、组织者。班级干部根据自身分工的不同，要思考如何让班上的同学配合自己的工作，还要与其他班干部、辅导员和学校相关部门进行及时沟通，这极大地锻炼了大学生的沟通与协作能力。

（2）成为学生会成员。学生会是学生进行自我管理、教育和服务的团体组织，是连接学校和学生之间的桥梁。学生会在校团委等的带领下开展学生活动，如系列讲座、新生运动会和各类文娱活动。学生会成员在这些活动中自主解决出现的各类问题，自信心和能力都将得到提升。

阅读材料

缺乏合作意识导致面试失败

小胡参加了学校举办的一次大型招聘会。此次来参会的企业很多，其中不乏大型知名企业。小胡以出色的表现和优异的成绩脱颖而出，成功取得了面试机会。据说当时有上百人投递简历，最后进入面试的只有十几人，这些人被分成3个小组，回答面试官的问题。小胡觉得要脱颖而出就必须表现得更积极，因此，在面试官提问时，他总是抢在别人前面，比别人多说两句。面试官问："如果在工作中与同事发生分歧时，你怎么办？"其他面试者还没有说话时，小胡就抢着回答："如果觉得自己的观点是正确的，就坚持自己的观点，不要被别人的思想左右。"整场面试下来，考官所提的大部分问题是小胡一个人回答的。

一个星期后小胡收到通知，被客气地告知不需要参加复试了，因为公司觉得小胡不注重团队合作精神，太急于表现自己，这不是他们企业需要的人才。

分析：本例中，小胡太急于表现自己，总是抢着回答问题，不顾及其他面试者的感受。面试中，想要脱颖而出，也应做到张弛有度，但从小胡回答问题的行为上可以看出，他过于注重个人表现，不考虑团队感受，缺乏团队协作精神，这是用人单位不能接受的。

7. 决策能力

决策能力指个人对未来行为目标的决断和选择的能力，良好的决策能力可以让个人少走弯路、少犯错误，以较小的代价达到目标。对于即将踏入社会的大学生来说，面临求职时，别人的意见或忠告各种各样，最终要靠自己决定，这就是对自我决策能力的一次检验。大学生培养决策能力应从日常小事做起，不能事事让父母、朋友拿主意。

8. 实践操作能力

实践操作能力，也称动手能力，指把创造性思维变成实际的物质成果的能力，这种能力对于大学生来说是最需要培养的。在现实生活中，尤其是在教学、科研、生产等第一线，大学生的实践操作能力强弱将直接影响其作用的发挥，如老师这个职业，许多用人学校在挑选毕业生时，往往注重的是毕业生的试讲能力和试讲效果，而不只是他们的专业考试成绩。

作为一名大学生，如果只具备专业理论，而不具有实践操作能力，将难以赢得用人单位的青睐。因此，大学生在校期间不仅要积累知识、学好文化理论，而且要积极参加模拟实验、科研活动，利用生产实习和勤工俭学等机会，着重培养和提高自己的实践动手能力，以满足日后的工作需要。

9. 信息处理能力

现代社会是信息社会，大学生必须具备灵活处理信息的能力。这种能力主要体现在以下3方面。

（1）对各种信息具有高度敏感性，能广泛地接收各种信息。

（2）对有用信息具有简化、归类、存档和联想发挥的能力，并能把这种经过筛选和加工的信息，结合自己的认识运用到实践中。

（3）熟悉现代化的信息工具，特别是会利用手机、计算机来检索和提取自己需要的信息。

10. 表达能力

表达能力指一个人把自己的思想、情感、想法和意图等，用语言、文字、图形、表情和动作等方式清晰明确地表达出来，并利于他人理解、体会和掌握的能力。一个人想让别人了解你，重视你，前提就是要有表现自己的能力。要准确表现自己，就离不开出色的表达能力。表达能力主要包括语言表达能力和文字表达能力两个方面。

（1）语言表达能力。指"口才"。若一个人"口才"不佳，对其自身的职业发展是非常不利的。语言表达能力不是一朝一夕可以练成的，它从某种程度上体现了个人的综合能力，需要长期锻炼培养。经常在公开场合说话，以及在正式场合演讲，都有利于提高个人的语言表达能力。

（2）文字表达能力。指个人将需要表达的内容通过文字的形式呈现出来的能力。大学生如果缺乏文字表达能力，将无法完成个人的毕业论文、自荐信、求职信；职场人士如果缺乏文字表达能力，将不能很好地写出工作总结、策划方案等。在实际工作中，职位越高的人，其应当具有的文字表达能力也越高。

第 二 节　就业信息的准备

📝 课堂活动

活动主题： 线上求职是目前的主渠道吗？

活动内容： 目前，现场招聘活动较往年大幅度减少，使得应届高校毕业生的求职渠道开始扎堆线上，各类招聘 App 频繁出现在手机上。作为一名高校毕业生，你认为线上求职会成为当下的主渠道吗？为什么？请对此展开讨论并说明原因。

每个大学生选择的求职渠道是不同的，有的选择线上求职，有的选择线下求职。不管是线上还是线下，大学生在求职前对各种就业信息进行搜索和筛选是必不可少的。

一、就业信息的获取

就业信息就是与就业相关的信息，从广义上看，就业政策信息、劳动法律法规、行业需求信息、求职者个人信息、用人单位信息等都属于就业信息的范畴。在互联网环境下，大学生获取就业信息的渠道也十分丰富，主要有以下几种。

1. 学校就业主管部门

当前，各高校专门设立了为毕业生就业提供服务的机构，如毕业生就业指导中心、就业工作处或就业办公室等。这类机构提供的信息，无论是全国性的、地方性的，还是行业性的，一般来自政府部门或大型企业，主要是由用人单位根据高校学科专业设置提供的。该途径的准确性、权威性、可信度非一般就业渠道可比，而且通过这个渠道获取的信息，专业对口性强、成功率高，是大学生可放心选择的。

2. 双选会

双选会，顾名思义即双向选择的招聘会，是专门为大学生准备的，它搭建起了毕业生与单位之间的桥梁，在双方都愿意的前提下可以签订三方协议。双选会一般是当年 11 ~ 12 月、下一年 3 ~ 4 月在各高校举行。每年年底各大城市也会举办相应的大型双选会。

3. 网上招聘

随着互联网的不断普及，通过互联网获得就业信息成为大学生就业的主要渠道。通过网上招聘获取信息有以下 3 种渠道。

（1）通过专业的招聘网站。互联网上存在大量的招聘网站，如智联招聘、前程无忧、猎聘网、中华英才网、58 同城等，每个网站均能提供就业信息。大学生可通过各网站，结合自身情况与用人单位联系，传达就业意向。

（2）通过企业官方网站。一些较大型的企业都有自己的企业官网，招聘信息也会发布到其官网上，大学生可通过发布的信息，找到适合自己的岗位后，与对方联系。

（3）通过地方一级政府及学校的就业平台。这就像网络版的"双选会"，为了方便学生更好地选择岗位（职位），越来越多的学校和地方一级政府都设立了这种网络就业平台，将用人单位的招聘信息发布在网上，供学生选择。

> **提醒** 在招聘网站上，大学生不仅可以自行寻找职位，而且可以在网站上留下自己的简历、联系方式、就业目标等关键信息，让用人单位根据岗位的要求进行排选，然后让工作"主动"找上门来。

4. 亲朋好友、家人及其他社会关系

个人的信息获取渠道总是有限的，拓宽社交范围可得到更多有价值的信息。亲朋好友、

家人及其他社会关系是最直接的社交范围。由于他们分布在社会的各个领域、各条战线，因此，大学生通过他们了解和收集社会需求信息，信息的可信度和有效度都会比较高。

5. 社会实习、实践活动

大学生寒暑假的社会实践单位及毕业实习单位（企业）等一般是与其专业对口的单位。在实习过程中，毕业生不仅能将自己所学的知识直接运用，而且可以更直接地了解企业内的人员需求情况。同时，企业对自己也有一定的了解，假如企业有意招人而你又积极主动，这就是一个很好的机会。

阅读材料

搜集就业信息有方法

沈明是某高校2020届毕业生，由于线下招聘活动的暂停举办，他不得不将求职方向转为线上。于是，沈明急忙在各大招聘网站中投简历，在未决定就业地区、没有锁定目标企业、对招聘职位的内容和薪资水平不清楚的状况下，他投递了大量简历。可大"网"并未带来反馈，简历如石沉大海，一无所获。

沈明非常苦恼，并向辅导员诉说了自己的难处。辅导员耐心地为他指点迷津："你积极主动求职值得肯定，但找工作一定要有明确的目标。在这个特殊时期，首先要用好线上资源，厘清并锁定目标企业和职位。线上招聘要注意分辨真伪，到正规招聘平台收集就业信息，如教育部'24365全天候网上校园招聘'服务平台，各省、市人社部门招聘网站，省级大学生就业指导平台，学校就业网等，然后结合岗位要求与自己的专业水平和综合素质，锁定城市、企业、岗位，有的放矢。"

在辅导员的指点下，沈明调整思路，在多渠道收集用人需求信息的基础上，他还主动联系同专业的学长，请教求职经验，了解行业、企业，再根据自己的实际情况和兴趣爱好，有选择、有重点地投递了9份简历，很快就收到了5个单位的面试通知，最后他参加了3个单位的面试，并与其中一家单位正式签约。

分析： 案例中，沈明的想法和做法在毕业生中较为常见，结果往往事与愿违，而且更糟糕的是大量时间和精力消耗换回来的是不断加重的压力和沮丧。因此，大学生在求职时，一定要根据自己的求职目标，有针对性地对信息进行搜集和分类处理，重点突破，不能"守株待兔"。

二、就业信息的筛选

由于就业信息的来源和获取的渠道不同，内容也会存在虚实兼有的情况，因此，大学生对收集到的信息进行去粗取精、去伪存真的整理、筛选，就成为使用信息的必要前提。在筛选就业信息时，应根据个人的实际情况，有针对性地整理和分析，以保证就业信息的准确性、科学性和有效性。

1. 类比同类信息

大学生在查看招聘广告时要保持谨慎。对应聘者年龄、学历、工作经验等条件都要求过低，但工资较高的，或者招聘内容过于简单，只留下电话要求应聘者直接面试的这些招聘信息要特别留意，很可能是广告陷阱。

大学生一定要善于对比同类信息，学会换位思考。换作你是老板，你会招聘什么样的员工，发什么样的薪水，如果这些信息与实际差别太大，那很可能是不真实的，应及时摒弃。

2．科学地分析和取舍

对所获得的一切就业信息进行分析鉴别、科学取舍。分析就业信息可从以下3方面着手。

（1）可信度分析。一般来说，学校毕业生就业管理部门提供的信息的可信度比较高，而通过其他渠道收集到的信息，最好进一步核实，才能判断其可信程度。

（2）有效度分析。是对信息的可用性进行鉴别，如该信息是否与自己的兴趣、特长、专业、爱好，甚至收入、工作环境、地域等相符合；更要注意用人单位对学习成绩、个人素质等方面的要求。

（3）内涵分析。是对用人单位的性质、要求及限定条件等进行分析。通过分析，可以对就业信息去粗取精，保留与自己的兴趣或专长有关的信息。

3．分清主次

大学生在对就业信息进行取舍的同时，还要将就业信息按与自己的相关程度进行排序，相关性高的重点信息优先，一般信息仅供参考。如果主次不分，就会由于在并不重要的信息上浪费过多的时间和精力，导致错过择业的最佳时机。只有把握重点、赢得时间，才有可能抢占先机。

4．深入了解

对于重要信息，大学生一定要寻根究底，搜集相关资料，仔细了解信息的具体内容，如某一职位的历史、现状、前景、要求条件等，对该职位的待遇等信息，要通过合适的方式侧面了解。了解得越深，分析得越透彻，就越能准确找到适合自己的职位。

三　就业信息的利用

收集信息、分析筛选信息是为了最终的运用。就业信息的运用，包括自己运用信息和分享给他人两个方面。

（1）自己运用信息。筛选信息的主要标准为是否适合自己。无论信息的准确性、及时性、有效性多么高，如果不适合自己，那么它就没有价值。大学生在择业时，要将自己的实际情况与就业信息进行认真的对比衡量。

（2）分享给他人。在大学生收集到的信息中，存在有些信息对自己没用但对他人可能十分有用的情况。遇到这种情况时，大学生可将其分享给他人使用，这不仅是对他人的帮助，同时也增加了与他人交流信息的机会。通过这种交流，大学生也许会从别人手中获得对自己有益的信息。

第三节　自荐材料的准备

📝 课堂活动

活动主题：写好简历。

活动内容：简历是自荐材料中最为重要的部分，也是求职者全面素质和能力的缩影。在场的同学们，有谁没有写过简历吗？感觉自己写的简历怎么样？感觉写得不好的，问题出现在哪里呢？有的同学说"不知道如何控制篇幅、不知道如何提高简历质量、分不清信息的主次……"看来问题不少。其实，简历的编写并不难，只要掌握了相关的技巧，就能得心应手。

简历是对求职者能力、经历、技能等的简要总结。它的主要作用就是为求职者争取到面试的机会，所以，大学生一定要认真编写简历。当然除了简历外，大学生在向用人单位推荐自己时，还需要准备好其他的必要自荐材料，包括毕业生推荐表、自荐信、一些辅助材料等。

一　自荐材料的要求

对于大学生来说，自荐材料的作用是吸引用人单位对自己产生兴趣，使其给予面试的机会。由于用人单位最初是通过自荐材料来了解求职者的，因此，自荐材料的质量，对用人单位决定是否与求职者进一步接触起着至关重要的作用。一份好的自荐材料应遵循以下3 个通用的原则。

1. 内容翔实，格式规范

自荐材料既要全面反映自身的基本情况，又要反映自己的求职目标与意向等内容。所以，自荐材料的内容应全面，突出重点，切忌长篇大论。尤其要注意的是，自荐材料应内容真实，切忌为了赢得用人单位的好感而弄虚作假。同时，自荐材料在格式设置方面应尽可能统一、规范，不用特殊、生僻的文字，字号大小应符合日常公文的要求，给用人单位留下良好的印象。

2. 富有个性，针对性强

由于不同的用人单位对求职者的要求不尽相同，求职材料也有所差异，下面分别介绍 4 种不同类型单位对自荐材料的要求。

（1）如果想去"三资"企事业单位，那么最好准备中英文对照的自荐材料。

（2）如果想去少数民族地区择业，那么使用民族文字撰写自荐材料效果会更佳。

（3）如果想去广告设计类企业，那么自荐材料最好能体现出求职者的个性和创意。

（4）如果想去文学类企业，那么自荐材料最好能体现出较好的文字功底。

3. 设计美观，杜绝错误

自荐材料无论是采用手写还是采用计算机打印，都要注重大方、整洁和美观。现在大多数用人单位在进行招聘时比较重视应聘者自荐材料的美观性。非设计类专业的学生要想使自荐材料更加美观，可考虑在网上下载合适的自荐材料模板，然后在模板上设计自己希望的呈现效果。

除了设计的美观性外，自荐材料最重要的一点是要杜绝错误，无论是语法错误，还是错别字、标点符号错误或印刷错误，都应尽量避免。因为任何一个小小的错误都可能会给用人单位留下不认真、不负责的印象。

三 自荐的方式与技巧

大学生要想让用人单位认识自己、了解自己、选择自己，通过自荐方法宣传自己、展示自己、推销自己是最有效和最直接的方法。如果毕业生在进行自荐时，能巧妙运用相应的自荐技巧，就一定可以成功叩开就业之门。

1. 自荐的方式

常见的自荐方式可分为直接自荐和间接自荐两种。其中，直接自荐指由本人向用人单位做自我介绍、自我评价、自我推销；间接自荐指借助中介机构或相关材料推荐自己，即不必亲自出马，只需将自己的想法和条件告诉第三方，就能达到推荐自己的目的。综合起来，自荐的方式主要包括以下8种。

（1）参加人才招聘会自荐。带上个人自荐材料到人才招聘会上推荐自己。

（2）登门自荐。带上自荐材料亲自到用人单位推荐自己。

（3）在实习或社会实践过程中自荐。通过各种实习和社会实践的机会推荐自己。

（4）书面自荐。通过邮寄或递送自荐材料的方式推荐自己。此种方式扩大了推荐范围，不受时空限制，不受"临场发挥"和"仪表效应"等的影响，是大学生在求职择业过程中常用的自荐方式。

（5）他人推荐。请老师、父母、亲友、同学推荐，以达到自我推荐的目的。

（6）广告自荐。借助新闻传播媒介进行自荐，这种形式覆盖面广、时效性强。

（7）学校推荐。这是一种间接的自荐方式。学校向毕业生推荐的单位往往是主动向学校提供明确的用人需求，或是与学校有密切关系、相互信任的用人单位，因此就业信息可靠，用人单位的情况明确，值得依赖。

（8）网络推荐。这是近年来新出现的一种自荐方式，是借助互联网进行自荐，这种自荐方式时效性好、覆盖面广，今后会被越来越多的大学生和企业招聘人员所接受。

上述8种自荐方法并非独立存在，在现实的求职活动中，需要综合应用方能达到自我推荐的目的。一般来说，多种方法并用效果会更好，但因人而异，究竟采取哪种自荐方式，应从自身的实际需求出发。

> **提醒**　电话自荐是通过电话推荐自己的一种求职方式。该方式一般是求职者在网络上看到类似的招聘信息后所做出的最快反应。在求职过程中，电话自荐起着"敲门砖"的作用，大学生应充分利用电话接通后的短暂时间，用最简洁明了的语言展示自己，尽可能给对方留下一个清晰、深刻、良好的印象，为面试打下良好的基础。

2. 自荐的技巧

求职洽谈过程中的每一个细节都将决定面试的成败。在大学生招聘会上，常常会存在这样的景象：有的大学生在规定时间里连自己的基本情况、就业意向都表达不清楚；有的不修边幅；有的讲话态度不礼貌等。这样的人，用人单位自然不会接受。归根结底，还是因为求职者缺乏基本的自荐方法和技巧。

自荐只是手段而不是目的

首先需要清楚，自荐仅仅是一种说服手段，即争取用人单位的认可、接受，肯定自己的知识、技能，从而获得就业的机会。如果不考虑自荐效果，只是一味地推荐自己，结果只会得不偿失。

自荐要积极主动

自荐是求职者的主动行为，任何消极、等待的态度都是不可取的。因此，大学生在推荐自己时，必须积极主动。例如，不等用人单位索要材料，便主动呈送。这样往往给人留下态度积极、求职心切的印象。

自荐要有自信和勇气

自信是现代人必须具备的心理素质。一位心理医生曾说过："你越对自己有信心，就越能营造一种你能力很强的气氛。"大学生自我推荐时，首先必须相信自己，清晰地知道自己具备达到目标所需的实力，并依靠自己的实力进行竞争。

自荐要善于展示自己

善于展示自己，即"展示适时，展示适度"。热门的用人单位往往门庭若市，要想在强手如林的竞争中脱颖而出，就必须做到以下4点。

（1）会介绍自己。"良好的开端是成功的一半"。自荐时，大学生要简明扼要地说明来意，介绍自己时要言简意赅、有理有据。

（2）会提问题。提问题是为自我服务，除了想明确某些情况，还可以借助提问题更好地展示自己。比如："贵单位需要什么样的毕业生？"

（3）会回答问题。回答问题是为了说明情况，展示自己。因此，大学生要学会正确运用闪避、转移、模糊应答、引申等回答问题的方法。

（4）会发挥优势。发挥优势指展示自己要有特色。自荐必须从引起别人注意开始，如果别人都不在意你的存在，如何能推荐自己呢？引起别人注意的关键是要扬长避短，展示自己的特色，使对方对自己产生兴趣。大学生自身特点因人而异，关键在于会表现，能"技高一筹"。

展示自己很简单

钱亮学的是家具设计专业，毕业后就留在大学所在的城市求职。钱亮的目标很明确，就是找一份家具设计的工作。家具公司看到他刚大学毕业，又缺乏实践经验，都不愿聘用他。可钱亮并没有泄气，他深入家具市场进行调研，重点分析了一些家具滞销的原因，然后信心十足地来到一家不太景气的家具公司毛遂自荐。

"我们公司已经招满了，你再去别家看看。"钱亮刚开口，便遭到了对方的回绝。"您能给我几分钟时间吗？"钱亮并不气馁，主动争取机会，诚恳且有礼貌地指出该公司家具滞销的原因，并提出了相应的改进方案，最后还立了"军令状"："请给我3个月试用期限，如果我设计的家具不能打开市场，我立马走人，并且这3个月的工资我也不要。"老板认为钱亮十分专业，再加上他提出的改进措施也切实可行，便同意了他的请求。

两个月后，在订货会上，钱亮设计的新颖、实用的家具受到了大力追捧。于是，老板立马与他签订了劳动合同，并给了他不错的待遇。

分析："毛遂自荐"这一特殊的求职方式正被人们越来越多地运用，但结果却是有人如愿以偿，有人屡屡碰壁。除去主、客观因素外，这与自荐者所采用的方法与策略有很大关系。本案例中的主人公采用正确的方法展示了自己的特长，并做到知己知彼、投其所好，这才使其成功的概率极大提升。

自荐时要留意对方的需要和感受

自我推荐时，大学生应注重对方的需要和感受，并根据他们的需要和感受进行说服，从而被他们接受。例如，自己所表达的正是对方希望听到的，自己所问的正是对方想要表达的。要做到这点，大学生事先要有所准备，想一想一般用人单位需要什么，他们会提什么问题，对什么最感兴趣等；除此之外，要学会临场的"察言观色"，把握对方心理，随机应变。

自荐时要注意控制情绪

人的情绪有振奋、平静和低潮3种表现。实践表明，无论是谁，心情紧张时，说话总是节奏过快，使听者很费力，容易厌烦。大学生初次接触社会，缺乏说话技巧，因此，在自荐时，一定要学会控制情绪，说话节奏要适中，恰当表露出自己的才华、学识、能力及社会阅历，增加对方对自己的了解。

三、毕业生就业推荐表

就业推荐表是学校为大学生统一设计、印制的求职材料，一般由以下3部分组成。

（1）大学生本人的情况介绍（附学校教务部门提供的在校学习成绩单）。

（2）大学生所在院系的推荐意见。

（3）大学生所在学校就业主管部门的推荐意见。

用人单位往往对就业推荐表比较重视，在发给大学生录用通知或正式签约前，一般要求大学生提供该表的原件。该表要求手写，大学生在填写时应认真仔细、字迹端正、内容翔实，切不可马虎潦草，更不能弄虚作假。

毕业生就业推荐表

提醒　就业推荐表填写错误或遗失后，应立即向院毕业生就业工作办公室汇报，一经确认属实并出具证明后，方可到学生就业指导与服务中心办理补发手续。补发以一次为限。除此之外，大学生不得任意涂改已经盖有公章的就业推荐表。

四、简历的编写和制作

简历是大学生学习生活、工作经历的一个缩影。通过简历，用人单位对大学生的工作经历、受教育程度、兴趣、特长等情况有一个初步了解。大学生制作简历的目的是让用人单位全面了解自己，从而为自己创造面试的机会。它一般和求职信及其他材料一起送到用人单位。

1. 简历的组成部分

简历是大学生向用人单位进行自我展示、自我推销的手段。简历可以分成多种类型，并没有固定的格式。但无论哪一种简历，都应包括教育背景、校园经历、校园实践经验、自我评估等内容（图3-1）。

2. 简历的格式

简历应便于阅读，使用人单位对自己有良好印象。

简历一般采用表格形式，这样可以比较直观、清晰地将求职者的个人情况、经历表达出来。简历的书写格式一般有两种：一种是按年月顺序列出自己的学习工作经历；另一种是根据需要有选择地列出自己

图3-1　简历样式示例

的学习、工作经历，充分表露自己具有的技能、素质。对于刚毕业的大学生来说，学习经历较简单，所以，一般采用第一种格式；如有几年工作经历后，可选择第二种格式。

3. 简历填写的基本原则

个人简历虽然没有固定的格式，但在填写过程中也应遵循一定的规则。写简历有 4 条重要的原则：真实性（内容一定要真实），突出重点（以一个工作目标为重点），将个人简历视为一个广告，尽量陈述有利信息以争取面试机会。

（1）真实性。简历不可以造假，更不可以夸夸其谈，但可以选择优化处理，即把自己的强项突出展示，忽略弱势。如你是一位应届毕业生，可以重点突出在校时的实习、志愿者等工作经历，不单单是陈述这些经历本身，更重要的是提炼出自己从中汲取的经验，而这些经验很可能会在今后的求职过程中持续发挥效用。

（2）突出重点。一个招聘者希望看到求职者对自己的事业抱认真、负责的态度。用人单位寻找的是最适合这一特定职位的人，因此，如果简历的陈述中没有关于工作和职位的重点内容，或求职者把自己描述成适合所有的职位，那么很可能无法在求职竞争中胜出。

（3）把个人简历视为一个广告。成功的广告通常简短且富有感召力，并且能够多次重复重要信息。因此，求职者的简历应该限制在一页以内。个人概况的内容最好不要以段落的形式出现，尽量运用短语使语言鲜活有力。

在简历页面上端可以写一段总结性的语言，陈述自己在求职上的最大优势，然后在个人介绍中，将这些优势通过经历和成绩的形式加以叙述。

（4）尽量陈述有利信息。在简历中要陈述有利信息，争取面试机会，也就是说尽量避免在简历阶段就遭到拒绝。在面试阶段，相应的教育背景、技术水平和能力是求职者在求职过程中取得成功的关键，求职者只有符合这些关键条件，并将这些信息在简历中进行有利陈述，才能打动招聘者并赢得面试机会。综上所述，大学生在编写简历时，要强调工作目标和重点，语言简练、多用动词，并且尽量不要出现不相关的信息。

4. 简历填写的要求

个人简历对于求职者获取初步面试极其重要，因此，在填写简历时一定要真实，即符合自己的实际情况。同时，也要注意相关的填写要求。

个人基本信息

个人基本信息主要包括姓名、性别、出生年月、身体状况、政治面貌及自己的联系方式（包括通信地址、联系电话、电子邮件）等。一般来说，填写个人基本信息时，应讲究内容的的条理性和简洁性，将关键信息写出即可。

求职意向

希望从事的行业或职业一定要写清楚，以使用人单位了解求职者从事该行业或职业的决心。在填写求职意向时要直截了当地表明应聘职位，如"求职意向：行政助理"。

教育背景

"教育背景"对大学生的简历来说是排在首位的重要信息，包括毕业学校、所学专业、学位等。求职者在填写时，注意时间上应该是倒序，即把最近获得的学位或最高学历写在前面，如大学→中学、博士→硕士→学士等。

主要课程

大学生应将在校学习的主要课程（主修课、辅修课与选修课）进行罗列，尤其是与所谋职位相关的学科和专业课程。如果用人单位对你的大学成绩感兴趣，还可以给他们提供全面的成绩单，不需要在求职简历中过多描述，做到有的放矢。

另外，为了强调专业特长，尤其是特殊专业，大学生也可以把与应聘岗位相关的课程集中罗列，特别是专业课程，以使用人单位能够一目了然。

提醒　需要注意的是，如果招聘职位与所学专业对口，则不需要写主修课程；如果专业不对口，则应写出与招聘职位有相关性的五六门核心课程。

工作实践经历

工作实践经历是简历中的重头戏，无论是全职还是兼职，是校园实习还是社会实践，是发表的文章还是成果等，都可以算是工作经历。

（1）社会活动和课外活动经历。近年来，越来越多的用人单位渴望招聘到具有一定应变能力、能够从事各种不同性质工作的大学生，尤其是商贸性公司、国家机关等。在这些社会活动中，你的责任心、协调能力、社交能力及人格修养将得以充分展示，所以，社会实践活动和课外活动经历，对于仍在求学，尚无社会经历的大学生来说，是应聘时一个相当重要的筹码。

（2）勤工俭学经历。即使勤工俭学的经历与应聘职业无直接关系，也可以在一定程度上显示求职者的意志，并给人留下勤奋、负责、积极的好印象。

（3）生产实习经历。生产实习为学生提供了理论联系实际的机会，可以增加学生的阅历，积累工作经验。描述该内容时，应尽可能写得详细、具体，并强调取得的收获，也可有选择地列出与应聘职位有关的经历。

书写的内容一般包括：职务、职责及业绩。其中，业绩一定要用数字形式量化表达，让人直观了解你的真实经历，避免使用许多、大量、一些、几个这样模糊的词汇。

获奖情况

在校期间获得的各种奖励、奖学金或其他荣誉称号是大学生在大学生活中的闪光点，应列举出来。如果多次获得多项奖学金，也可一一列出，以增加简历分量。但需要注意的是，大学生在罗列奖项时，一般应采用倒叙的形式，或者按实用价值从大到小的顺序进行排列。

能力、特长

能力、特长应包括教育培训的程度，因为教育和培训可以转化为能力、特长。能力是大学生求职择业和事业成功的重要保证。能力主要包括思维能力和工作能力。其中，思维能力主要包括思维的独立性、抽象性、敏锐性、批判性、创造性等；工作能力主要包括言语表达（包括外语）能力、写作能力、学习能力、专业能力及发明创造的能力等。

自我鉴定

自我鉴定，一般是概括自己的突出优势、工作态度或座右铭等。表达不能太啰唆，应言简意赅，力求有总结升华的效果。

阅读材料

简历要这样写

张圆圆是纺织品检验与贸易专业毕业生，想找一份专业对口的工作，在制作简历时她突出自己全面的管理和创新能力。张圆圆在校期间参加诗词社团，同时还担任学生会主席，组织"我为同学办实事"等学生会活动。此外，张圆圆还参加了纺织品检验与贸易专业技能比赛，培养自己的核心技能；同时还加入了学校创新创业团队，在导师的指导下参加"挑战杯"江苏省大学生创业计划竞赛，获特等奖，展现了创新精神。张圆圆将自己简历划分为个人素养、核心技能和创新创业三个部分展示。第一部分，用一件件具体真实的事迹和数据重点突出自己的组织、策划、领导、管理等方面的能力；第二部分，从专业能力、学业成绩、考证考级等方面展示自己的学习能力；第三部分展示了她参加的创业团队、获奖项目和担任项目负责人的经历。

张圆圆的简历最终被一家世界五百强企业选中，并通过面试成功入选公司管理培训生计划。

分析：一般情况下，一份标准的简历主要包括基础信息、个人经历、成就和收获、特长和爱好四个部分。面试官最关注的，通常是求职者所具备的能力、技能和加分项。案例中张圆圆的简历内容创新，从个人素养方面体现个人综合能力，从核心技能方面展示专业技能，最后是创新创业方面的加分项。由此可见，一份好的简历是多年的学习和实践积累所得。

5. 简历的编写技巧

编写简历是一门艺术，许多求职者因不会编写简历而在求职中马失前蹄。那么，如何编写简历，才能让自己的简历在众多简历中脱颖而出呢？其实，一份好的简历除了版面清晰规整、内容有针对性外，在编写中还应运用一些技巧，这样才能打动招聘者。

（1）一页为宜。大学生基本都还没参加正式工作，所以经历有限，一般一页纸就能将各方面情况说清。如果是经历较丰富、较为出色的同学，两页纸也足够了。如果超过两页，很可能说明你的信息中无用的内容太多，因此一定要精简。

（2）突出重点。简历的整体内容较多，在一些需要引起重视的地方，或者某些关键词上，可以采用粗体、标红、添加下画线等方式进行突出强调，整个简历一般可有三四处采用此方法。

（3）语言朴实。简历是一种客观表达求职者经历和能力的材料，措辞一定要诚恳、朴实，不要过于华丽。如"我希望拥有这样一个人生，它在经历了无数风雨后仍是一道最亮丽的彩虹……"，这类句子最好不要使用。

（4）结构分明。招聘人员每天要阅读大量的简历，已经养成了一种阅读习惯和逻辑。一般简历的逻辑顺序是个人信息→求职意向→教育背景→工作实践→获奖情况→自我鉴定。有的同学将顺序颠倒或者做重大调整，违背了招聘者的阅读习惯，让其花更多时间寻找信息而不是阅读信息，最终只会弄巧成拙。

> **提醒**　　编写个人简历时，基本内容要简洁、易懂、清晰、齐全。同时，内容上要突出用人单位最关心的应聘者的经验、能力和发展潜能等信息，对择业不利的情况尽量不提。除此之外，简历的内容要真实可靠，自信但不自夸，注意美观，利于阅读。

五、自荐信的编写和制作

自荐信实质上就是简短的自我介绍信，是求职材料的一部分。它通过表述求职者的求职意向和对求职者自身能力的概述，引起用人单位的重视和兴趣。如果能让招聘人员把自己的自荐信从一大堆信件中挑选出来，那求职就成功了一半；如果能让招聘人员乐意且集中心思看下去，那求职就成功了90%。因此，写好自荐信是十分重要的。

自荐信是展示个人才能、自身个性的主要方式，大学生可根据应聘职位的需求重点描述自己与该职位匹配的特长或事件。一份成功的自荐信具有多种特性，下面介绍4种。

（1）着眼现实，有针对性，最好能对招聘单位的情况有所了解，以免脱离实际说外行话。

（2）实事求是，言之有物；优点要突出，缺点也不要隐瞒；不可夸夸其谈，弄虚作假。当然，对缺点的论述要适度，点到为止。

（3）富有个性，不落俗套。如果求职者能谈一谈行业前景展望、市场分析或建设性意见，会有更好的效果。

（4）言简意赅，用语得当，文法及标点准确无误。废话连篇的求职信会引起反感。

1. 自荐信的格式

一般来说，自荐信属于书信的范畴，因此，其格式应当符合书信的一般要求，主要包括称呼、正文、结尾、落款和附件5个方面的内容。

（1）称呼。自荐信的称呼比一般书信的称呼更正规，如"先生""女士""同志"等。

（2）正文。是自荐信的核心部分，主要包括求职缘由、自己的条件、专业特长、业务技能、其他潜在能力和求职目标等内容。大学生要根据用人单位的招聘信息或要求来具体介绍自己，通过对自己能力的描述，有针对性地来推荐和介绍自己。

（3）结尾。一般应写明希望对方给予答复，期望能有机会参加面试，并简短地表示敬意、祝愿。

（4）落款。包括署名和日期两部分。署名，如"求职人×××""自荐人×××"或"愿成为您部下的×××"等，应注意与信首的"称呼"相呼应。日期一般写在署名右下方，建议用阿拉伯数字。

（5）附件。自荐信中一般要求同时附带一些有效证件，如外语等级证书、计算机等级证书、获奖证书的复印件及简历、近期照片等。最好有附件目录。

自荐信模板

2. 自荐信的内容

自荐信的内容主要包括以下 4 个方面。

开头

开头一定要抓住阅信者的心，引起他的注意，使他有继续往下看的冲动；不要写套话、空话、过多客气的话。例如，"尊敬的 × × 领导：首先感谢您在百忙之中……"

此外，在自荐信的开头，要注意对收信人的称呼，如果求职者知道招聘单位的负责人，可以写出负责人的职务、职称等，例如"尊敬的人力资源部赵总监"；如果不知道招聘单位的负责人，可以用"尊敬的销售主管"等，并且还要有问候语，例如"您好"。

正文

正文是自荐信的核心部分，应包括求职者个人的基本情况、自荐目的、条件展示（即个人的才能和特长），阐明自己对该单位感兴趣的原因，并表明自己希望到本单位供职的愿望等。

首先，介绍求职者个人的基本情况，如姓名、性别、年龄、政治面貌、就读学校和专业等。注意详略得当，最好能附有近期全身照片，使用人单位对求职者的基本情况有大致的了解。

其次，说明求职信息的来源，做到师出有名。假如没有掌握用人单位的求职信息，而你又非常希望到该单位工作，也可写信投石问路，但必须表明你对该单位的印象和你愿意到该单位从事某种工作的强烈愿望。

再次，说明应聘岗位和能胜任本岗位工作的各种能力。表述自己对本单位的招聘岗位很感兴趣的原因，以及自己具备的条件、能力，主要是向用人单位说明自己具备该工作岗位所需的各种专业知识和技能，并且有一定的实践经验，让用人单位感到不论从何种角度上看，你都能胜任此项工作，是应聘该岗位最合适的人选。

最后，介绍求职者自己的潜能。例如，向用人单位介绍自己曾经参与过的各种社会工作及取得的成绩，暗示自己有管理方面的才能，有发展和培养的前途；又如，向宣传和公关部门推荐自己时，介绍自己的文艺、摄影、书法和口才潜能，暗示自己可以承担相应的工作任务。

结尾

在求职信的结尾部分有两个方面需要求职者注意：一是表示希望得到面试的机会，如"盼复""期盼贵公司回音"等。求职者还可以主动表示面谈的愿望，以显示对应聘此岗位的重视和诚意；二是表示祝愿或敬意，如"祝您身体健康""祝工作顺利"等，以体现求职者的良好素质。

落款

落款是求职信的最后部分，包括署名和日期两个部分。其中，署名写在右下角，要写全名，并且字迹要清晰、工整，名字前可写上"应聘者"字样。日期写在名字下面（年月日）。

3. 自荐信的撰写原则

一封好的自荐信，无论在形式还是内容上都必须给阅信者留下好印象。

（1）语气自然。语句要简单明了、直截了当。自荐信所用词语要生动，使句子有力。写信就像说话一样，语气要正式但不能僵硬。

（2）通俗易懂。求职者要考虑阅信者的知识背景，切记不要使用生僻词语、专业术语。因为阅信者可能不是你这个专业的行家，所以，不能用太过专业的字眼，一方面，阅信者会对自己看不懂的东西失去兴趣；另一方面，未免有卖弄之嫌。

（3）言简意赅。在重点突出、内容完整的前提下，尽可能简明扼要，切忌面面俱到。专门招聘的工作人员不仅工作量大且时间宝贵，他们不可能花大量时间在一封冗长的自荐信上，特别是在冗长且缺乏重点的自荐信上。所以，应多用短句、每段只表达一个意思。

（4）具体明确。不要使用模糊、笼统的字眼，多使用实例、数字等做具体说明。比如，"我设计的某App为公司创收超过50万元"会比"我设计的某App为公司创收颇丰"更有说服力。

4. 自荐信的撰写技巧

目前，很多大学生在求职时，只注重个人简历，而忽略了自荐信。其实，一封准备充分、有的放矢的自荐信，不仅可以吸引招聘者的目光，而且可以提高求职的成功率。那么如何才能让自荐信脱颖而出呢？那就需要掌握以下技巧了。

（1）态度真诚。大学生在写自荐信时，首先应该清楚公司要我来干什么，而不是表达自己需要什么；其次应该写自己能为公司做什么，而不是写自己得到该职位有什么益处。有了这样的态度，才能摆正位置。

（2）整体美观。自荐信整洁、美观，很容易引起用人单位对求职者的好感，相反，如果字迹潦草，则会给用人单位留下不好的印象。

（3）有的放矢。自荐信的主要目的是吸引招聘者，引起其兴趣，因此，在开头应尽量避免客套话、空话。自荐信的核心部分是自己胜任工作的理由，这并非多多益善，而要有针对性，所以，在动笔之前大学生要着眼于现实，并对应聘单位情况有所了解，才能使写出的内容恰如其分。

（4）以情动人。语言有情，有助于交流思想，感动对方。写求职信更要注意这一点。

（5）拒绝平庸。现在写信求职的人很多，如果没有特色，平平庸庸、毫无新意，就难以给招聘者留下深刻印象，可以从凸显你的特长、展示你的文采、表现你的书法等方面入手。但需要注意的是，这并不是要你大吹大擂，而是要用事实说话。

5. 英文自荐信

现在，越来越多的企业对大学生的英语水平提出更高的要求，英文自荐信也被越来越多地使用。特别是应聘外资企业，必须使用英文自荐信。英文自荐信的书写与中文自荐信是有区别的，这不仅是两种语言文字本身的差异，还有两种文化的不同。英文自荐信的格式与要求如下。

（1）英文自荐信的开头，第一个词和专有名词的第一个字母要用大写，注意标点符号的使用。

（2）英文往往一词多义，要准确运用，语言以庄重为好。

（3）无论手写或打印自荐信，必须用墨水笔亲自签名，以表示郑重。

（4）如要邮寄，注意信封的写法。

第 四 节　拓展阅读——平凡的坚守

2020年11月24日，在北京参加全国劳动模范和先进工作者表彰大会后，全国劳动模范张海峰感慨地说：“真的非常激动，能够获得中共中央、国务院的表彰，我倍感骄傲也无尚光荣。聆听了总书记的重要讲话，我深受鼓舞”。

15岁时，张海峰就进入山西民航子弟中学就读，他平时最喜欢看的就是《航空知识》杂志，每期必读，而且只要平时一有空，他还会到太原武宿机场围界外辨识起起落落的飞机的型号。从那时起，张海峰就萌发了要在机场工作的念头。大学毕业后，他如愿到太原武宿机场工作，并成为了机场旅客服务部的一员。

2010年冬季的一天，张海峰正打算下班回家，隐约听到了吵闹声，他发现一名旅客正与其同事争吵。原来，这名旅客做完手术未满48小时却执意要乘坐飞机，这是违反航空规定的，双方僵持不下，就吵了起来。了解情况后，张海峰没有教条地拿规章制度说事，而是先给旅客倒了杯热水，耐心倾听旅客的诉求，待该旅客情绪稳定后，张海峰再用生动的事例将无法登机的规定向旅客娓娓道来，旅客被张海峰的贴心服务感动，并理解了客服的工作，最后放弃登机的念头，搭乘机场公交车离开了。

2015年，T1航站楼旧楼改造，张海峰提出“远机位快速登机”运行方案，减少了摆渡车占用时间；2016年，张海峰牵头制订并实施了“保障节点和岗位风险专项监控管理”方案，有效提升了航班正点率。2017年，对标先进机场，张海峰改进工作流程，将旅客办理登机手续的自助率由过去的35%提升到66%……

38岁的张海峰走遍了旅客服务队的每个岗位，熟悉每一项业务，现已成为旅客服务部的主管。管理工作中，为了发挥每个人的长处，他根据职工每个人的特点和长处，自创“海峰式员工素质提升法”。根据同事们的岗位需求和成才愿望，他采用“选—用—促—提”的培养激励模式，“选”即根据岗位不同特点选用合适的人；“用”即将其放在合适的岗位；“促”即刻意施加一些工作压力，提升其实践能力；“提”即不单单限于本岗位，使其接触多个岗位，以提升能力。

年初，面对突如其来的新冠肺炎疫情，张海峰所在的机场旅客服务部成为“防输入、防输出、防扩散”的一线阵地。疫情期间，张海峰主动放弃节假日，在一线阵地参与特情航班保障，始终干在先、冲在前。年龄大的同事顶不住时，他顶上去；年轻人思想有负担时，他就通过讲

更多拓展阅读

解保障流程、防护措施等，激发大家的抗疫热情和必胜信心。集团公司优秀共产党员、先进工作者，太原市劳动模范、山西省五一劳动奖章、山西省劳动模范，到如今的全国劳动模范……一份份沉甸甸的荣誉背后，是张海峰数十年如一日的无私奉献，数十年如一日的默默坚守，更是数十年如一日的真心以待。

案例启发

张海峰是一个平凡人，在一个平凡的岗位上工作。但他爱岗敬业，数十年如一日坚守着，并在工作中提出了很多创新的想法，在有效提升工作效率的同时还帮助了他人。作为新时代的大学生，在日后的工作中，一定要学习张海峰这种爱岗敬业，敢于创新的精神，用心干好每一件事，这样不但能为自己、为家人、为社会创造更大的价值，而且还能实现自我价值。

第五节　自我评估

以下测验能够反映大学生的逻辑思维能力。通常，学习能力是大学生胜任工作的基础，而逻辑思维能力则在多项工作中发挥着重要作用。

测试　逻辑思维能力测试

〖测试说明〗

以下问题考查你的逻辑能力，请尽快给出答案并列出自己的思考过程。注意：本测试仅供参考，不代表最终结论。

在一条街上，有5座房子，喷了5种颜色。在每座房子里都住着一个人。每个人喝不同的饮品，喜爱不同的运动，养不同的宠物。具体情况描述如下。问题：谁养鱼？

1. 张三住红色房子。
2. 王五养狗。
3. 刘二喝茶。
4. 绿色房子在白色房子左边。
5. 绿色房子主人喝咖啡。
6. 喜爱网球的人养鸟。
7. 黄色房子主人喜爱足球。
8. 住在中间房子的人喝牛奶。
9. 陈大住右起第一间房。
10. 喜爱篮球的人住在养猫的人隔壁。
11. 养马的人住在喜爱篮球的人隔壁。
12. 喜爱棒球的人喝果汁。
13. 李四喜爱排球。

14. 陈大住蓝色房子隔壁。

15. 喜爱篮球的人有一个喝水的邻居。

〖测试分析〗

本测试中各元素的对应关系（表3-1），可见答案为"李四在养鱼"。

表3-1　测试答案

项目	第一间	第二间	第三间	第四间	第五间
人名	陈大	刘二	张三	李四	王五
房屋颜色	黄	蓝	红	绿	白
宠物	猫	马	鸟	鱼	狗
饮品	水	茶	牛奶	咖啡	果汁
运动	足球	篮球	网球	排球	棒球

本题主要考查答题者提取有效信息的能力及面对多项复杂信息的推理和总结能力。对于第一次面对问题的答题者，能够有效反应其逻辑思维水平。一般来说，解答本题所用的时间越短，解题时思维越连贯，解答时猜测和碰巧的成分越少，答题者的逻辑思维能力越强。

第六节　思考与练习

1. 你认为下列行为哪些属于创新，说说你的理由。

（1）刘某发现了一条离图书馆更近的路。

（2）张某为自己的短袖加上涂鸦，并对短袖做了部分剪裁。

2. 个人简历是就业的"敲门砖"，结合你的专业、兴趣等选择一个目标岗位，然后针对该岗位制作一份求职简历。

3. 阅读以下材料，回答问题。

肖猛从事销售员工作快一年了，现在不仅业绩有了一些起色，而且建立了很多关系，可以说是顺风顺水。就在他打算在公司大显身手的时候，意外发生了，以前刚进公司时就带他的师傅（陈明德），由于最近业务繁多，一个人忙不过来，就需要找一个帮手，自然肖猛就成了他的首选，想到毕竟是曾经帮助过自己的师傅，肖猛也不好意思拒绝，于是就挤出自己的时间来帮助师傅维系客户关系。

在帮忙的最初一个月时间里，肖猛也没说什么，可是后来，需要帮助师傅的时间越来越长，为此耽误了自己客户的业务，不仅如此，师傅的客户对肖猛的要求越来越多，这些业务量都算在师傅的名下，肖猛觉得自己是又累又挣不到钱，真是不值当。但是他又不知道该怎么跟师傅说，怕说不好再得罪自己的师傅。这事一直让肖猛头疼。

（1）案例中的肖猛缺乏哪一项能力？他应该如何提升这一能力？

（2）请你运用自己的沟通技巧，帮助肖猛解决困扰他的问题并维持他与师傅的关系。

第四章 找准就业途径与求职方式

熟悉大学生就业的主要途径;
掌握大学生求职的不同方式;
了解大学生求职的常见陷阱和应对策略。

能够准确识别求职路上的"坑",
并能选择正确的途径实现就业。

在大学生,尤其是应届毕业生的网络社交圈中,关于求职辅导、"内推""保offer"的广告五花八门。广告描述中,成千上万的大学生通过这些专业辅导和特定途径,顺利斩获互联网、券商、事务所等行业的优质offer。

毕业于某高校的曾晓云,职业目标是去大型企业就职,但考虑到自己的学历和实习经历,便想通过相应的办法尽快弥补自己的缺陷。求职时,网络中许多"一对一职前培训""付费实习""保offer"等服务很快就吸引了她的注意力。随后,只有一次实习经历、还没找到理想工作的曾晓云与上海一家留学生职业教育平台签下了"名企职达计划"合同,付费3万元。

几个月后,曾晓云发现该平台提供的服务不值数万元的价格,还发现对方发的四大会计师事务所和快消公司的网申链接都是公开信息。于是,曾晓云开始自己找工作,很快就被某银行录取。她打算与平台终止合同,可要拿到退款却阻碍重重。对方先是说合同没到期,后来又以她没有配合该平台的辅导步骤为理由,一直拖延。律师告诉曾晓云,平台提供的很多服务都无法量化,很难通过法律途径拿到退款。

案例思考

1. 求职过程中,你遇到过像曾晓云一样的陷阱吗?

2. 你还知道哪些求职陷阱?你是如何进行有效规避的?

转眼又到应届大学生求职高峰期，大学生们除了要学会甄别各种各样的求职陷阱外，还要学会选择适合自己的求职方式和就业途径。在数字经济时代下，大学生求职已不仅限于现场招聘会、投简历这样传统的方式，利用网络招聘平台、人才委托、实习就业等渠道和方式往往也在选择之列。另外，大学生就业的途径也很多，既可通过市场就业，又可通过公务员考试就业，还可以通过自主创业、出国留学等途径完成就业。

第 一 节　大学生就业途径

📝 课堂活动

活动主题：谈谈你的就业选择。

活动内容：就业是一个人生存的基础，只有良好且稳定的就业，才会使个人在生存中不断成长，进而为社会的发展承担责任，作出贡献，赢得别人的尊重。那么，对于即将毕业的大学生来说，你会选择何种就业方式呢？请结合你的人生目标谈一谈自己的就业选择。

大学生就业的途径很多，既可通过市场就业，又可通过公务员考试就业，还可以通过自主创业等途径完成就业。自从"分配工作"落下历史的帷幕之后，"自主择业，双向选择"的就业形式成了主流，大学生的就业途径也由单一化走向了多样化，主要包括即时就业、延时就业、自主创业、升学深造国家项目就业、灵活就业、出国留学就业等。

一　即时就业

即时就业指大学生在毕业之前，通过学校推荐或自行参加招聘会，与用人单位签订就业协议书，毕业时即到签约单位就业的方式。即时就业在当前的就业环境下，对于提高大学生的自信心、积累工作经验都是很有帮助的。

目前，大学生实现即时就业的方式也呈现出多元化趋势，主要表现为以下两种形式。

1. 自主择业，双向选择

供需见面会（双选会）是大学生择业的重要方式。每年 3～4 月、11 月，各高等院校陆续开始举办用人单位和大学生的供需见面会，毕业生和用人单位经过双向选择、相互确定后，签订就业协议书；或者大学生直接进入用人单位实习，待正式毕业后，正式签订劳动合同，成为该用人单位的正式员工。

> **提醒**　大学生可以在人才市场、网上招聘平台找到用人单位，通过发送简历的方式，让用人单位了解自己的具体情况，然后再根据用人单位发出的面试邀请参加面试，完成应聘。

2. 参加国家公务员考试，被录用就业

我国对国家机关行政人员实行公务员制度，每年都会招考公务员，因此，报考公务员也成为部分大学生就业的渠道之一。

国家行政机关录用公务员，采取公开考试、严格考察、平等竞争、择优录取的办法。公务员录用考试包括笔试和面试两个环节。考试的内容根据公务员应具备的基本能力和不同职位类别分别设置。一般考试内容包括公共科目和专业科目，其中公共科目包含《行政职业能力测验》和《申论》，专业科目依据不同职位类别分别设置。

自我国正式建立公务员招考制度以来，公务员考试逐年升温，高校毕业生成为参加公务员考试的主力军，竞争也越来越激烈，甚至出现数千名考生竞争一个岗位的现象。

二、延时就业

延时就业指大学生在毕业时，暂时未找到满意的工作，或由于其他原因暂缓找工作，经过一段时间后再就业的就业方式。对最终需要踏上工作道路的大学生来说，可以延时就业，但不能一直延时。大学生未及时就业，容易给别人留下"就业期望值过高"或者"自身素质不强"的印象。

有的大学生在择业过程中存在"等""靠"思想，导致"延时就业"，或出现"不就业"的情况，这也是不可取的。

阅读材料

考研，还是就业

高同学的家在四川凉山的一个小镇上。4 年前他考入成都一所高校学习"计算机科学与技术"专业。4 年的大学生活过去了，高同学发现曾经热门的专业在职场上开始有点"水土不服"。

因此，大四上学期，高同学就开始找单位实习，为毕业后的顺利就业做准备，结果发现还是有些迟。同寝室的好友，从大二开始就在当地的一家科技公司实习，临近毕业仍感觉"留下的希望不大"。高同学自己也投了一些简历，经历了多次面试，积攒了不少经验，可工作依然没有着落。现在，但凡好一点的单位，就算招聘助理，都要求本科以上学历，想找个专业对口、待遇不错的单位，没有研究生学历还是有点困难。最后高同学决定准备考研，延时就业。

分析：案例中的主人公高同学存在逃避就业的思想，其实，他可以退而求其次，"先就业，再择业"，多积攒一些职场工作经验，也能有不错的发展前景。

三、自主创业

自主创业指大学生毕业后不是"寻求"工作，而是选择独自或与他人合作创办公司。自主创业已成为目前大学生一种新的就业途径。它将大学生从一个雇员提升到雇主的位置，同时也对大学生的知识、能力和综合素质等方面提出了更高的要求。

相对来说，要实现自主创业，大学生首先应有正确的自我认知并培养科学规划、团队管理、处理突发事件、学习、社会交往等多种能力。与此同时，为支持大学生自主创业，国家各级政府出台了很多优惠政策，涉及融资、税收、创业培训、创业指导等诸多方面。

四、升学深造

大学生升学深造主要包括通过参加研究生考试、普通高校专升本考试、成人高考、对口升学考试、高等教育自学考试等进行更高层次的学习深造。大学生通过深造，一方面可以提高自身学历层次；另一方面也能缓解社会就业压力。但是，无论是就业还是升学，大学生都要理性选择，不可盲目跟风。每个大学生的学习、身体、经济等方面的条件都是不同的，关键是要结合自己的情况，以及未来职业生涯规划，做出适合自己的选择。

五、国家项目就业

国家项目就业指大学生通过参加国家、地方就业项目来完成就业的一种方式，如大学生服务西部志愿者、"三支一扶"计划、选聘毕业生到村任职等。这些项目不仅可以解决大学生当前就业难的问题，而且可以让"高知阶层"深入农村，成为发展边远地区、缩小城乡差别和区域差别、促进社会全面协调发展的长远战略。

1. 大学生志愿服务西部计划

大学生志愿服务西部计划（简称西部计划）是经国务院常务会议决定，由共青团中央、教育部、财政部、人力资源社会保障部共同组织实施的一项重大人才工程。项目自2003年实施以来，在广大青年中产生了较强的示范性和影响力，一批批青年学生踊跃报名西部计划，投身西部地区基层工作，到祖国和人民最需要的地方去奉献青春、建功立业，为决胜全面建成小康社会、实现中华民族伟大复兴的中国梦作出新的贡献。

按照公开招募、自愿报名、组织选拔、集中派遣的方式，国家每年招募一定数量的普通高等学校应届毕业生，到西部地区从事教育、卫生、农技、扶贫及青年中心建设和管理等方面的志愿服务工作。西部计划志愿者服务期为1~3年。可根据自身情况，签订一年或多年协议，也可后期续签协议。签约1年的志愿者在服务期满后可以于下一年度3月向服务县项目办提出延期服务申请。

按照中共中央办公厅、国务院办公厅《关于进一步引导和鼓励高校毕业生到基层工作的意见》《关于统筹实施引导高校毕业生到农村基层服务项目工作的通知》《关于做好艰苦边远地区基层公务员考试录用工作的意见》等有关文件规定，西部计划志愿者可享受相应优惠政策。各地积极出台支持志愿者扎根当地的政策措施。

（1）服务2年以上且考核合格的，服务期满后3年内报考硕士研究生的，初试总分加10分，同等条件下优先录取。

（2）参加西部计划项目前无工作经历的志愿者服务期满且考核合格后2年内（研究生支教团志愿者自研究生毕业时开始计算），在参加机关事业单位考录（招聘）、各类企业吸纳就业、自主创业、落户、升学等方面可同等享受应届高校毕业生的相关政策。

（3）服务期满考核合格的，按规定符合相应条件的，可享受相应的学费补偿和助学贷款代偿政策。

（4）服务期满考核合格的，依实际服务年限计算服务期及工龄（参加工作时间按其到基层报到之日起算），并在服务证书和服务鉴定表中体现。

（5）服务期满1年且考核合格后，可按规定参加职称评定。

（6）出省服务的和在本省服务的志愿者享受同等优惠政策。

2019—2020年度西部计划紧紧围绕乡村振兴战略的战略部署，继续实施基础教育、服务三农、医疗卫生、基层青年工作、基层社会管理、服务新疆、服务西藏7个专项（表4-1）。岗位设置进一步向"三区三州"等深度贫困地区调整，进一步体现支持民族地区、边疆地区、贫困地区、革命老区；进一步扩大基础教育和服务三农专项规模，提升支教扶贫实效；进一步鼓励和支持期满志愿者扎根当地，深化优秀人才跟踪培养；进一步凸显西部计划实践育人的功能，搭建助力志愿者在实践中坚定理想信念、锤炼意志品格、提高综合素质的平台。

表4-1　西部计划专项情况表

专项名称	专项简介	选拔标准
基础教育	在县级以下中小学从事教学等基础教育工作。本专项包括研究生支教团	符合西部计划及研究生支教团选拔标准，师范类专业优先
服务三农	在县乡参与从事精准扶贫专项工作；在县乡农业、林业、牧业、水利等基层单位从事农业科技与管理工作；在县乡新型农业经营主体、农村合作经济、农村电子商务、农村饮水安全、农田水利、生态保护等领域从事服务三农相关工作	符合西部计划选拔标准，农业、林业、牧业、水利、资源环境、信息技术等专业优先
医疗卫生	在县乡基层卫生部门和医疗院所站点单位从事卫生防疫、管理、诊治、关爱乡村医生等工作	符合西部计划选拔标准，医学类专业优先
基层青年工作	在县级及以下共青团、青年之家、团属青年社会组织从事团的基层组织建设、促进就业创业、预防违法犯罪志愿服务等青年工作。在相关项目办担任西部计划项目专员	符合西部计划选拔标准，担任过各级团学组织负责人的优先，已服务1年以上并申请延长服务期的优先

续表

专项名称	专项简介	选拔标准
基层社会管理	在县直和乡镇部门单位围绕基层经济发展、社会稳定、民生改善等社会公共管理和公共事务开展工作	符合西部计划选拔标准，法律、经济、中文、社会工作、行政管理等相关专业优先，已服务1年以上并申请延长服务期的优先
服务新疆	围绕新疆和兵团经济社会发展需要，志愿者在基层单位从事基础教育、服务三农、医疗卫生、基层青年工作、基层社会管理等工作	符合西部计划选拔标准。师范类、农学类、医学类以及相关理工和人文社会科学类等专业优先，担任过各级团学组织负责人的优先
服务西藏	围绕西藏经济社会发展需要，志愿者在基层单位从事基础教育、服务三农、医疗卫生、基层青年工作、基层社会管理等工作	

2. "三支一扶"计划

"三支一扶"计划于 2006 年开始，5 年一轮，把人才派送到祖国最需要的地方去，扶助落后基层地区，统筹发展、振兴经济、实现公共富裕。2021—2025 年计划是每年选派 3.2 万名高校毕业生下基层，为基层服务，服务期一般为两年，服务期间给予一定的生活补贴。工作期满后，自主择业，择业期间享受一定的优惠政策。

近年，报名参加"三支一扶"计划的高校毕业生人数呈逐年上升趋势，部分岗位竞争激烈。该计划招募对象和招募程序如下。

招募对象

招募对象主要为全国普通高校应届毕业生，并应具备以下条件：政治素质好，热爱社会主义祖国，拥护党的基本路线和方针政策；学习成绩合格，具有相应的专业知识；具有敬业奉献精神，遵纪守法，作风正派；身体健康；具有本科及以上学历并取得相应的学位，或具有农学类专业大专学历；岗位需要的其他条件。

招募程序

招募工作坚持"公开、平等、竞争、择优"的原则，在专业上以农村基层急需的农业、林业、水利、医学、教育、经济类专业为重点，同时优先招募家庭经济困难的毕业生，优先安排高学历毕业生，优先安排已考取研究生的毕业生，优先安排回生源地的毕业生。招募工作按以下程序进行。

（1）制订计划。每年 4 月 20 日前，各市"三支一扶"办公室要收集、汇总当地乡镇一级教育、农业、卫生、扶贫等基层岗位需求信息，并上报省"三支一扶"办公室，办公室根据统一规划和有关要求，综合确定各市招募岗位和数量，提交领导小组研究，形成全省年度"三支一扶"招募计划，于每年 5 月份面向社会发布。

（2）组织招募。各级工作协调管理办公室和各高校要充分利用报刊、互联网等媒体，广泛宣传有关政策，积极动员高校毕业生踊跃报名。报名由省"三支一扶"办公室统一组织，采取网上报名方式进行，每年 6 月上旬完成。各市"三支一扶"办公室按照招募要求，对报名学生资格条件进行审核，通过考核或考试方式确定服务人员初选名单，于6月中旬报送省"三支一扶"办公室审定。

（3）人选确定。每年6月下旬，省"三支一扶"办公室对各市确定的人选审核后，统一指定时间和医院，对入选学生进行体检。经审核、体检，确定人选后，省级工作协调管理办公室要组织"三支一扶"大学生签署《×××高校毕业生"三支一扶"计划申请书》，并于每年6月底将"三支一扶"大学生名单上报全国"三支一扶"工作协调管理办公室备案。

（4）培训上岗。各地要组织"三支一扶"大学生进行上岗前的集中培训，培训内容主要是党和国家有关基层工作，特别是农业、教育、卫生、扶贫方面的方针政策，本地区基层工作的现状，拟服务单位和岗位的基本情况、乡镇共青团工作有关业务等。各地于每年7月底前派遣"三支一扶"大学生到服务单位报到。

> **提醒**
>
> 培训工作按照省"三支一扶"办公室的统一部署，由省教育厅、农业厅、卫生厅、扶贫办等部门按不同服务项目分别组织。培训时间一般为5天。另外，毕业生接到招募通知后按规定的时间和地点直接到服务县的政府人事部门报到，超过规定时间不报到者，取消招募。

优惠政策

针对"三支一扶"计划人员，不同地区给予了相关的优惠政策，下面为辽宁省的相关优惠政策。

（1）服务期满且考核合格的"三支一扶"人员，可参加辽宁省各级机关（参照公务员法管理的单位）录用公务员（参照公务员法管理单位工作人员）考试，并可报考相应的定向招录计划职位。

（2）服务期满且考核合格的"三支一扶"人员，可参加各地事业单位公开招聘，并可报考相应的定向招聘职位。

（3）服务期满且考核合格的"三支一扶"人员，3年内报考硕士研究生的，初试总分加10分，同等条件下优先录取。对于已被录取为研究生的应届高校毕业生参加"三支一扶"计划的，学校为其保留入学资格。高职（高专）毕业生参加"三支一扶"计划服务期满考核合格的，可免试入读成人高等学历教育专科起点本科。

（4）服务期满的"三支一扶"人员，可享受各地提供的创业培训、创业指导、创业孵化等创业公共服务，并按规定享受培训补贴、税费减免、创业担保贷款等政策扶持。其中，创办农民合作社、家庭农场等新型农业经营主体的人员，符合农业补贴政策支持条件的，可按规定享受相应的政策支持。在"互联网＋"、电子商务领域网上创业，经工商注册登记的网络商户从业人员，同等享受各项就业创业政策扶持；未经工商注册登记的网络商户从业人员，可认定为灵活就业人员，并享受相应的灵活就业人员政策扶持。

（5）服务期满的"三支一扶"人员，享受各级公共就业和人才服务机构免费提供的政策咨询、职业指导和职业介绍服务。其中，实现灵活就业的人员，按规定享受社会保险补贴政策扶持；未能及时就业的人员，享受其服务地区为其提供的岗位信息、职业培训等就业服务。

（6）服务期满的"三支一扶"人员，落实工作单位的，公安机关按有关规定办理户口迁移手续；未落实工作单位的，可享受各级政府部门所属人力资源服务机构为其提供的免费代理服务。

（7）服务期满考核合格的"三支一扶"人员，被机关事业单位录（聘）用或进入国有企业就业的，其基层服务期限计算工龄，参加工作时间按照其到基层报到之日起算；初次评聘专业技术职务时，可享受县以下专业技术人员的优惠政策。

（8）"三支一扶"人员中表现特别突出的，可被推荐参加辽宁青年五四奖章、辽宁出色青年志愿者及国家人力资源社会保障部、团中央有关奖项的评选。

3. 选聘高校毕业生到村任职

选聘高校毕业生到村任职工作对象为30岁以下、全日制普通高校本科及以上学历、符合年龄、学历条件、服务期满并考核合格的"三支一扶""志愿服务西部计划"的项目生；还须符合以下基本条件：思想政治素质好，作风踏实，吃苦耐劳，组织纪律观念强；学习成绩良好，具备一定的组织协调能力；愿到农村基层工作；身体健康。

选聘任职

选聘的高校毕业生是中共正式党员的，一般安排担任村党组织书记助理职务；是中共预备党员或非中共党员的，一般安排担任村委会主任助理职务；是共青团员的，可安排兼任村团组织书记、副书记职务。

待遇和政策

选任到村任职的高校毕业生，享受以下政策待遇。

（1）比照本地乡镇从高校毕业生中新录用公务员试用期满后工资收入水平，确定工作、生活补贴标准，在艰苦边远地区工作的，按规定发放艰苦边远地区津贴，补贴、津贴按月发。中央财政按人均2 000元的标准发放一次性安置费。

（2）在任职期间，按照当地对事业单位的规定参加相应社会保险。

（3）符合国家助学贷款代偿政策规定、聘期考核合格的，其在校期间的国家助学贷款本息由国家代为偿还。

（4）在村任职2年以上，具备"选调生"条件和资格的，经组织推荐，可参加选调生统一招考。

（5）在村任职2年后报考党政机关公务员的，享受放宽报名条件、增加分数等优惠政策，同等条件下优先录用。县乡机关公务员应重点从选聘到村任职的高校毕业生中招录。

（6）聘期工作表现良好、考核合格的，报考研究生享受增加分数等优惠政策，在同等条件下优先录取。

（7）被党政机关或企事业单位正式录用（聘用）后，在村任职工作时间可计算工龄、社会保险缴费年限。

（8）到西部和艰苦地区农村任职的，户口可留在现户籍所在地。

六、灵活就业

灵活就业包括自由职业、意向就业、自主创业等，如作家、自由撰稿人、翻译工作者、某些艺术工作者等。与传统的就业模式相比，灵活就业具有灵活性强、自由度大、适用范围广、劳动关系比较松散等特点。灵活就业的岗位主要集中在近些年兴起的自媒体、配音、电竞、电商直播等这些新兴产业中，从业者只要拥有移动设备和网络，随时随地都可以办公。

灵活就业在一定程度上不同于正规的全日制工作，当事人与用人单位之间也没有稳定的劳动法律关系，工作内容与收入相对不稳定。由于这类工作的"非强制性"，要求当事人有很强的自觉性。

七、出国留学就业

"出国"包含留学与就业。出国留学，指大学生毕业后去其他国家继续学习。大学生要想出国留学，必须参加对应的出国留学考试，如托福、雅思、美国大学入学考试（American College Test，ACT）等，考试通过后申请就读的大学与专业。出国留学不是一种"时尚"，它不仅是对当事人家庭经济条件的一个考验，而且是对个人生活、生存能力的一种考验。一般情况下，申请出国留学需具备以下条件。

（1）语言能力。不管选择去哪一个国家留学，语言能力都是必要的一个基础，并且各个留学国家对语言的要求也不相同。

（2）身体条件。申请出国留学者必须身体健康，尤其不能有传染病、精神病。各个国家对申请者的身体状况都有着明确的规定和要求。

（3）经济条件。发达国家的消费相比于国内要高一些，所以，打算去发达国家留学的大学生，首先要衡量好自己家庭的经济能力，如果对留学确实有很强烈的想法，那么，可以自己一边读书一边赚钱，减轻一部分经济负担。

（4）自律能力。当一个人身处一个陌生的环境，一切生活方式和文化都要重新适应时，自律能力就显得尤为重要。在国外留学，没有家人的管束，时间完全由自己支配，此时一定要学会分配学习与娱乐的时间，养成良好的自律习惯，并将重心放在学业上，以便顺利完成学业。

（5）文化适应能力。大部分留学生对于文化差异的问题都能适应得相当好，但仍有小部分同学对于国内外文化差异感到不适。所以，建议留学生要在日常生活中多了解他国文化并且多和朋友、家人交流，以此来提升自己的适应能力。

（6）所需材料。出国留学需要的材料包括成绩单、文书材料（一般包括个人简历、个人陈述和推荐信）和签证材料等。成绩单是留学申请的重要材料之一，申请英国留学、美国留学等通常都需要提供成绩单，因为，成绩单能反映申请人本科所学的全部课程和成绩，能证明留学生的学习能力，从而可以判断出留学生在学习上的实力和潜力。

（7）签证。出国留学签证的护照是持有者的国籍和身份证明，签证则是一国政府机关依照本国法律规定，为申请入出或通过本国的外国人颁发的一种许可证明。签证一般都签注在护照上，也有的签注在代替护照的其他旅行证件上，有的还颁发另纸签证。

出国签证简介

出国就业，一般指出国劳务、劳务出口，主要指劳务出口国（输出国）向劳务进口国（输入国）提供劳动力或者服务。劳务输入国主要以发达国家居多，如美国、德国、法国、瑞士、加拿大等；劳务输出国以发展中国家居多，如巴基斯坦、印度、菲律宾等。一般情况下，大学生可以从电视、报纸、网络等媒体获得各种招收出国劳务人员的信息。申请出国就业（出国劳务）必须具备以下条件。

（1）符合具有劳务进口国需要的专业技术技能。

（2）良好的道德修养，遵守劳务进口国的法律和劳动纪律。

（3）健康的身体，能够适应劳务进口国的气候条件和劳动环境。

（4）必要的语言能力，尤其是直接与人交流的外语水平。

第二节　大学生求职方式

📝 课堂活动

活动主题：列举自己熟知的求职方式。

活动内容：求职就像是一场特别的"马拉松"，因为它只有终点，没有起点和路线，而选择一个好的起点则是胜出的关键。对于求职者而言，好的起点就是适合自己的求职方式，那么，你熟知的求职方式有哪些？试与同学讨论并分析各式各样的求职方式中，什么样的求职方式是最有效的。

大学生最常见的求职方式就是自荐。自荐方式包括实习就业、他人推荐、利用网络招聘平台求职、主动咨询、人才推荐委托等。

一、实习就业

实习是大学生走向工作岗位的重要阶段，也是大学生求职的有效途径。实习阶段的工作，既可以让用人单位了解大学生，也方便大学生较详细地了解用人单位的生产、经营、福利待遇等各方面情况。双方通过一段时间的相互了解，建立联系，为以后的就业合作打下良好的基础。

因此，大学生在选择实习岗位时，注意要以谋求职位为目标，利用实习加深对所学知识的理解，从而提高技能。即使大学生在实习期满后不能被录用，但有了这段实习经历，在求职的竞争中也会处于优势地位。

阅读材料

善于抓住实习机会

护士专业的毕业生小汪在一家大医院进行毕业实习。实习期满后，如果院方满意，就可留下成为正式护士。

一天，急诊室来了一位生命垂危的病人，急需马上进行手术。当时，所有医生助理全都分不开身，只有实习护士小汪一人闲着，她被安排做主刀医生的助手。手术从清晨一直做到黄昏，眼看进入收尾阶段，正准备缝合患者的伤口。忽然，实习护士小汪严肃地盯着主刀医生说："我们用的是 14 块纱布，可您只取出来了 13 块。""我已经全部取出来了，一切顺利，马上缝合！"主刀医生头也不抬，不屑一顾地回答。"不，不行！"实习护士小汪高声道："我记得清清楚楚，术前准备时我认真数了 3 遍纱布，确实是 14 块。手术中我们用了全部的纱布，可现在才取出 13 块纱布，肯定还有一块没取出来！"主刀医生没有理睬她，命令道："听我的，准备缝合！"实习护士小汪毫不示弱，大声道："您是医生，您不能这样做！"直到此时，主刀医生严肃的脸上才浮起了一副欣慰的笑容。他举起右手心握着的第 14 块纱布，向在场的人宣布："这是我最满意的助手！"于是，这名实习生成了这家大医院的正式护士。

分析： 这名实习护士的举动，不仅表现了实习期间对工作的认真，还体现了她作为一名医务工作者强烈的职业意识，正是如此，才让她从一名实习护士一跃成为这家大医院的正式护士，由此可见，实习期间的每一个举动都是至关重要的。

二、他人推荐

他人推荐也是一种比较常见的求职方式，可以扩大职业选择。他人推荐最直接的办法是求助于老师、亲戚、朋友、同学等熟悉的人。有的老师与一些对口用人单位的领导或业务骨干有较为密切的联系，或已在某个学科或行业中具有较高的学术声望，此时，他们的推荐容易引起用人单位领导的重视和信任。那么，应该如何请他人推荐呢？

1. 推荐人和自己的关系

假如，推荐人是大学生自己的大学同学或者是某一位关系较好的朋友，那么，当该同学或朋友能帮大学生做个人担保时，人事经理一般就会同意考查大学生的职业技能。如果你的推荐人不了解你，这种推荐也难以起到明显的效果。最好的推荐者应该是了解你目前的职业发展和成就情况的人。

2. 推荐人目前所在职位

如果大学生的理想工作是销售，而推荐人在公司的技术部任职，这层关系或许可以保证大学生能参加面试，但不能为你以后的就业提供更多帮助。最好的推荐人，应该是对空缺职位需要的人才有足够了解的人。

3. 正式提出请求

在确定了一个不错的推荐人之后，最好以书面的形式正式提出推荐请求，这样才能让推荐人有足够的时间，充分考虑被推荐人是否合适，同时也有利于推荐人提前了解有关的工作需求和人事经理的相关信息。

4. 提前约见

即使推荐人已经同意为大学生做推荐，大学生还是应该提前约他见面，给他提供一些自己的相关信息，让推荐人深入了解自己，如描述一下所学专业、本人技能特长等。大学生通过向推荐人提供他所需的信息，有利于推荐人更全面地做推荐介绍，提高被推荐者面试和顺利就业的概率。

三、利用网络招聘平台求职

互联网时代，利用网络招聘平台求职是一种常见的求职方式。大学生不仅可以在网络招聘平台上查看招聘信息，主动联系企业求职，而且可以在招聘平台上注册登记自己的简历信息，留下自己的联系方式，有意向的企业将主动联系求职者。

有的网络招聘平台专门为大学生开辟了就业服务的栏目，可以进行就业推荐、毕业生展示或刊登求职广告，这给大学生求职又提供了一种选择。大学生在求职过程中应结合自身的特点，选择更为适用的求职方式，从而达到事半功倍的效果。

四、主动咨询

主动寻找自己比较心仪的公司，然后通过电话进行咨询，这也是一种比较主动的求职方式。主动咨询表现了求职者积极认真的态度，如果公司正好急需这个岗位的工作人员，而求职者的专业又刚好对口，就可能直接获得一次面试机会。

五、人才推荐委托

人才推荐委托是现代人事工作的重要内容，是人事代理服务的主要实现形式之一，是一种新型的服务方式，适用于用人单位和各类人才的双向选择，特别有利于提高中、高级人才的择业成功率。

求职应聘者可通过委托的方式向具有资质的人才服务机构提供有效的证件和业绩材料，明确择业方向和职位要求，确定相应薪酬和工作环境。人才服务机构一旦接受委托，就会在约定的期限内，完成向用人单位的推荐，并使求职者得到专门组织的面试机会，这种委托推荐方式能给求职者提供更多的便利。

> **提醒** 猎头服务也是一种求职方式，但此服务一般针对高级人才，如工作经验在10年以上的高级技工、年薪在20万元以上的高层管理人员等。近年来，许多招聘网站纷纷设立人才简历库，降低服务门槛，为更多的中级人才提供求职渠道。

第三节　大学生规避求职陷阱

📝 课堂活动

活动主题：没上班就背上"培训贷"。

活动内容：同学们对"校园贷"应该不陌生，但"培训贷"大家知道吗？其实它就是"校园贷"的升级版，全国各地已有数名大学生遭遇无良的培训贷款机构和培训机构诓骗，饱受"培训贷"之害，还没有入职就背上了债务，因此，同学们在求职时一定要擦亮眼睛，避免上当受骗。

许多大学生为了找到一份满意的工作，广搜信息，遍投简历，只要是符合自己意愿的招聘信息，就绝不错过。这也导致大学生误入求职陷阱，受挫受骗，为再次求职蒙上难以抹去的阴影。

一、常见的求职陷阱

每到毕业季，大学生就面临找工作的问题，在求职过程中，也面临诸多的陷阱。

1. 虚假广告陷阱

一些用人单位在招聘会上为了招到条件较好的大学生，往往会夸大或隐瞒自己的某些情况。比如，在发布招聘信息时，用人单位故意夸大单位的规模和岗位数量，进行虚假宣传；又或者在招聘职位上作假，招聘的是"经理""总监"，实际岗位却是"办事员""业务员"。

误信招聘信息

　　24岁的小刘去年毕业于某财经大学的经贸管理系,同年7月,他成功应聘一家公司"销售经理"的职位。第一天上班,公司老板让他这个"经理"去推销产品,美其名曰"了解市场"。这样的工作状态持续了整整一个月。

　　有一天,小刘实在是忍不住了,决定找老板问清楚,自己到底是经理还是推销员,这时,一个平时关系与他不错的员工偷偷告诉他:"我在这儿工作了快3个月,天天出去推销。"公司最初招聘的岗位就是推销员,怕招不到人,将招聘的职位改成了"销售经理",小刘这才恍然大悟,发现自己被骗了。

　　分析: 很多招聘单位,因担心招不到业务员、推销员等,往往会把职位"美化"成"销售经理"等。这类招聘信息中涉及细节方面的内容一般都未明确,比如,没有岗位职责和应聘条件等。因此,大学生应聘时要提前了解职位的具体内容,询问工作细节,认真考虑后再做打算。

2. 高薪陷阱

　　刚参加工作,薪酬不高是正常的。相反,如果一个不熟悉的单位提供高薪酬职位时,大学生一定要警惕,很可能是不法人员企图利用高薪待遇的幌子,骗取押金、培训费、服装费等。在当前的就业形势下,大学生千万不要轻信高薪诱惑,要清楚自身实力,从基础做起,逐渐展现自己的才华。对于某些应聘单位提出的所谓押金、培训费、服装费等,要更加仔细分辨,谨防上当受骗。

3. 传销陷阱

　　传销已受到国家的严令禁止。传销者的首选对象往往是急于挣钱的求职者,尤其是刚刚毕业的大学生。他们通过各种渠道得到欺诈对象的电话后,便打着同乡、同学、亲戚等的幌子,以帮忙找工作为由,以高薪为诱饵,投其所好,骗求职者去进行非法传销活动。求职者一旦进入了传销行列,便会被限制人身自由,被迫从事传销活动。

　　另外,传销组织者还会采取扣留身份证、控制通信工具、监视等手段不让受骗者离开,强迫他们联系亲友加入,或者令其亲友寄钱、寄物,从中牟利。

落入招聘陷阱

　　小霜是某高校的应届毕业生,找了近2个月的工作都没有结果,心里失望至极。一天,她忽然接到同乡的电话,说在A城有个好工作,做人事专员,不仅工资高,而且各方面待遇都很好。小霜听后立刻心动了,连夜坐大巴车赶了过去。

　　到了A城后,同乡早早地等在了车站,把小霜领到了一个很偏僻的宿舍,里面住着男男女女10多个"同事"。其中几个同事特别热情地向小霜招手，并嘘寒问暖道："路上辛苦了。一路上怎么样？有没有吃过饭……"等把小霜安顿好后，又对小霜说："借你的手机玩一下嘛。"就这样，他们拿走了小霜的手机，然后告诉她："产品是3 880元一套，现在交钱吧。"小霜身上并没有这么多钱，他们就要求小霜以在济南学驾驶为名，从家里骗钱，或者骗同学、朋友过来。

　　分析：某些大学生因被骗而涉足非法传销，身陷圈圈，难以逃脱，多是因为对求职环境了解不足。因此，大学生在求职的过程中，遇到把就业前景描绘得过于美好的人或单位，一定要提高警惕，如果对方甚至热情邀请你的同学、朋友等加入，很可能是传销陷阱。

4. 中介陷阱

　　大学生通过人才中介公司寻找就业单位不失为一种有效的求职途径，但是一定要选择政府主办或社会信誉好的大型人才中介机构。一些不知名的人才中介，其场地往往设施简陋，无正规的人员，很可能是没有资源共享资格的"黑中介"。当求职者缴纳数目不菲的中介费后，中介方就会列出种种理由拒绝就业推荐，从而骗取求职者的中介费。

5. 试用期陷阱

　　试用期陷阱也是初出校门的大学生可能会遇到的就业陷阱之一，它主要有以下4种形式。

　　（1）只试用不录用，即大学生熬到试用期满时，用人单位借口将其辞退。

　　（2）试用期不签订劳动合同，试用合格后才签订劳动合同。法律规定，劳动合同必须是在劳动者开始工作时签订，劳动合同可以约定试用期。因此，大学生被用人单位录用后就应该签订劳动合同，并约定试用期。

　　（3）随意延长试用期。《中华人民共和国劳动合同法》对试用期限有明确规定，试用期的时间与劳动合同签订的就业服务年限有关，不能随意延长试用期。

　　（4）混淆试用期与实习期、见习期的概念。实习期是在校大学生到单位进行实践活动的时间，属于教学过程；见习期是对应届毕业生到用人单位进行业务适应及考核的一种人事制度；试用期是法律规定的员工工作的尝试时间。

阅读材料

盲目签约导致利益受损

　　大学生王丽，由于急于找到工作，没来得及仔细推敲合同里的条款就匆匆与用人单位签订了一份合同。公司要求王丽先进入实习期，在这3个月的实习期内，她努力地工作，却只能得到1 200元的"实习工资"。

　　实习期结束后，王丽以为可以顺利转正，打算回学校修完剩下的一些课程，9月份再回到公司正式上班。但当她向公司请假时，公司却以合同中"工作前两年不得连续请假一周以上"的条款为由，认定王丽违约，并索要违约金。王丽只好交了3 000元的违约金。

分析：在职场上把"试用期"当成"免费用工"，已经成了一些无良老板逃避法定义务的惯用伎俩，大学生一定要擦亮自己的双眼，不要让用人单位任意榨取自己的劳动价值。

6. 合同陷阱

合同陷阱即大学生与用人单位签订的劳动合同可能存在与国家法律相违背的地方，用人单位通过设置合同陷阱达到侵害大学生合法权益的目的。合同陷阱一般有以下4种形式。

（1）口头合同。用人单位与大学生就权利、义务达成口头约定，不签订书面正式协议。

（2）单方合同。用人单位在劳动合同里只约定大学生的义务和用人单位的权利，很少甚至没有明确大学生的权利和用人单位的义务。

（3）真假两份合同。用人单位与大学生签订真假合同。假合同按照劳动部门的要求签订，真合同则是从用人单位利益出发签订的合同。

（4）模糊合同。用人单位与大学生签订的合同内容含糊不清。合同内容表面上看不出问题，但具体文字表述不清，甚至可以有多种解释。

7. 协议陷阱

就业协议书是明确大学生、用人单位在毕业生就业择业过程中的权利和义务的书面协议。就业协议书一经签订，对双方都具有约束力。按照有关规定，就业协议书不能代替劳动合同或聘用合同，以避免在毕业生和用人单位之间产生纠纷。毕业生在签订就业协议书的过程中，常遇到的陷阱有以下4种。

（1）用人单位不与毕业生签订就业协议书。

（2）用人单位不与毕业生签订劳动合同。

（3）用人单位不将承诺写入合同。

（4）用人单位与毕业生签订"霸王合同"。

8. 智力陷阱

智力陷阱指以招聘为名，无偿占有应聘者的广告设计、策划方案等创意，甚至是知识产权等无形资产的现象。

例如，某些单位按程序对前来应聘的毕业生进行面试和笔试，在此过程中，故意把本单位遇到的问题，以考查的形式让应聘者作答或设计，待应聘者利用自己的专业优势完成作答后，再找出各种理由不予录用。通过这种手段，用人单位将应聘者的劳动果实据为己有，使毕业生陷入智力陷阱。

二 求职中的安全应对策略

求职大潮风起浪涌，既蕴含着无数机遇，又隐藏着未知风险，大学生要不断增强安全防范意识，才能够顺利解决求职过程中的各种问题。

1. 层层过滤就业信息

学校就业信息网上发布的就业信息都是经过严格核实的，包括用人单位的经营许可证、营业执照等，基本上确保了就业信息的真实性、准确性和安全性。

如果大学生通过其他渠道获得了就业信息，一定要仔细核实，然后再决定是否使用该信息。

2. 时刻保持警惕性

在求职过程中，大学生一定要保持高度的警惕性，擦亮眼睛，识别就业陷阱。

（1）前往面试的第一天或职前训练的前几天，要留意该单位是否隐瞒了工作性质及业务性质。

（2）面试地点太过偏僻、隐秘，大学生应提出更换面试地点；对于要求夜间面试的单位，更应加倍小心；面谈地点不宜太隐秘，过于隐秘的地点不建议前往。

（3）面试时，如果面试官所提工作内容空泛不具体，不要被夸大的言辞所迷惑。如果面试时，自己感觉有不安全或不正常的状况，要找借口迅速离开；及时拒绝不合理的邀约及要求。

（4）面试过程中，如果遇到用人单位要求交保证金或其他培训费用（如报名费、训练费等），一定要慎重考虑，仔细询问。

（5）面试时最好有同伴陪同前往，并备有适当的防范器物。尤其是女性，要避免夜间到荒僻的地点面试。如果无法结伴而行，至少要将自己的面试时间和地点告知辅导员或同学。

（6）面试前后随时与学校辅导员、同学、家长保持联系，并告知面试地址及电话号码。

（7）要求立刻提供亲友名单、身份证号码（复印件）等信息的单位可能有诈财之患，要注意分辨。

3. 谨慎行事

在找到合适的工作单位，双方达成就业意向后，毕业生需要签订就业协议书。就业协议书的签订在形式上宣告了就业工作尘埃落定。

近期，因就业协议书引发的纠纷屡有发生。有的大学生正式到单位报到后，单位却擅自降低其劳动报酬，变更双方约定的工作岗位；更有甚者以"试用期"（或见习期）为由不签订劳动合同，使得毕业生被迫长期处于"试用期"，劳动价值遭到打压。所以，大学生在签订就业协议书前，一定要反复斟酌，多方面考查，三思而后行。

（1）通过网络或其他途径查看该单位（特别是企业单位、公司）登载的营业项目和刊登的项目，并与面试现场所见相比较，看三者是否相符。

（2）登录有关部门的网站查看，或与亲友交谈，看看该公司是否被列入黑名单。

（3）询问自己，面试的岗位工作内容是否与自己找工作时的初衷相符，并且所获得的待遇是否合乎自己的期望值。

（4）面试当天或初进该单位的数天内，是否被要求付异常费用，若有，则要特别注意。

第四节　拓展阅读——不慕浮华的华罗庚

　　1936年，华罗庚被派往英国剑桥大学留学，如果毕业后一切顺利，华罗庚完全可以选择留在英国居住和生活。然而仅仅过了一年时间，华罗庚毅然放弃在英国深造的机会，满怀着抗日救国的热忱回到了祖国的怀抱，开始在西南联合大学（西南联大是中国抗日战争爆发后，由三所高校，即国立北京大学、国立清华大学、私立南开大学内迁设于昆明的综合性大学）数学系任教。

　　在当时的西南联合大学教授中，华罗庚的家庭负担最重。他们家和闻一多家共同挤住在一间仅有16平米的偏厢房里。由于人口太多，实在拥挤不堪，后来华罗庚全家搬到了昆明西郊大普吉附近的木楼中。搬家那天，华罗庚还特意作了一首小诗，"挂布分屋共容膝，岂止两家共坎坷。布东考古布西算，专业不同心同仇。"此诗形象生动地概述了两家人住在一起时，生活虽然艰辛，但却有着共同理想和抱负的雄心壮志的情形。后来，随着第五个孩子的降临，华罗庚一家的生活更是捉襟见肘，穷困中的华罗庚却依旧笑对生活。

　　抗战胜利后，华罗庚再次得到了去美国讲学的机会，他被伊利诺斯大学聘为终身教授。此时，身在美国的华罗庚，不仅收入丰厚，而且家住洋房，生活水平得到了极大的改善，和之前国内的生活不可同日而语。当时，大家都以为华罗庚会一直在美国生活下去，然而，谁也没有想到，在美国只待了短短一年多的时间，华罗庚便再一次选择回到了国内。

　　1949年，当中华人民共和国成立的消息传到大洋彼岸时，华罗庚听到后非常兴奋，他立即意识到，自己报效祖国的机会到了！于是，他和妻子商量后，毅然放弃了在美国的优越生活，于1950年回到国内，受中国科学院院长郭沫若的邀请开始筹建数学研究所。1952年7月，数学所成立，华罗庚担任所长。他潜心培养数学人才，王元、陆启铿、龚升、陈景润等在他的培养下成为著名的数学家。

　　回国后短短的几年中，华罗庚在数学领域里的研究硕果累累。他的论文《典型域上的多元复变函数论》于1957年1月获国家发明一等奖；1957年出版《数论导引》；1959年莱比锡首先用德文出版了《指数和的估计及其在数论中的应用》；1963年他和他的学生万哲先合写的《典型群》一书出版。1958年，华罗庚被任命为中国科技大学副校长兼应用数学系主任。他编写了《统筹方法平话及补充》《优选法平话及其补充》，亲自带领中国科技大学师生到一些企业工厂推广和应用"双法"，为工农业生产服务。1978年，他被任命为中国科学院副院长。他多年的研究成果《从单位圆谈起》《数论在近似分析中的应用》（与王元合作）、《优选学》等专著也相继正式出版。1984年华罗庚以全票当选为美国科学院外籍院士。

　　华罗庚一生在数学上的成就是巨大的，他在数论、矩阵几何学、典型群、自守函数论、多个复变函数论、偏微分方程及高维数值积分等很多领域都作出了卓越的贡献。很多人对华罗庚的回国选择感到费解，但华罗庚异常平静地回答道："祖国培养了我，我当然要时刻记得报效自己的祖国。一个人只有踏实做事，不慕浮华，才是做人的基本准则。"

更多拓展阅读

案例启发

中华人民共和国成立之初,华罗庚同志毅然归国,为我国数学领域的发展作出了无与伦比的贡献,他的爱国情怀、淡泊名利和无私奉献精神令人敬仰,更是我们当代大学生的榜样。作为新时代的大学生,一定要牢记祖国对我们的培养,无论走到世界任何角落,都不能忘记祖国,祖国将由我们这一代新青年守护。

第 五 节　自我评估

下面提供了一份关于大学生就业方式、就业观念的调查问卷,填写完毕后分析自己的就业观念,为就业做好准备。

(1)你的性别?( )
　　A. 男　　　　　　　　B. 女

(2)如果你是应届毕业生,你会( )。
　　A. 考研　　　　　　B. 就业　　　　　　C. 自主创业　　　　D. 留学深造

(3)如果选择自主创业,你认为最需要的是( )。
　　A. 资金　　　　　　B. 技术　　　　　　C. 政策扶持　　　　D. 团队

(4)你愿意到中小城市或西部去发展吗?( )
　　A. 愿意　　　　　　B. 不愿意

(5)在求职中最困扰你的因素是什么?( )(请选择3项)
　　A. 对社会缺乏了解　　B. 就业信息少　　　C. 对企业岗位专业知识缺乏了解
　　D. 能力不足　　　　　E. 优势难以发挥　　F. 求职方法技巧欠缺

(6)请问你将通过何种方式向用人单位介绍自己的情况?( )(请选择1~3项)
　　A. 通过熟人介绍　　　　　　　　　　　　B. 亲自前往用人单位介绍自己
　　C. 由学校推荐介绍　　　　　　　　　　　D. 招聘会现场介绍
　　E. 寄送自荐材料　　　　　　　　　　　　F. 在就业网站发布个人简历
　　G. 其他

(7)你了解政府关于大学生就业方面的政策吗?( )
　　A. 非常了解　　　　B. 了解　　　　C. 不太了解　　　D. 完全不了解

(8)你想选择什么样的单位就业?( )(请选择1~3项)
　　A. 国有企业　　　　B. 民营企业　　　　C. 外资企业
　　D. 合资企业　　　　E. 政府部门　　　　F. 自主创业
　　G. 其他

(9)你最需要哪方面的就业辅导或实训来促进就业?( )(请选择1~2项)
　　A. 服务外包实训　　　B. 创业培训　　　　　C. 信息化实训
　　D. 政府机构组织的大学生就业能力培训　　　E. 企业实训

(10)如果你选择考研,原因是( )。(请选择1~2项)
　　A. 对求职恐惧　　　B. 能够有一个好出路　　C. 专业就业前景不好
　　D. 对学术感兴趣　　E. 希望在高校工作　　　F. 其他

（11）你认为解决就业难的方法有（　　）。

　　　A. 适当降低择业标准　　　　　　B. 积极调整心态

　　　C. 在校期间重视自身能力的发展　D. 政府相关政策的支持

　　　E. 其他

（12）请问你对自己从事的工作的期望是什么？（　　）

　　　A. 没有特定的目标　　　　　　　B. 待遇好、稳定

　　　C. 符合自己的兴趣，有发展空间　D. 与专业对口

（13）你认为，目前自己最欠缺的是什么？（　　）（请选择1～3项）

　　　A. 相关工作或实习经验　　　　　B. 专业知识技能

　　　C. 心理承受能力　　　　　　　　D. 基本的解决问题的能力

　　　E. 沟通协调能力　　　　　　　　F. 对待事物的激情

　　　G. 其他

（14）你认为就业政策对大学生就业是否有帮助？（　　）

　　　A. 有　　　　　　B. 没有　　　　　C. 帮助不大

（15）你目前的状况是什么？（　　）。

　　　A. 已就业　　　　B. 求职中　　　C. 自主创业　　　　D. 其他

（16）在求职过程中，你优先考虑的因素是什么？（　　）（请选择1～2项）

　　　A. 薪酬与福利　　　　　B. 地域　　　　　　C. 单位性质

　　　D. 个人发展机会　　　　E. 专业是否对口　　F. 其他

第六节　思考与练习

1. 随着网络技术的不断发展，求职方式也越来越丰富，请同学们了解各种求职方式的优缺点，并结合自身的实际情况，选择一种适合自己的求职方式。

2. "就业还是考研"这个问题，相信大部分毕业生都曾遇到过。其实，大学生可供选择的就业途径有很多种，并不仅仅是上述两种，还有自主创业、灵活就业、国家项目就业等，请结合当前的就业形势和政策，说一说自己的就业选择。

3. 阅读以下材料，回答问题。

某高校毕业生王丽海投简历，应聘成功后便快速办理了入职手续。

入职一个多月后，王丽发现，之前面试时单位承诺的薪酬没有按约定日期发放，而且公司还经常加班。在这样的情况下，王丽渐渐萌生退意。在公司又一次强制员工加班到22：00后，王丽决定辞职并提交离职申请，公司表示可以离职，但要扣除半个多月的工资以及津贴，并且还要求缴纳工作期间的培训费。王丽不知所措，只好找到老师寻求解决办法。后经核实，虽然王丽已经工作一个多月，但劳动合同上还没有加盖单位公章；其次，合同上的约定期限是两年，但试用期却是半年，不符合劳动法相关规定。据此，王丽和公司领导继续协商，但仍无进展，最后在相关部门的协调下，双方终于达成一致，王丽同学也拿到了自己应得的工资。

（1）王丽辞职时为什么拿不到应得的工资？

（2）在求职过程中如何避免这类求职陷阱？

CHAPTER 05

第五章　掌握应试技巧与职场礼仪

学习目标

掌握大学生面试技巧与应对方法；
掌握大学生笔试的方法与技巧；
熟悉大学生求职的面试礼仪。

素养目标

具备良好的礼仪修养和行为举止；
能够以积极、乐观且自信的心态
面对用人单位的面试和笔试。

案例导入

在毕业求职季，某高校毕业生沈丹阳和同班同学拿着简历，前往一家 IT 公司求职。招聘经理对他们进行简单面试后，收下简历，并告诉他们回去等通知。三天后，同班同学接到了公司的复试通知，而沈丹阳却没有通过。有了第一次面试失败的经历，沈丹阳决定不打无准备之仗，认真学习各种类型的面试题目。第二次面试后，沈丹阳依然没有成功入职。HR 给出的答复是："着装得体是成功面试的基本要素。虽然工作时未必一定要每天穿得非常正式，但面试时应该着正装，这样才能体现职业水准。"回想自己面试时随意穿的 T 恤、短裤，沈丹阳不禁懊悔。

在第三次面试中，沈丹阳和高学历的求职者同时竞争某个岗位。幸运的是，沈丹阳脱颖而出。对此，HR 解释道："这个小伙子进门后随手轻轻地关上了门，跟门卫和前台服务人员都微笑问候。在面试候场时，其他人都从我故意放在地板上的那本书上迈过去，而他却很自然地俯身拾起，放在旁边地桌子上。细节决定成败，礼仪看出素养，这有时比学历更重要。"

案例思考

1. 除了着装外，你认为影响面试的因素还有哪些？
2. 作为一名面试者，应该具备哪些素质？

不经历风雨，怎么见彩虹。不经历面试的失败，怎么能得到收获岗位的幸福。大学生只有不断总结面试失败的经验，在面试礼仪、面试心态和面试技巧等方面不断调整提升，才能在毕业季收获甜蜜的果实，成为一名合格的职场人。

第 一 节　大学生面试攻略

📝 课堂活动

活动主题：一分钟自我介绍。

活动内容：公元前 259 年，秦军围困赵国的都城邯郸，平原君意欲挑选门客前往楚国，游说楚王解邯郸之围，但挑来选去，还差一人。此时毛遂向平原君推荐了自己，最终成功说服楚王，联合魏国解救了邯郸。毛遂投身平原君门下 3 年，终于依靠这次自告奋勇的自荐而获得了平原君的赏识。在这个故事中，毛遂就如同求职者，而平原君则是面试官。

　　在现代求职中，自我介绍是沟通的起点，一个懂得自我介绍的人更容易获得面试官的好感，请你试着在一分钟时间内介绍自己，重点介绍自己的能力、优势、所获奖励与荣誉。如果你有心仪的职业，也可以围绕该职业谈谈你对其的理解，以及你的相关工作经验等。

在进入面试环节后，很多面试官的第一句话就是"请用一分钟介绍一下你自己"。自我介绍是面试的起点，也是大学生展示自我、获得认可的良好机会，因此，自信、流利、富有逻辑、主次分明的自我介绍更容易赢得面试官的好感。但如何提高面试成功率，并通过面对面交流获取更多有价值的信息，是大学生要重点关注的。因此，大学生有必要学习面试的一些技巧和方法，才能在面试时打一场漂亮的战役。

一　面试的类型

面试存在多种不同的类型，而应用较为广泛的类型是结构化面试、非结构化面试、无领导小组讨论、压力面试、情景面试等，这些面试类型都是用人单位依据实际情况采用的，不具备唯一性。用人单位可以使用其中一种面试类型，也可将几种类型组合使用，因此，大学生应立足于提高自身修养和整体知识水平，而不能仅仅停留在对某种面试类型的研究上。

（1）结构化面试。是用人单位根据特定职位的岗位要求，遵循固定的程序，采用专门的题库、评价方法和评价标准，并通过面试小组与面试者面对面的交流，来评价面试者是否符合招聘岗位要求的人才测评方法（图 5-1）。它是一种比较规范的面试类型，有效性和可靠性较高，但不能进行设定问题外的提问，从而局限了面试的深度。

（2）非结构化面试。也称"随机面试"，所提问题不需遵循事先拟定好的框架和规则，用人单位可以任意地对面试者提出不同的问题，这种面试方法可以给双方以充分的自由，但由于结构化和标准化低，面试者之间可比性不强，从而会影响面试的信度和效度。

（3）无领导小组讨论。是人才测评中比较常见的一种方式，通常采用情景模拟的方式，即给一组面试者（一般是 5 ～ 7 人）一个与工作相关的问题，让面试者进行一定时间（一般是 1 小时左右）的讨论，最后得出结论（图 5-2）。在无领导小组讨论中，用人单位往往不会指定领导者，要求面试者自行安排、自行组织，面试官通过观察面试者的整个讨论过程，来筛选自己需要的人才。

无领导小组讨论
考核内容

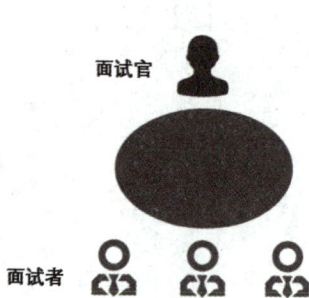

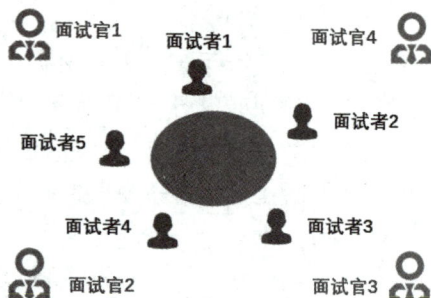

图 5-1　结构化面试　　　　　图 5-2　无领导小组讨论

（4）压力面试。由招聘者对面试者施加压力，就某一问题或某一事件对面试者连续发问，目的在于观察面试者在压力下的思维敏捷程度及应变能力。

阅读材料

勇于面对压力面试

　　刘先生已工作几年，对于销售颇有心得。不久前，他接到一家跨国公司的面试邀请，准备去参加面试。在面试现场，坐着一位年龄 30 多岁的考官。刘先生向考官微笑致意，谁知考官并未回应，从桌上拿起一张纸，有些傲慢地问："这是你的简历？"刘先生礼貌地回答："是的，您需要我现场介绍一下我自己吗？"考官听后，松开手指，扔下简历，很严肃地看着刘先生说："你无法胜任这个工作，你不是广州人，不会说广州话，将来怎样在广州开展工作？"有着充分社会经验的刘先生认为承受压力也是面试的一部分，他并不慌张，反而冷静地回答："广州是个国际大都市，我想不懂粤语应该不会对工作造成影响。如果工作确实需要，我会马上学。"

　　考官又拿起他的简历，发问："你是独子？如果现在公司有项紧急任务交给你去做，但你又接到母亲住院的通知，你准备怎么办？"刘先生沉默了一会儿，说："我先请同事帮忙把工作处理一下，自己马上赶到医院，如果母亲情况不严重，再立刻赶回来处理公司的事。"谁知考官听后更加严厉地说："工作是没有办法找人代替的，怎么能抛给别人？"刘先生坚持道："如果一定要选择，我也只能先赶去医院，事业重要，母亲更重要！"

几天后，刘先生接到了这家公司的入职通知书。理由很简单，因为他"面对强大的压力"，还能"充分保持理智和冷静"。

分析：压力面试在一些销售类职位面试中使用较多。在实际面试过程中，面试官可能会通过各种方式对面试者施加压力。其实不管何种类型的面试，面试者只要能以正确的态度面对面试官提出的问题，不逃避、不隐藏，就可能收获不错的面试效果。

（5）情景面试。由用人单位事先设定一个情景，提出一个问题或一项计划，请面试者通过角色模拟完成该问题或该项计划。其目的在于考查面试者分析问题和解决问题的能力。

二　面试的内容和形式

大学生在面试前，需要对面试的内容和形式进行了解，只有做好这方面的面试准备，才能在面试时更有自信，获取面试成功。

1. 面试的内容

面试可以考查面试者的各项综合能力和素质，如知识水平、表达能力、应变能力、心理素质等。因此，在人员甄选实践中，主考官可通过面试来深入考查应试者，从而判断出应试者是否符合他们的要求。面试测评的主要内容有以下6个方面。

（1）仪表风度。指面试者的相貌服饰、谈吐举止、精神状态等。像教师、公关人员、职业经理人等职位，对仪表风度的要求较高，一般要求从业者仪表端庄、衣着整洁、举止文明，做事有规律、注意自我约束且责任心强。

（2）专业知识。这是指面试者掌握专业知识的深度和广度，一般包括所学专业的特点、课程设置、学习成绩、外语水平等。

（3）工作能力。面试官一般会根据面试者的个人简历或求职登记表，进行相关的提问。例如，根据面试者有关背景及过去的工作情况，对面试者工作经历与实践经验进行深入了解，还可以考查面试者的责任感、逻辑思维能力、口头表达能力等。

（4）应变能力。指面试者对面试官所提问题是否能够准确理解并迅速作答；对突发问题的反应是否机智敏捷、回答恰当；对意外事情的处理是否得当等。

（5）工作态度。主要是通过面试官对面试者过去学习、工作态度的了解，来判断其在新的工作岗位上能否做到勤勤恳恳、认真负责。

（6）求职动机。是面试官为了了解面试者为何希望来本单位工作，在工作中追求什么，从而判断本单位所能提供的职位或工作条件等能否满足其工作要求和期望。

> **提醒**
>
> 面试是一种用人单位精心策划的招聘活动。面试的内容会随招聘单位和招聘岗位的不同而有所差异，有的公司强调个人的潜在能力，有的公司则强调个人的协调能力或团队合作能力等。求职者一定要根据实际的应聘情况来灵活应对。

2. 面试的形式

随着科技的发展，面试也由以前单一的面对面方式，发展出了视频面试等多种面试形式。

（1）单人面试。这是指用人单位的面试官逐个与面试者进行单独面谈的面试方式。这是最普遍、最基本的一种面试形式。其优点是能够提供面对面的机会，让面试双方深入地交流。单独面试又可以分为两种形式：一种是只有一位面试官负责整个面试过程，这种面试形式大多在较小规模的单位录用较低职位人员时采用；另一种是多位面试官参与整个面试过程，但面试官每次均只与一位面试者交谈，国家公务员的面试大多采用这种形式。

（2）视频面试。包括在线视频面试和异步视频面试。其中在线视频面试指面试双方通过即时视频聊天软件进行在线同步交谈的面试方式；异步视频面试指利用异步视频面试系统，用人单位主考官只需要用短信或者邮件将面试问题发给面试者，面试者可以通过智能手机、摄像头等设备录制并上传面试视频，然后用人单位主考官通过观看、评价、分享和比较视频，完成对面试者的筛选。

（3）集体面试。指很多面试者同时进行的面试。对招聘者来讲，这种面试形式在专业、地域及其他各方面都有较大的选择余地。

三、面试的技巧

为了能在较短的时间内成功地营销自我，面试者除了要以自己的专业知识、能力和才华打动面试官外，还应在求职面试过程中适当应用一些技巧。

1. 取得面试成功的要则

想要面试成功，面试者除了要做好必要的求职前的准备工作，还应掌握取得面试成功的相关要则，这样才可能达到事半功倍的效果。

（1）肢体语言的重要性。保持良好的仪态，不要拘谨。

（2）讲话要坦率自信。重点介绍自己所取得的重大成绩，但也要避免自吹自擂或夸大其词。

（3）坚持真我本色。不刻意伪装自己，不做作。

（4）保持积极热情的态度。在面试官介绍公司、求职岗位的情况，将面临的挑战以及存在的问题时，面试者要表现出极大的热情，这是非常重要的。

（5）敢作敢当。面试者敢于承认自己工作经历中负面的东西，勇于承认不足并想办法将其转变成有利于自己的东西，这样可以体现面试者面对不足时积极改变和努力弥补的态度。

（6）将面试的压力最小化。有些面试官认为，了解面试者应对压力的表现，将有助于全面了解面试者的抗压能力，因此，他们往往会在面试中故意给面试者制造一些压力。

2. 网络视频面试技巧

不同于面对面的沟通交流，网络视频面试具有省时省力、方便快捷等特点。那么，大学生面对这种新型的面试模式，该如何提升自己的面试成功率呢？

（1）要有时间计划。网络面试要与面试官预约好时间，尽量不要占用面试官的上班时间，当然面试官主动预约上班时间段面试的除外。

（2）摆正态度。虽然网络视频面试相对传统面试较为轻松活泼一些，但也需要面试者具备一定的礼仪，拿出重视的态度，做好面试前准备。

（3）不要刚开始就问薪酬。有些面试者尤其是网络面试者，一开始就向面试官询问薪酬、假期、保险等问题，这样很可能会使谈话陷入尴尬境地。最好的办法是先充分展示自己的学识、经验以及能力，如果满意，面试官或许会主动告诉你薪酬，并按照你的表现来考虑薪酬等级。

除此之外，大学生在进行网络视频面试时，还应该注意以下细节问题。

（1）在网络面试前，大学生应当打扫好自己的房间，以确保光线充足，网络状态良好。

（2）在回答面试官的问题时，要注意语速不要太快或太慢。太快可能对方听不清，太慢对方可能会感到焦虑，应尽量让面试官听起来舒服。

（3）面试时，面试者要直视摄像头，而不是面试官，同时，控制好自己的身体，挺直腰板，放松肩膀；面试中尽量全程将手放在面试官看得见的地方；当面试官说话时，保持身体微微向前倾斜，并适时点头以示回应。

（4）在面试快结束时，面试者要感谢面试官，保持坐姿和微笑；在面试结束时不要匆忙关闭视频，更不能在视频前放松和随意地四处走动，最好的办法是等待面试官关掉视频后，再关掉视频。

3. 语言表达技巧

面试过程中，面试者的语言表达艺术体现了他的综合素养和成熟程度。因此，面试者要掌握以下语言表达技巧的运用。

（1）口齿清晰，语言流畅。面试者在说话时要注意发音准确、吐字清晰，忌用口头禅，还要注意控制说话的语速。

（2）语气平和，音量适中。面试时面试者要注意语言、语调、语气的正确运用；问候时宜用上语调，加重语气并带拖音，以引起对方的注意；自我介绍时，最好多用平缓的陈述语气，内敛稳重，更易使人信服。音量的大小要根据面试现场情况而定。

（3）语言要含蓄、机智、幽默。面试者说话时，除了表达清晰外，适当穿插一些幽默的语言，可使谈话气氛愉悦。尤其是遇到难以回答的问题时，机智幽默的语言有助于化险为夷，给面试官留下良好印象。

（4）注意听者的反应。求职面试不同于演讲，面试者在交谈中应随时注意听者的反应。比如，听者心不在焉，表示可能对自己的表达没有兴趣，应调整陈述内容或方式；听者侧耳倾听，可能说明自己音量过小，使对方难以听清；皱眉、摆头可能表示自己言语有不当之处，需及时调整。根据对方的这些反应，面试者要适时地调整自己的语言、语调、音量和陈述内容等。

机智、幽默让她脱颖而出

一家杂志社招聘采编人员，在入围面试的20人中，无论是学历还是专业，林小青均处于劣势。她唯一的优势就是在大学的3年时间里，每一学期的校刊都是由她主办的，勉强有一些采编经验。接到面试通知后，林小青将该杂志社出版的杂志认真翻了一遍，仔细琢磨杂志社的办刊风格、特色、定位及主要专栏等，还将一些常常在杂志上出现的主编、编辑和记者名字记了下来。

参加面试时，林小青惊讶地发现，竟然有3位评委是她记下名字的编辑和记者。林小青首先做了常规性的自我介绍，面试官问："你经常看我们的杂志吗？你对我们的杂志是否了解？"林小青便把自己对这本杂志的认识娓娓道来，包括风格、定位、特色等，同时还提出了自己的建议。最后，她又用诙谐、幽默的语言补充道："我还了解咱们杂志许多编辑、记者的写作风格。××老师的文笔简洁优美，××老师的思维缜密流畅……虽然我与他们并未见面，但文如其人，我经常读他们的文章，也算与他们相识了。"这时，几位评委露出了会心的微笑。最后，面试官让林小青谈谈自己应聘的优势与不足。林小青说："我的优势是有过办校刊的经验，不足是喜欢给杂志挑错，例如，题目累赘，用词不当，版面设计不合理，甚至有时连杂志里附赠的刊物我都不会放过……"听到这里，评委们不约而同地笑了。最终，林小青被幸运地录用了。

分析：案例中的主人公在面试前做了充足的准备，不仅对应聘单位进行详细了解，而且还很用心地了解办刊人员，加上林小青在学校的办刊经验，提高了她面试通过的概率。除此之外，林小青的灵活与幽默帮助她进一步获得了面试官的好感。于是，她最终取得了成功。

4. 倾听技巧

倾听是一种重要的信息交流技巧。面试的实质是面试官与面试者进行信息交流从而获得全面评价的过程，形式上充分体现在"说"和"听"上。正确有效的倾听不仅应听清面试官说什么，更应该听懂面试官说什么。只有做到了听懂，才能根据面试官的问题给出满意的答案。那么面试者该怎样倾听，才能做到有效的倾听呢？

（1）耐心倾听。一些面试者在面试中表现得过于积极，当面试官提到自己非常熟悉的话题时，没等面试官说完，面试者就打断面试官的话，断章取义地进行解读。这种行为不仅十分不礼貌，而且容易误解面试官的真实意图。另外，有些面试者通过了专业知识的问答环节，在面试接近尾声时，得到了面试官的正面评价，就不再专注聆听、认真回答，这也会使面试官对其评价大打折扣。

（2）仔细倾听。就是面试者积极配合面试官，对面试官提出的观点表示赞同或是提出自己的意见，还可以就面试官提出的问题进行提问。从面试者这样的举动中，主考官可以辨明面试者的态度，并对其做出正确的评价。

（3）用心倾听。是听懂面试官所提问题的最好方法。在面试官提问时，面试者要始终全神贯注，保持饱满的精神状态，专心致志地注视着对方。同时，面试者要认真思考面试官所说的每一句话，善于从中发现和提炼出问题的实质。

5. 问答技巧

问答技巧包括应答技巧和提问技巧两方面。面试中，面试者主要以回答面试官的提问形式来接受测评，同时，面试者也可以主动向面试官提出一些问题。

应答的技巧

面试过程中，面试官会向面试者提出各种问题，而面试者的回答将成为面试官评价他的重要依据。下面总结了3点应答技巧，帮助面试者从这些技巧中"悟"出面试的规律及回答问题的思维方式，达到"活学活用"的效果。

（1）先说论点后说依据。面试者在回答问题时，要考虑自己所说内容的结构，用尽可能短的时间组织好说话的顺序。一般来说，回答一个问题时，应首先提出你对问题的基本观点，然后再逐一用资料来论证、解释。

（2）扬长避短。每个人都有自己的优势与不足，在有限的时间内将优势充分体现，扬长避短、显示潜力，是一种应答艺术。当然，扬长避短并不是弄虚作假，而是放大自己的优势，弱化自己的不足。

面试常见问题

阅读材料

实事求是，万不可弄虚作假

赵华进入大学后，成天忙着社交和玩网络游戏，成绩反复徘徊在补考的边缘。转眼到了毕业季，看着其他同学整天为求职忙碌着，他也不得不紧张起来。可是赵华在大学期间并未获得什么亮眼的成绩，要想找到一份好工作是很困难的，这时，他不由动起了"歪脑筋"。赵华首先在自己的简历上大吹特吹，谎称自己成绩优秀，在校期间担任过学生会主席，还曾经有过相关的工作经验，然后又伪造了成绩单和英语六级证书。赵华在网上投递简历后，不久就接到了面试通知，他自信满满地认为自己求职成功是水到渠成的事，而事实却并非如此。

面试官见到赵华之后，直接用英文与他交流，这下，赵华慌了神，他只能简单地听懂几个单词，只能不停地请求对方重复问题。面试官拿着他的简历说："你成绩非常好，英语也过六级了，为什么听不懂我的问题，这些信息是真实的吗？"赵华支支吾吾，答不上来。面试官并没有当场拆穿他，只是委婉地告诉他，非常感谢他能前来面试，如果公司有意向，会给他发邮件。自然，赵华是不可能接到任何回复的。

分析：用人单位非常反感大学生简历作假，即便能力有限，成绩不突出，只要面试者实事求是，经过专业培训，都可能成为可造之材。反之，如果既缺乏专业能力，又不具备良好的品质，自然无法获得用人单位的青睐。

（3）举例。在实际面试中，面试者可以适当举些例子，在范例典型的基础上，运用语言表达的技巧对面试官的问题进一步作答。适当举例会使自己的观点得到更加充分的论证。

提问的技巧

面试过程中，面试者向面试官提问也是必不可少的环节。在提问这一环节上，面试者也应注意方式方法。

（1）提出的问题要视面试官的身份而定。如面试者想了解求职单位的职工人数、组织架构、主要业务方面的问题，一般可向单位负责人提问。

（2）把握提问的时间。要把不同的问题安排在谈话进程的不同阶段，有的问题可在谈话一开始就提出，有的可以在谈话过程中提出，有的则应放在快结束时提出。

（3）注意提问的方式、语气。有些问题，面试者可以直截了当地提出来，如求职单位岗位设置。有些问题，面试者则可以婉转含蓄地提出，如职工收入情况和自己应聘成功后的薪酬等问题。此外，面试者在询问时，一定要注意语气，要给人诚挚、谦逊的感觉，不可质问，以免引起面试官的反感。

（4）不提模棱两可、似是而非的问题。特别是涉及职业、专业有关的问题，一定要确切，体现自己的专业性。通过面试者的提问，面试官可以侧面了解提问者的知识水平、思维方式和个人价值观等。

阅读材料

面试提问有讲究

一位财会专业的大学生毕业后，向一家企业投递了个人简历，并获得了该企业的面试邀请。面试过程中，用人单位对该大学生的个人能力表示了肯定，也对其表达了录取的意向。在面试的最后阶段，面试官询问该大学生："你对我们公司有什么要求吗？"针对这个问题，该大学生提出 6 条要求：从事财会工作；每日八小时工作制，周末双休；公司缴纳住房公积金、社会保险等；解决户口，提供单身住宿；每半年调薪一次；不限制个人发展（如考研等）。

面试官听完问题后，回复该大学生："前 3 项我们可以满足，但后 3 项，原则上我们在员工转正后提供住宿，但调薪要根据行业发展、公司业绩等综合情况而定，无法在时间上进行明确的规定。此外，我们鼓励员工提升自己的能力和水平，但前提是不能影响公司正常工作的开展。"

分析：案例中，主人公向面试官提出了 6 个问题，主要涉及岗位、薪酬和个人发展等内容，但提出的问题让面试官有一点点反感，很可能导致此次面试失败。因此，大学生在面试提问环节中，一定要掌握相应的提问技巧，学会提出一些优质问题，这样才能走向优质的人生。

四、面试的难点与应对方法

尽管大学生在面试前做了大量的准备工作，但仍有可能遇到一些意想不到的情况，若处理不当，会直接影响面试的结果。这里介绍 4 种常见情况及应对方法，以利于大学生有针对性地加以准备。

1. 精神紧张及应对方法

经过调查，95% 以上的大学生都承认自己在面试时精神紧张。陌生的环境，陌生的人提问，且事关自己今后一段时间的发展前途，在这种情况下面试者产生紧张的情绪是正常的。适度的紧张可以促使面试者更加集中注意力投入面试，但过度紧张则对面试极为不利，不仅会使面试者注意力不集中，甚至可能使面试者将事先准备的内容都忘得干干净净。下面 3 种方法可以帮助面试者克服过度紧张的情绪。

（1）做 30 次深呼吸。做深呼吸（腹部呼吸）是消除紧张情绪的一个很好办法，能让面试者放松神经，冷静思考问题。方法是：整个身体尽可能放松，把手放在腹部，用鼻孔轻轻吸气到腹部。这时会感觉腹部慢慢鼓起来，然后轻轻通过鼻孔把腹部的气呼出去，呼气的最后稍微用点力。每次呼吸要饱满，反复 30 次，同时在心里数着呼吸的次数。通过深呼吸，可以有效调节面试者的精神状态。

（2）自问能否承受面试结果。面试前，面试者可以试着冷静地问自己：这次面试最坏的结果就是不被录取，可以接受吗？大部分面试者可以接受失败的面试，只要做好承受任何结果的准备，并具备敢于重新开始的勇气，端正心态、不惧挫折，就能坦然面对面试过程中的各种问题，有效缓解紧张情绪。

（3）不着急回答问题。当面试官提出问题后，面试者可以考虑之后再回答。在思考的过程中，不仅可以组织问题的回答思路，而且有利于稳定自己的情绪。

2. 遇到不清楚的问题及应对方法

如果大学生在面试时不知如何回答面试官提出的问题，可以婉转地请求对方给出相应提示，但不可胡乱猜测、信口开河；如果确实不懂怎么回答，就应实事求是地告诉面试官。

3. 说错话及应对方法

人在紧张时很容易说错话，若错话无关大局，就不要太在意，继续专心回答下一个提问；若错话比较严重，则应该及时道歉，并重新正确表达。

4. 几位面试官同时提问的回答方法

如果一场面试有几位面试官，当他们同时提问时，一些经验不足的面试者会任意选择问题之一或部分加以回答，结果自然不能让所有面试官都满意。在这种情况下，面试者既要逐一回答，又要显得有礼貌。你可以说："对不起，请让我先回答甲领导的提问，然后再谈乙领导的问题，可以吗？"选择的顺序可以视主考官提问的先后顺序而定。

阅读材料

变困难为优势，灵活应对面试提问

一家公司准备招聘一名公共关系部部长。面试时限定每人在两分钟内对面试问题做出回答，面试问题是："请您把大衣放好，在我面前坐下！"但是考场内，除了面试官使用的一桌一椅外，什么也没有。现场面试时有 5 名考生，其中的两名考生，一人不知所措，另一人脱下大衣，放在主考官的桌上。这两名考生立即被淘汰了。

剩下的 3 名考生中，有一名考生环顾室内，然后脱下大衣，往右手上一搭，躬身施礼，轻声说："这里没有椅子，我可以站在您面前回答下一个问题吗？"面试官评价道："有一定应变能力，但创新、开拓能力不足，能适应严格的管理制度，适合财会、秘书部门。"另一名考生的回答是："既然没有椅子，就不用坐了，谢谢您的关心，请开始下一个问题。"面试官评价说："守中略有攻，可以培养使用。"最后一位考生把自己的椅子搬进来，放在距主考官一米处，然后脱下大衣，搭放在椅背上，自己端坐在椅子上，当"时间到"的铃声响起时，他立即站起施礼，再道声"谢谢"，便退出室外，并且把门关上。面试官的评语是："巧妙回答试题，富于开拓精神。"最终第 5 位考生以笔试成绩和面试成绩均优秀的综合评分，被录用为公共关系部部长。

　　分析：面试中，面试官可能会提出一些"古怪"的问题，有些面试者认为这些问题是对自己的刁难，实际上，这些问题或许是面试官对其应变能力、创新能力、思维分析能力等的综合考验。因此，当大学生遇到类似问题时，一定要急中生智、沉着冷静，从问题本身进行思考，给出恰当的解决方法。

五、面试后的工作

　　面试结束后，当不知道结果时，一味地等待可能会错失许多机会，此时，面试者可以通过写感谢信等方式来争取求职成功。如果没被录用，面试者也不用气馁，调整好心态，找出失败的原因，为下一次成功做准备。

1. 表示感谢

　　为加深招聘人员的印象，增加求职成功的可能性，面试者可以在面试结束后，通过招聘平台发送消息，感谢用人单位提供面试的机会，同时重申一下自己的优点和对应聘职位的兴趣等，这样既显得礼貌，又能让用人单位感受到面试者的诚意。即使此次求职未成功，也会给用人单位留下良好的印象，甚至可以为面试者推荐其他适合的职位。

2. 变被动为主动

　　面试结束后，一般用人单位都会要求面试者等候通知。此时，面试者往往处于被动等待的状态。其实，对于面试者来说，面试结果出来之前都不能放弃努力，应时刻保持积极主动的姿态，主动创造机会。比如，用短信给对方一个问候或一声祝福，以不断加深用人单位对自己的印象；也可以主动和用人单位取得联系，询问自己是否被录用。面试者在询问过程中，一定要注意个人的语气和表达方式，不能显得十分冒昧。

3. 实地考察，争取试用

　　利用多种渠道，争取参观现场，参加岗位实习。面试者在实习中展示自我，不仅能够得到了解用人单位、熟悉工作岗位的有利机会，而且有利于用人单位全面直观地了解自己的优势和特长，获得对方的信任，争取试用以至录用。

4. 做好再次冲刺的准备

　　应聘者中肯定会有失败者，如果自己不小心落入了失败者的行列，一定要牢记"胜败乃兵家常事""失败是成功之母"，千万不要心灰意冷，要及时调整好自己的心态，认真总结、分析失败的原因，继续增加自身知识的积累，增强自信心，为下一次的面试做好准备。

六、面试禁忌

面试是一次展示面试者综合能力的机会。在面试过程中，面试的大学生需要注意的问题很多，有些还可能成为面试成败的关键。下面介绍面试过程中的禁忌，大学生在面试过程中应尽量避免。

1. 忌不当用语

面试少不了交谈，大学生在与用人单位交谈时，应注意语言的使用。

（1）问薪酬。薪酬是每个面试者都非常关心的问题，但在实际面试过程中，不要急于询问对方"你们的待遇如何？"这会给用人单位留下"工作还没干，就先提条件"的印象。谈论报酬待遇要看准时机，一般在双方已有初步意向时，面试者再委婉提出。

（2）拉关系。在求职面试过程中，有些面试者为了拉近自己与用人单位、面试官的距离，可能会说："我认识你们单位的某某""我和某某是同学"等。面试官听到这些话后可能会对面试者留下"走关系"的印象，如果面试官比较严格公正，"拉关系"的举动反而会起到反作用。

（3）盲目自信。在面试过程中，如果用人单位提出："请简述你的一次失败经历。"有些面试者为了体现自己的优秀，可能会说："我想不起我曾经失败过。"或者用人单位问："你有何缺点？"面试者回答："我可以胜任一切工作"等。这样的回答其实显得过于自信，不但不能增加用人单位的好感，还可能给人留下不可靠、不诚实的印象。

（4）过于直接。在面试过程中，有些大学生自恃清高，或为了故意表现自己的专业性，会提出一些让用人单位十分为难的问题，如："请问你们单位规模有多大？""竞聘比例有多少？"等。

其实，太过直接的提问和回答并不利于营造良好的面试氛围，面试者应该用委婉的句子和语气进行表达。比如，面试官问："关于工资，你的期望值是多少？"面试者可委婉地回答："我相信公司有一套自己的薪资体系，这个已经十分成熟，会根据每个职位的重要程度及该职位涉及的个人工作能力而定。多与少与我自己的努力程度也相关。"切忌反问对方："你们打算给多少？"这样的反问显得不礼貌，很容易引起面试官的不快。

2. 忌不良态度

参加面试的人，不管能力、水平如何，都是在主动接受用人单位的挑选，所以，应注意与面试官谈话的态度。下面列举一些面试过程中的不良态度，大学生应聘时应注意避免。

盛气凌人

有些参加面试的大学生，在学校时可能担任学生干部，得到了老师的好评、同学的尊重，各方面条件也较优越，因此恃才傲物，在面试中态度傲慢，说话咄咄逼人。主要表现在以下3方面。

（1）当面试官对自己的回答不够满意时，强词夺理、拼命狡辩、拒不承认错误。

（2）想占据面试的主动地位，反问面试官一些问题，如用人单位的福利如何，是否包吃住，自己将担任何种职务等。

（3）有些大学生有一定的工作经验，在被问及原单位工作情况时，常贬低原单位领导及工作。这种行为容易给人留下合作精神差、不懂感恩的印象。

态度冷漠

有的大学生由于自身性格等原因，在面试过程中常表情冷漠，不能积极与面试官沟通，缺乏必要的热情和亲切感。但从用人单位的角度来看，他们更希望自己的员工具备良好的交流沟通能力，在工作中能够使人感到轻松愉快，这样才能提高工作效率。

提醒　面试是考查大学生综合能力的活动。在面试过程中，大学生态度谦和、诚实大方，不过分拘谨，不夸大自己的能力，也不过分妄自菲薄，并且有技巧地将自己的真实情况告之面试官。这样不仅可提高自己成功就职的概率，而且可在就职后，与作为同事的面试官更好地相处。

七　常见的面试提问方式

在面试过程中，面试官会通过广泛的话题，从不同方面了解面试者的心理特点、工作动机、能力、素质等。在这一阶段常见的问题类型有以下7种。

1. 封闭型问题

封闭型问题，要求面试者做出最简洁的回答。面试者只需回答"是"或"否"，一个词或一个简单语句。例如，你取得过学士学位吗？你在大学期间参加过公益活动吗？

2. 开放型问题

开放型问题，要求面试者不能只用简单的一个词或一句话来回答，必须另加解释、论述。面试中面试官的提问一般采用开放式问题，以启发面试者的思路，激发面试者的潜能与素质，从中真实地考查面试者的素质水平。例如，你辞职的原因是什么？

3. 假设型问题

假设型问题，面试官以虚拟式的提问方式来了解面试者的应变能力、解决问题的能力和思维能力等。例如，如果我录用你，你将怎样开展工作？

4. 压迫型问题

压迫型问题，提问方式常带有某种挑战性，其目的在于面试官创造情景压力，以此考查面试者的应变能力与忍耐性。这种提问有利于面试官发现面试者的短板，也可以从面试者的谈话中引出问题。例如，根据你的简历，发现你有多次跳槽的经历，假设你成功入职，如何让我们相信你能长期稳定地工作。

5. 情景型问题

情景型问题，主要考查面试者的应变能力、情绪控制能力以及计划、组织和协调能力等。例如，某大型银行的门口排了很长的队伍，旁边的施工队不慎将银行的电线挖断，造成突然断电。如果你是银行经理，将如何处理？

提醒 情景型问题是面试中最常遇见的问题。针对该类型的提问，面试者可以通过运用4个技巧来应对。第一，以平和的心态对待该问题；第二，拟定多个方案，权衡利弊；第三，灵活应对；第四，总结经验教训。

6. 行为型问题

行为型问题，用于面试官考查面试者行为型技巧和能力，如组织协调能力、人际交往能力，特别是解决部门之间矛盾的能力，以及与同事建立信任关系的能力。例如，在工作中，如果你的下属违规招聘，与人力资源部门发生了矛盾，此时，你的上级要求由你负责协调这个矛盾，这种情况下你将采取哪些措施？

7. 意愿型问题

意愿型问题，用于面试官考查面试者的求职动机、与拟任职位的匹配性、面试者的价值取向等。例如，如果这次应聘你未被录用，有什么打算？

第二节 大学生笔试攻略

📝 课堂活动

活动主题：笔试模拟训练。

活动内容：假设你笔试时遇到这样一道题——公司计划在5月份赴德国考察学习，作为秘书的你，请写出一份详细的出国考察方案（提示：可以从考察目的、考察组成员、考察的行程安排、考察的费用以及考察后的总结等方面进行撰写）。

通常来说，对面试者专业知识和能力有一定要求的专业岗位，以及大型企业，会设置专门的笔试环节。该环节中的试题往往是围绕岗位来设计的，如给出一个岗位中容易遇到的技术问题，要求面试者给出解决方法，从而考查面试者处理问题的速度和效果，并检验面试者对知识和智力运用的程度和能力。

一、笔试的准备

笔试通常应用于大规模的员工招聘中，可以帮助用人单位在较短的时间内了解面试者的基本情况。一般来说，面试者在进行笔试准备时应注意以下3方面。

（1）平时认真学习。良好的笔试成绩来自大学期间的努力学习和积累。大学学习的内容不仅是专业课程和基础知识，还应包括课外知识的学习与积累，以及对社会信息的了解。

（2）进行必要的复习。复习是准备笔试的重要方式。从考试准备的角度讲，知识可以分为靠记忆掌握的知识和靠应用掌握的知识，用人单位往往比较重视面试者对所学知识的应用能力。一般来说，笔试都有大体的范围，面试者可围绕这个范围翻阅有关的图书资料，有针对性地进行复习，灵活运用所学知识解决实际问题。

（3）保持良好的身心状态。参加笔试需要有良好的心理素质。面试者在临考前，一要正确评价自己，树立自信心，调整好心理状态；二要保持充足的睡眠。可以在笔试前参加一些文体活动，使高度紧张的大脑得到放松和休息，以充沛的精力参加笔试。

提醒

由于笔试内容具有不确定性，因此，面试者应深入复习，可以在考试前训练自己的答题速度，或站在用人单位的角度来推测可能出现的考核内容。如有条件，面试者还可以提前熟悉考场环境，同时检查自己笔试所必须携带的证件，以及考试必备的文具是否准备齐全。

阅读材料

胸有成竹，一气呵成

某化妆品公司招聘营销策划人员，营销与策划专业毕业的钱贞贞对该岗位向往已久，看到公司对岗位的描述和要求后，小钱心中暗喜，自己不仅专业对口，有在大公司实习的经验，而且曾在实习期间成功策划过某一品牌口红的广告。她深信，只要进入面试环节，就一定能得到公司的认可。

小钱做了充分准备，却被告知公司的招聘首先从笔试开始，要想进入面试，笔试必须取得好成绩。为此，小钱研究了该公司相关产品的情况，如哪些产品占据市场优势，哪些产品应加强广告效果等。笔试前，小钱还学习了一些著名的营销案例。笔试当天，当看到笔试题目是为该公司新推出的一款BB霜写策划方案时，小钱心里长舒了一口气，脑海中立即浮现出各种方案和营销技巧，很快就将自己的策划方案完成了。这一仗小钱打得相当出色，一气呵成，取得了笔试第一名的成绩。

分析：俗话说："不打无准备之仗。"一些大学生错误地认为笔试是考查专业基础知识的，只要放松心态就能轻松通过。殊不知，笔试是用人单位检验面试者的重要环节，笔试的质量决定用人单位对面试者的第一印象。面试者对笔试的准备越充分，取得的成绩越好，越容易获得用人单位的青睐。

二、笔试的种类

笔试通常用于大规模的员工招聘中，目的在于考查面试者的专业知识水平、文字组织能力及综合素质等。根据考核的方向和内容不同，笔试可以分为以下4种类型。

（1）专业考试。主要是为了检验面试者的专业知识水平和相关能力。一般用人单位从大学生的成绩单就可以大致了解其知识水平，但有一些专业性要求较高的岗位，需要通过笔试的方式对其专业水平进行再次考核。这种考核方式已被越来越多的用人单位所采用。例如，外贸外资企业招聘职员要考外语，金融单位招聘时要考金融专业知识，公检法（公安局、检察院、法院）机关录用干部要考法律常识等。

（2）心理测试。一般要求面试者完成相关心理问卷。通过心理测试，用人单位可了解面试者的态度、兴趣、动机、智力、个性等心理素质，还可以考查面试者的观察能力、综合分析能力、思维反应能力等。

（3）技能测试。主要考查面试者的动手能力和实践能力，如考查操作和使用计算机的能力、英语会话和阅读能力，以及财会、法律、驾驶等方面的能力。

（4）命题写作。有些用人单位通过论文或公文写作考查面试者的文字表达能力及分析归纳能力。例如，限时写出一份会议通知、请示报告或某项工作总结；也可能提出一个论点，让面试者予以论证或辨析等。

三 笔试的方法和技巧

大学生在进行笔试时，可采用一些方法和技巧，提高回答问题的正确率，消除紧张情绪。

1. 增强自信心

缺乏自信心往往会导致面试者怯场。面试者应客观冷静地对自己进行正确评估，克服自卑心理，增强自信心；要坦然看待笔试，不过分紧张，适当放松心情，调整好精神状态去应试。

2. 掌握科学的答卷方法

笔试与在校期间进行的考试一样，有一定的方法，掌握科学的答卷方法，可帮助面试者提高笔试成绩。主要方法归纳如下。

（1）通览试卷。面试者在拿到试卷后，首先应通览一遍，了解题目的多少和难易程度，以便掌握答题进度，合理安排答题时间；然后按照先易后难的原则安排答题顺序。

（2）难题处理方法。不要被难题所困，耽误太长时间，有时笔试出题量较大，其用意是一方面考查知识掌握程度，另一方面考查应试能力。所以，毕业生在浏览试卷后，要迅速解答较容易的题目，余下的时间再认真推敲其他题目。

（3）掌握好主次之分。有时大学生遇到自己准备较充分的简答题时，会写上千字，而对论述题则准备不够，就随便写几十个字。这样本末倒置，成绩必然会受到影响。毕业生在通览全卷的基础上，要抓住重点题目下功夫，认真答写，充分显示自己的知识水平。

（4）卷面效果。答题时行距和字迹不宜太小，卷面字迹工整清晰。

（5）答题态度端正。笔试不同于其他专业考试，有时招聘单位并不仅仅看重面试者考分的高低，其认真的态度、细致的作风、新颖的观点也会极大增加被录用的可能性。

四、世界 500 强公司经典笔试试题

下面是世界 500 强公司经典笔试试题，题目设置巧妙，对个人逻辑能力、思维能力的考查较强。

（1）有 10 筐苹果，每个筐里有 10 个，共 100 个。其中 9 筐苹果的质量每一个都是 0.5 千克，另一筐中每个苹果的质量都是 0.4 千克，但是外表完全一样，用眼睛或手无法分辨。试问：如何用一台普通的大秤一次性把质量轻的一筐苹果找出来？

答案：从第 1 筐中拿出 1 个，第 2 筐中拿出 2 个……第 10 筐中拿出 10 个，一起放在大秤上称。如果每个苹果重 0.5 千克，就应该是 27.5 千克。假设称出是 27.4 千克，则说明，从第 1 筐中拿出的苹果是 0.4 千克的，也就是说第 1 筐的苹果都是 0.4 千克。如果称出是 27.3 千克，仅差 0.2 千克，而只有一筐苹果中的每个都是 0.4 千克，所以一定是第 2 筐中拿出的两个是 0.4 千克，也就是说第 2 筐的苹果都是 0.4 千克。依次推理，即可找出质量轻的那筐苹果。

（2）有一堆绳子，这些绳子之间粗细长短各不相同，每一条绳子本身各处的粗细长短也各不相同。但是每条绳子的燃烧时间都是 60 秒，试问：如何测量 75 秒的时间？

答案：要实现这一目标，必须采用 3 个步骤：第 1 步，同时点燃任意两根绳子，第 1 根绳子点两头，第 2 根绳子点一头；第 2 步，第 1 根绳子烧完后开始计时，点燃第 2 根绳子的另一头，让两头同时燃烧，并开始计时；第 3 步，在第 2 根绳子烧尽时停止计时，即可得到 75 秒的时间。

（3）有一堆垃圾，规定要由张、王、李 3 户人家清理。张户因外出没能参加，留下 9 元钱做代劳费。王户上午起早清理了 5 小时，李户下午接着清理了 4 小时，刚好清理完。试问：王户和李户应怎样分配这 9 元钱？

答案：不能简单地认为王户应得 5 元，李户应得 4 元。王、李两户所做的工作中，除帮张户外，还有他们自己的任务。很明显，每户的工作量为 3 小时。王帮张清理了 2 小时，李帮张清理了 1 小时，王帮张的工作量是李帮张的 2 倍，得到的报酬当然也应该是李的 2 倍。因此，王户应得 6 元，李户应得 3 元。

（4）一天，有个年轻人来到王老板的店里买了一件礼物，这件礼物成本是 18 元，标价是 21 元，这个年轻人掏出 100 元买这件礼物。王老板当时没有零钱，用那 100 元向街坊换了 100 元的零钱，找给年轻人 79 元。但是街坊后来发现那 100 元是假钞，王老板无奈还给街坊 100 元。试问：王老板在这次交易中到底损失了多少钱？

答案：年轻人掏出 100 元假钞买这件礼物，王老板进 0 元。王老板当时没有零钱，用 100 元假钞向街坊换了 100 元的零钱，王老板进 100 元。街坊发现那 100 元是假钞，王老板无奈还了街坊 100 元，王老板出 100 元。找给年轻人 79 元，王老板出 79 元。年轻人到王老板的店里买了一件礼物成本是 18 元，王老板出 18 元。总计损失：0+100-100-79-18=-97（元），损失 97 元。

（5）从前，有个很有钱的人家。正当全家为新的小生命即将降临而欢喜之际，丈夫却突然得了不治之症。临终前留下遗嘱："如果生的是男孩，妻子和儿子各分家产的一半。如果是女孩，女孩分得家产的三分之一，其余归妻子。"丈夫死后不久，妻子就临产了。出乎意料的是，妻子生下一男一女双胞胎！这下妻子为难了，这笔财产该怎样分呢？

答案：按法律的规定继承。丈夫的遗嘱是附条件的，但其条件并没有实现，所以，不按遗嘱继承，而应当按照法律的规定继承：家产先分给妻子一半（夫妻共同财产），剩余的一半，由妻子和一双子女平均继承。即妻子得家产的三分之二，子女各得家产的六分之一。

（6）有两个封闭式的小火车站，每天从甲站开到乙站的车次总是比从乙站开到甲站的车次多，时间长了，火车会不会都集中到乙站呢？

答案：不会，因为从乙站开出的火车的车厢比从甲站开出的火车的车厢要多。

（7）小明一家过一座桥，过桥的时候是黑夜，所以必须有灯。现在小明过桥要1分钟，小明的弟弟要3分钟，小明的爸爸要6分钟，小明的妈妈要8分钟，小明的爷爷要12分钟。桥每次最多可过两人，过去后，对岸要有一人再把灯送过来，过桥的速度依过桥最慢者而定，且灯在点燃30分钟后就会熄灭。问：小明一家如何过桥？

答案：第1步，小明与弟弟过桥，小明回来，耗时4分钟；第2步，小明与爸爸过桥，弟弟回来，耗时9分钟；第3步，妈妈与爷爷过桥，小明回来，耗时13分钟；最后，小明与弟弟过桥，耗时4分钟，总共耗时30分钟。

（8）3个年轻人去旅店投宿，每人拿出10元交给老板。老板由于喜得贵子，决定少收5元，于是让服务员将5元转交给3个年轻人。服务员从中扣下了2元，将剩余3元还给3个年轻人，每人分得1元。现在3个年轻人每人相当于拿出9元，共27元（3×9=27），加上服务员扣下的2元，共29元（27+2=29）。与3人最初拿出的30元相差1元。问：这1元到哪儿去了？

答案：这个问题的逻辑是错误的。准确的描述是，3个人各出了10元，后又还回3元，因此共出27元。这27元中，2元被服务员扣下，25元为房费。因此，不存在27+2=29（元）的说法。

第三节　大学生求职礼仪

📝 课堂活动

活动主题：细节决定成败。

活动内容：请同学们看一道例题。有一棵椰子树长得非常高，猩猩、猴子刚好经过，它们比赛爬上去摘香蕉，猜谁会先摘到？

上面的活动中，椰子树怎会长香蕉？给出不同答案的同学，说明在日常生活中还不太注重细节，其实细节是成功的金钥匙，如果忽略，细节就成为了失败的导火线。所以，大学生一定要明白细节的重要性，尤其是在面试过程中，细节更是决定成败的关键。

一、面试礼仪

面试是面试官与面试者面对面的接触，面试者的礼仪表现将直接影响面试官对其印象的好坏，进而决定是否录用。因此，大学生要想在职场中赢得面试官的青睐，了解一定的面试礼仪知识是必不可少的。

1. 准时赴约

准时赶到指定地点参加面试，这是最基本的礼仪。准时关系到用人单位对面试者的第一印象，面试者参加面试时，最好提前 10 分钟到达现场，这样既不失礼貌，又可以稳定情绪，稍做准备，避免手忙脚乱、仓促上阵。

若面试者对面试地点不熟悉，应事先将交通中可能出现的不利因素考虑在内，如堵车等。早点出发，以保证万无一失。如果临时发生了不可抗拒的意外情况，导致不能按时参加面试，也应及时告诉用人单位并表示歉意，争取用人单位的谅解和补试的机会。

2. 敲门进入面试室

面试时，应先在面试室外轻轻敲门（面试室的门一般是关着的），得到许可后方可进入面试室。注意敲门不可用力太大，也不可未进门时先将头伸进去张望，更不可直接推门而入。进门后，应轻轻地转过身关上门。

3. 主动与主考官打招呼

进入面试室后，面试者面临的第一件事就是与面试官打招呼，真正的面试就从此刻开始，面试者应当立即进入角色。进入面试室后面试者可对面试官微笑点头，也可进行问候（如上午好、下午好、各位领导好等），要有礼貌地告诉面试官自己是谁，做到举止大方、态度热情。需要注意的是，面试时面试者不宜直接与面试官握手，除非面试官主动伸手。

4. 微笑待人

微笑表示欣赏对方的盛情，表示领略、歉意或赞同。面对面试官，面试者的微笑可以缓解紧张气氛，使双方的心理距离迅速缩短，有利于提高成功率。

5. 回答问题时精神集中

面试时，面试者回答问题要集中精神，力求给对方以诚恳、沉稳、自信的印象。根据面试官的反应适时调整自己的语言表达方式，并且保持不卑不亢的态度。

在谈吐方面，谈话的内容和说话的方式同等重要。面试者说话要和蔼可亲，不要随意打断对方，必要时，先道歉再插话。同时，面试者讲话应当条理清楚，并通过表情、语调、声音等的配合，传达出真诚、乐观、热情、大方的态度，就会收到良好的效果。

二 着装礼仪

在求职过程中，恰当的穿着会给人留下良好的第一印象。大学生的求职面试是一个严肃的活动，在服饰方面要注意朴素大方、干净整洁，着重突出职业特点。在应聘不同岗位时，宜进行不同的衣着搭配。虽然不同职业对人的要求是有差异的，也没有成文的规定来划分各职业的穿着标准，但已形成模式化的思维。总体来说，应试者的衣着服饰要注意：

（1）女性不应穿着太过花哨，颜色不宜太过鲜艳，应避开大红、橙色或粉红、紫色等颜色；

（2）男性穿深色西装，领带、衬衣袖口要注意清洁；

（3）男、女都应减少首饰的佩戴。

三 仪态礼仪

面试官对面试者的评价，往往开始于对面试者仪态表现、言行举止的观察和概括。因此，在面试时，文明规范的仪态是十分重要的。

1. 表情

在面试时，最常用和最富有表现力的表情就是目光和微笑。

（1）目光。面试者在面试中，正确的注视方式应该是望着对方额头的上方，只有在双方谈到共同话题时才有自然的视线接触，目光要自然、柔和、亲切、真诚。

（2）微笑。首先，面试者微笑必须真诚、自然；其次，微笑要适度、得体。适度指微笑要有分寸、不出声，含而不露；得体指微笑要恰到好处，当笑则笑，不当笑就不笑，否则容易适得其反，给对方留下不好的印象。

2. 手势

在揭示人的内心活动方面，手势极富表现力，如紧张时，双手相交；愤怒时，紧握拳头等。面试者在面试时运用手势一定要注意以下 4 项内容。

（1）适合。所谓适合主要体现在两个方面：第一，语言表达与手势所表示的意义符合；第二，手势的量要适中。

（2）简练。每做一个手势，都力求简单、精练、清楚、明了。

（3）自然。手势贵在自然，动作要舒展、大方，令人赏心悦目，切忌呆板、僵硬。

（4）协调。手势要和声音、姿态、表情等密切配合，这样的动作才是优美和谐的。

3. 体姿

体姿是指通过身体的肢体语言来表达情感、传递信息的体态语，主要包括坐姿、站姿和行姿 3 种。

坐姿

站有站相，坐有坐姿，面试者进入面试室落座后的正确坐姿如下。

　　全身放松，两腿自然并拢，手放在膝上，挺直腰背，身体微向前倾，既不可坐得太浅，也不能坐得太深。坐浅了容易使自己紧张，导致注意力不集中；坐深时斜倚在靠背上，会给人以懒散感。正确的坐姿可以体现面试者精神振奋、朝气蓬勃的状态。

　　注意面试的过程中不要有小动作，以防给人不耐烦、不自信的印象，常见的一些不正确的小动作包括：下意识地看手表；坐时双腿叉开，摇晃不停；跷二郎腿，或双腿不停地抖动；讲话时摇头晃脑；用手掩口；用手挠后脑勺、摸头发等；不停地玩弄随身携带的小物件等。

阅读材料

习惯性小动作令她错失工作

　　王珊今年大学毕业，她的学习成绩十分优异，对于即将到来的面试胸有成竹，因而几乎未做面试准备。到达面试现场时，王珊发现已经有几位面试者在等候，他们都经过了细心打扮。轮到王珊面试时，两位面试官表情很严肃，现场气氛有些紧张，王珊突然忘记了自己事先准备的说辞，脑子里一片空白。其中一位面试官要求她做自我介绍，王珊机械性地把自己的简历背了一遍。

　　另一位面试官问："你应聘这个岗位的优势在哪里？"王珊应聘的岗位是文秘，与她的专业对口，而且她还辅修了法律，本来具有极大的竞争优势。但是偏偏一紧张，平时的小动作全出来了，不停地摸头发、摸耳朵、擦鼻子，甚至手脚都不知道该往哪儿放了。最后的结果可想而知。

　　分析：案例中王珊面试时太过紧张，出现太多小动作，让面试官对其专业度和自信心产生了怀疑，最终导致面试失败，由此可见，面试时仪态礼仪的重要性。所以，大学生除了要做好面试准备外，面试过程中的仪态也不容忽视。

站姿

　　站姿是体态语的重要组成部分，在求职面试中，同样能反映面试者的外在形象和礼貌修养。正确的站姿应该是：站立要端正、双目平视前方、嘴唇微闭、面带微笑；双肩放松，躯干挺直，身体重心应在两腿之间，做到挺胸、收腹、立腰。男士站立时，一般应双脚平行，大致与肩同宽，双手半握拳状垂放于大腿两侧；女士则应双腿并拢，脚跟靠近，脚掌分开成"V"形，双手自然垂放或叠放成心形置于腹前。

　　另外，面试者需要注意：站立时双手不可叉在腰间，也不可抱在胸前；站立时身体不能东倒西歪，也不能倚门或靠墙；站累时，脚可以向后撤半步，调整重心，但上身仍须保持挺直，不可把脚向前或向后伸得过多。

行姿

　　面试者从步入面试室，到走出面试室，整个过程都在面试官的观察范围内，每个细节都会反映在评分表上。潇洒和优雅的走路姿势能够体现一个人的风度，赢得良好的印象。

正确的行姿是：身体直立、收腹直腰、两眼平视前方，双臂放松，在身体两侧自然摆动，脚尖向正前方或微向外伸出，跨步均匀，两脚之间相距约一只脚，步伐稳健，步履自然。女性在穿裙装时步幅应小一些，穿裤装则可稍大一些，以显示自身的干练；男士则按照平时习惯的步幅即可。

> **提醒** 面试者切忌：在行走时身体前俯、后仰，或两个脚尖同时向里侧或外侧呈"八"字形走步，步子太小或太大；双手反背于背后或身体乱晃乱摆。

四、仪容礼仪

仪容，主要指面部，广义上还包括头发、腿部等。一个人的仪容仪表最能反映出他的精神状态，面试官对面试者的第一印象也来源于对面试者外在形象的观察。因此，面试者一定要注意自身仪容的修饰，特别是女性，适当地化淡妆，不仅能让自己更加神采奕奕，还可以表现出自己对这次面试的重视。

1. 杜绝饰物

女士尽量不要佩戴耳环、项链、手镯等各类饰品，尤其是金光闪闪的饰物；男士不宜佩戴饰品。否则可能会给面试官留下热衷打扮、不够稳重的负面印象。

2. 化妆与发型

在面试时，化妆与发型也很重要。面试前，应整理仪容，将头发清洗干净，梳理整齐，不要染夸张的发色。男士最好不要留胡子和长发；女士不要浓妆艳抹，不要用浓烈的香水，适宜化淡妆。太过浓艳的妆容和服饰会显得不够庄重，给面试官留下不好的印象，从而影响面试。

3. 腿部

面试者参加面试时，不仅要注意衣着得体，还要注意腿部的细节。女士穿裙装不能光腿，要穿丝袜；袜子不能出现残破，要高过裙子的长度。男士穿西装时要穿黑色棉质袜子，长及小腿中部，袜口不能下滑。

五、面试后的礼仪

许多大学生只注重应聘面试时的礼仪，而忽略了面试结束后的善后工作。其实，这些善后工作同样能加深面试官对面试者的印象，以下是面试后需要注意的礼仪。

1. 感谢

当面试官表示面试结束时，不论结果如何，面试者都要慢慢起身表示感谢，并将自己的椅子扶正，摆放在进门时候的位置，再次表示感谢后，再轻推门离开。

2. 不可贸然打听面试结果

面试结束后，面试者不可贸然地打电话询问面试情况，可以通过在招聘平台发送感谢信的方式再次加深用人单位对自己的印象。若是一周内没有接到任何回信，此时，可以给用人单位打电话询问面试结果，以表示你对这个工作的兴趣和热情，同时也能从用人单位的语气中推测面试结果。

第 四 节　拓展阅读——HR 面试必问的问题及回答技巧

问题 1："请你自我介绍一下。"

这是面试的必考题目，用人单位通过面试者的回答，进行初步了解，并初步判断其与职业的匹配度。

思路：①介绍内容要与个人简历内容一致；②表述方式应自然且口语化，切忌直接背诵；③切中要害，不谈无关、无用的内容；④条理要清晰，层次要分明；⑤事先有所准备。

问题 2："在 5 年的时间内，你的职业生涯规划是什么？"

用人单位通过面试者的回答，考查其个人规划是否与应聘职位相符，以及可能为公司服务的时间。

思路：①实事求是，不要违背自己的最终目的，为了就业而就业；②切忌说没有规划；③有一定规划，可根据公司和应聘的职位发展情况调整。

问题 3："谈谈你的缺点。"

用人单位通过面试者的回答，考查其性格、喜好，以及与工作的关系。

思路：①不宜说没有缺点；②不宜把明显的优点说成缺点；③不宜说影响所应聘工作的缺点；④不宜说令人不放心、不舒服的缺点；⑤可以说一些表面上看是缺点，从工作的角度看却是优点的缺点。

问题 4："谈一谈你的一次失败经历。"

用人单位通过面试者的回答，考查其面对挫折的态度。

思路：①不宜说没有失败的经历；②不宜把明显的成功说成是失败；③不宜说出严重影响所应聘工作的失败经历；④宜说失败之前曾信心百倍，努力工作；⑤宜说导致失败的原因是客观原因；⑥宜说失败后自己的反思与总结，以及再次面对工作的态度。

问题 5："您在上一家公司的离职原因是什么？"

用人单位通过面试者的回答，侧面了解其性格，以及对待工作的态度。

思路：①避免把离职原因说得太详细；②不能掺杂主观的负面感受，如"太辛苦""人际关系复杂"等；③不能涉及个人负面的人格特征，如不诚实、缺乏责任感等；④尽量使解释的理由为面试者个人形象添彩；⑤"前一家公司倒闭"是最不会让考官对面试者产生"想法"的离职理由。

问题 6："谈谈你的家庭情况。"

用人单位希望通过面试者的回答，了解其性格、观念、心态、家庭支持等。

思路：①简单地罗列家庭成员；②宜强调温馨和睦的家庭氛围；③宜强调父母对自己

教育的重视；④宜强调各位家庭成员的良好状况；⑤宜强调家庭成员对自己工作的支持；⑥宜强调自己对家庭的责任感。

问题7："你对加班的看法是什么？"

用人单位通过面试者的回答，考查其是否愿意为公司奉献。

思路：①如果是工作需要，义不容辞加班；②提高工作效率，减少不必要的加班；③加班对于公司而言，实际也是一种成本。

问题8："你为什么选择我们公司？"

用人单位通过面试者的回答，考查其求职的动机、愿望，以及对此项工作的态度。

思路：①宜从行业、企业和岗位这3个方面来回答；②宜说公司长期重视的事项或优势（这一点需要对公司本身有所了解）。

问题9："对这项工作，你有哪些可预见的困难？"

用人单位通过面试者的回答，考查其对应聘职位的认识，以及面对困难的态度。

思路：①不宜直接说出具体的困难，否则可能令对方怀疑其能力；②尝试迂回战术，说出面试者对困难所持有的态度。

问题10："你有什么业余爱好？"

用人单位希望通过求职者的回答，了解其性格、观念、心态。

思路：①不宜说自己没有业余爱好；②不宜说庸俗的、令人感觉不好的爱好；③不宜说自己的爱好仅限于读书、听音乐、上网；④最好有一些户外的业余爱好。

更多拓展阅读

案例启发

大学生如果想在面试的过程中应对自如，除了要做必要的心理准备外，还应对用人单位可能提出的面试提问做一个初步了解，包括每一个问题背后的意图，以及每一个问题的回答思路，这样才能做到有的放矢，提高面试成功率。

第五节 自我评估

大学生要想在面试和笔试的过程中应对自如，就要以正确的心态与面试官进行沟通，运用良好的沟通能力理解面试官的考查意图，并有理有据、流畅自然地回答问题。

沟通能力测试

〖测试说明〗

很多用人单位会将"具备较强的沟通能力"这一项直接写在岗位要求上。你了解自己的沟通能力吗？表5-1列出了一些用于初步个人测试沟通能力的测试题，大学生可以用该测试为参考，对自己的沟通能力进行测试。注意：该测试仅供参考，不作为专业心理评判。

表 5-1　沟通能力自评

评估要素	说明	评分（1~5分）
表达	主动：沟通目的明确，不只是被动回答问题	
	积极：表述温和有礼，不直接驳斥他人	
	逻辑：语言逻辑清晰，所述事实清楚	
倾听	专注：保持眼神交流，无小动作	
	反馈：给予对方点头反馈，不明白处及时确认	
	礼貌：不随意打断对方，不开小差	
	认同：对对方所说的话表示理解、认可或赞扬	
讨论	结构：根据时间、议题等合理安排所讨论的事情	
	主导：在预订框架内沟通，不偏题跑题	
	结果：能对讨论的话题保持求同存异的态度	

〖测试分析〗

根据自己的实际表现进行评分，最低分为 1 分，表示完全不符合自己的实际情况；最高为 5 分，表示完全符合自己的实际情况。评估后对各项评估要素的分数进行相加，得分越高，则表示沟通能力越好。

第 六 节　思考与练习

1. 面试常见问题模拟。

（1）我们为什么要录用你？（最好站在用人单位的角度来回答）

（2）你是应届毕业生，缺乏经验，如何能胜任这项工作？（应聘者可以从诚恳、机智、果敢、敬业等方面来回答问题）

2. 假设你要参加一场网络视频面试，在正式开始面试之前，需要做的准备工作有哪些？

3. 阅读以下材料，回答问题。

陈丽在参加面试时，被主考官的几个问题难住了。"你的数学成绩并不是很好，为什么？""你想从这一职位中得到什么？""你能在压力下工作吗？"

（1）如果你是陈丽，在面试官提出这样的问题时，你会感到压力吗？

（2）你在面对这些问题时会如何回答？

CHAPTER 06

第六章　做好就业心理准备

学习目标

掌握大学生就业心理调适的方法；
了解大学生应具备的心理素质；
掌握大学生职场情商的培养方法。

素养目标

能够客观认识社会，全面认识自己；
保持健康、积极的就业心理。

案例导入

　　刘军与张小磊是大学同班同学兼室友，两人平时的学习成绩都很优秀，毕业时，刘军和张小磊同时接到一家大型国营企业营销部的面试通知。面试时，刘军与张小磊被分在两个会议室，主考官问了刘军一系列关于专业和职业认知的问题，刘军对答如流，并不时地提出自己的见解，受到主考官的赞赏。在另一个会议室，张小磊的面试也进行得相当顺利，主考官对他也非常满意。

　　面试快要结束时，主考官向刘军与张小磊提出了同样的问题："对不起，我们公司的计算机突然出了故障，参加面试的名单里没有你，非常抱歉！"。此时，在第一会议室的刘军听了主考官的话后，立即失去了原有的风度和素质，他生气地质问主考官为什么会出现这样的情况。这时主考官对他说："你先别生气，其实我们的计算机并没有出错，你以第一名的成绩进入了我们的面试名单，刚才的小插曲是我们出的最后一道考题。我们感觉你的条件都不错，但心理承受能力不佳。作为一名营销人员，工作中可能会出现各种意外，我们需要有良好心理素质的人才，显然，这个职位并不适合你。"刘军听后，整个人都傻眼了。

　　在第二会议室的张小磊听了同样的问题后，他面带微笑，十分镇静地说："我对贵公司发生这样的失误感到十分遗憾，但今天既然我来了，就说明我与贵公司有缘，我想请您给我一次机会。这次计算机失误对我来说是个意外，对贵公司来说也是意外，它或许意外地使你们选择了一名优秀的员工。"

　　主考官露出满意的神态："你是一个不错的小伙子，我愿意给你这个机会。"

案例思考

1. 是什么原因导致刘军的面试失败？
2. 你认为大学生需要培养哪些心理素质？

面对日益突显的就业压力，大学生的内心复杂，困惑深深，并在就业过程中出现了各种各样的心理问题，而用人单位又非常重视求职者的心理素质，因为它体现出一个人的综合素质，所以，大学生要有充分的心理准备和正确的认识，并通过积极开展自我调适、提高心理素质、保持健康心态等方式，来促进就业或创业的顺利进行。

第 一 节　大学生就业心理调适

📝 课堂活动

活动主题：把握变化的情绪。

活动内容：请大家 5 人为一组分为四个小组，分别代表喜、怒、哀、惧四种情绪，第一组表示喜：高兴、快活……；第二组表示怒：愤怒、生气……；第三组表示哀：伤心、难过……；第四组表示惧：害怕、胆战心惊……。请结合自己的情绪体验说说情绪是如何产生的，并举例说明这些情绪对个人的学习和生活产生的影响。

情绪是个人对客观事物是否符合自身需求所产生的内心体验、主观态度和外在表现的一种心理活动。在日常生活中，个人随时随地都会对个人自身、他人及周围环境是否符合自身的期望与需求作出评价，并形成肯定或者否定的情绪反应。如大学生在择业时，可能会出现紧张、焦虑、自卑等情绪，此时，就需要借助科学的方法，有效地进行自我控制和调节，消除心理困扰，维持心理平衡，并寻找最佳的解决途径来实现自己的目标。

一　求职过程中常见的心理问题

人的心理需要一种微妙的平衡，太过自卑或自信、太过浮躁或优柔寡断，都是不健康的心态。大学生在求职过程中，面对就业市场的激烈竞争，他们经历的不仅是就业考验，而且要承受各种心理问题，如焦虑、自卑、畏惧、逃避、偏激、抑郁、自负、嫉妒、攀比、依赖、盲从等。

1. 焦虑

焦虑指一种缺乏明显客观原因的内心不安或无根据的恐惧。在求职过程中，焦虑心理是非常普遍的。从投递简历到笔试、面试，这一系列等待的过程，都很容易让求职者产生焦虑的心理。如焦虑是否会得到这份工作，笔试中是否出现失误等。

一般而言，适当的焦虑可以增强人的进取意识，激发上进心，从而产生求胜的心理；但是，如果是过度焦虑，且自身无法化解，就会导致心理障碍，严重时将会影响大学生求职过程中主观能动性的发挥。

阅读材料

学会化解自身焦虑

从临近毕业的半年起，陈亮每天都不断重复着"参加招聘会→投递简历→面试"的过程，在一次次的被拒绝后，日趋沉重的焦虑替代了他原本拼搏进取的决心，也影响了他择业的思路。虽然陈亮不停地调整自己的择业目标，但他发现自己离预定的目标越来越远。他心灰意冷，并开始出现心悸症状，有时候还整夜整夜地失眠。为此，陈亮开始喝酒，希望借助酒精来缓解自己的焦虑，但仍然于事无补，他的脾气也越来越暴躁，还常常和身边的人发生口角。

幸好，经过家人和好友的劝说，再加上成功应聘到一份工作后，陈亮才逐渐恢复了原来的自信。回忆起那段可怕的日子，陈亮说道："基本每天就在焦虑与烦躁中度过，每一分每一秒都是煎熬。"

分析：陈亮焦虑的根本原因是心理太脆弱，一旦被用人单位拒绝，就对自己的能力产生怀疑，导致焦虑越发严重，一时又找不到缓解的方法。因此，刚毕业的大学生要摆正心态，学会接受现实，认清自我，避免陷入焦虑的情绪之中。

2. 自卑

自卑心理在大学生择业时也是极为常见的。一些大学生由于客观原因产生了自卑心理，如非名牌大学、冷门专业、不善表达等；有些则是由主观因素造成的自卑心理，如自身素质和就业竞争力过低、性格内向、不善于表达等。

不管自卑心理是如何产生的，在自卑心理的影响下，大学生常常会精神不振，整日唉声叹气、内心孤寂，导致求职屡屡受挫。而且，自卑心理就像大学生求职道路上的一个绊脚石，它会使大学生择业标准的心理高度一降再降，最终导致失业，所以，大学生一定要摆脱自卑心理。

阅读材料

大声说"我能行"

李静已经在准备第三次面试了，可是一到面试现场，她就感觉心里发怵、手足无措，眼睛也不知道该往哪里看，面对主考官时更是每次都低着头，心里七上八下的。她回答问题时，声音小，还经常会卡壳，对原本非常熟悉的问题也回答得磕磕巴巴，甚至还出现过所答非所问的现象。这样的状态肯定很难通过面试，虽然这已经是她参加的第三家单位的面试了，可每次她都因为太紧张而面试失败，为此，她非常沮丧。

为了找到克服自己心理障碍的方法，李静主动求助校内的心理咨询师，希望通过心理干预来改变自卑心理。心理咨询老师给她指出了强化场景训练的方法，让她把自己的特长和优点写在纸上，并面对镜子对自己大声说"我能行"，每天重复几次，以此来增强自己的信心，慢慢消除自卑心理。经过一段时间的训练后，李静对自己的下一次面试充满了信心。

分析：自卑产生的原因是多种多样的，有个人原因、家庭原因、社会原因等，但主要还是个人因素居多。案例中李静是由于求职一次次的失败，导致最终失去了信心，产生自卑心理。其实，自卑并不可怕，只要找到自卑的源头，就能有效遏制自卑感，重新找回信心，发现自己的优点，努力为下一次求职冲刺。

3. 畏惧

初入社会的大学生遭遇挫折是在所难免的，有的毕业生在遇到挫折后，能够积极调整心态、重拾信心，再战"沙场"；可有的大学生在挫折的打击下，往往会一蹶不振，并对求职产生畏惧心理，只要一听到周围同学谈论找工作的事就会远远地避开。其实，这是由于求职的失败经历已经在他们的心中烙下了深深的印记，出于心理上的自我保护机制，产生畏惧心理的大学生会选择逃避失败、逃避就业，以此来减轻挫折对他们的心理打击。

事实上，挫折并不可怕，只要大学生能够转变看待挫折的角度，就能够将挫折当作迈向成功之门的一次考验。

4. 逃避

逃避实际上就是一种抵触心理，有些大学生过惯了校园生活，对父母和学校的依赖性很强，一旦独立面对社会，去解决各种难题，就会产生逃避心理和抵触情绪。

5. 偏激

大学生在求职过程中，很容易出现偏激心理，固执地认为某种职业发展前景很好，一定要将自己的择业目标定在这一方向，并努力克服重重困难去实现目标，但最后多半是以失望而告终的。其实，这都是大学生没有认真去审视自己和审视未来的结果，被一些固有观念或道听途说所影响。

阅读材料

适合自己的，才是最好的

张小丽一直以表姐为榜样，表姐大学毕业后，只经过短短3年时间就实现了小康生活。在外婆80岁大寿时，全家团聚，表姐也在，张小丽就趁机向表姐请教快速成功的"秘籍"。表姐说做销售吧，收益还不错。一心想证明自己实力的小丽听后热血沸腾，暗暗下定决心，一定要像表姐那样，好好干出一番事业。

张小丽从小性格就比较内向,在公共场合总喜欢待在不引人注意的角落,也不善于表达自己。一次开班会,老师点名让她发表自己的看法,她一紧张,居然口吃起来,从那之后,只要遇到紧张的场面,小丽就会条件反射地犯口吃。

到了毕业季,小丽听了表姐的建议,一门心思地找了一份销售保险的工作。她自己心里清楚,销售保险的工作不是每个人都能干的,但一心想成为出色保险业务员的她,认为靠自己的努力一定可以成功。保险销售除了要具备良好的语言沟通能力外,人脉资源也至关重要。但这两个基本条件小丽均不具备。连连受挫的小丽连续3个月都没有业绩。没有业绩,提成就低,好在家里的亲戚给她"赞助"了一单,之后的几个月又没有业绩,最终小丽退出了这个曾让她热血沸腾的行业。

分析:现在很多大学生都存在某种偏激的思想,认为某种行业出路一定很好,或者某种行业出路一定不好,但是往往会忽视自身的缺点,光靠一腔热血,终会碰壁。大学生要懂得克服自身缺点,汲取别人的成功经验,选择属于自己的人生道路。

6. 抑郁

大学生在求职过程中,往往会因为屡屡遭受挫折,不被用人单位认可、接受,导致情绪低落、愁眉不展,产生抑郁心理。

7. 自负

有的大学生在校是风云人物、学生会干部,再加上自己所学专业比较稀缺,自身条件也很好,有不少用人单位有意签约,因此,容易自信过头,产生骄傲的心理。持这种心理的大学生,往往自认为高人一等,傲气十足,在求职时好高骛远,对自己的期望过高,对用人单位诸多挑剔,最终很难找到自己满意的工作。

8. 嫉妒

嫉妒在大学生中也是比较常见的一种心理问题,只不过轻重程度不同,在求职问题上,当看到同学在自己之前找到了比较理想的工作,自己却一无所获时,就会产生一种嫉妒心理,心有不甘。

阅读材料

都是嫉妒心作怪

某舞蹈学校需要招收一名有表演经验的学生做舞蹈老师。得知这一消息的大学生跃跃欲试。众多精英参与竞争时,能者居之,最终,舞蹈专业的小静获得了这个难得的机会。

结果一出来,有的同学羡慕、有的嫉妒,其中一名叫小霞的学生,因妒忌生恨,居然说此次招聘有"内幕",在同学之间传播谣言。因为影响较大,导致小静不敢出门,整天郁郁寡欢,产生了抑郁心理。后来事情终于水落石出,是因为小霞认为自己各方面条件都比小静好,可主考官偏偏录取了小静,自己却落榜了,她心有不甘,才会散布谣言诬蔑小静。

幸亏此次事件对小静未造成特别严重的后果,学校也对小霞进行了批评教育。

分析：嫉妒是一把"双刃剑"，用得好会化作成功的动力，用不好则会伤人伤己。案例中的小霞就是因为遇到自己不能理解或者认为不公平的事情时，没有正确处理，才会因妒生恨，惹出祸端。所以，大学生应该把嫉妒转化为奋斗的动力，是骨气，而不是怨气。

9. 攀比

一些大学生在求职时，不从自身实际出发，而是与同学攀比，特别是看到与自己成绩、能力相当的同学找到令人羡慕且收入可观的工作时，觉得自己找不到理想的工作就会很没面子。为了获得心理上的平衡，他们会为此重新设计自己的求职目标，其结果往往是高不成、低不就，错失了一些用人单位，陷入被动之中。

10. 依赖

依赖心态往往产生于独立性较差的大学生身上。例如，从小学到大学，很多事情由父母包办，自己则习惯了在温室里生活，不愿意去面对社会的竞争，希望通过父母给自己找到一份稳定的工作，而这也是一种不健康的心态。

11. 盲从

街上经常能看到一种现象：某家店门口排起了长龙，很多人即使不明原因，也会加入到队列中，这就是典型的盲从现象。有的大学生具有较强的依赖性，自主性较弱，在就业找工作时，不先考虑自己的兴趣爱好，而是一味地从众，什么工作热门就去做什么，根本不去思考自己是否有能力胜任，是否有发展空间等问题。

二 大学生就业的心理矛盾

心理矛盾也可理解为心理冲突，指两种或两种以上不同方向的动机、欲望、目标及反应同时出现，而引起的紧张心态。职业目标上理想和现实的反差、职业选择上独立性和依赖感的错位等，都是大学生就业心理矛盾的具体表现。

1. 理想与现实的矛盾

当代大学生的理想丰富多彩，在就业时总是踌躇满志、豪情壮志，准备在社会上拼搏一番。但他们由于涉世尚浅，对社会了解还不够深，理想往往脱离客观现实，在就业上与社会需要存在较大差距。

有些大学生想留在大都市，追求社会地位高、经济效益好的工作，而不愿意到边远地区或条件不是很好的地方工作；有些大学生只看重工资收入，而并未真正思考过自己的理想与现实之间的差距，甚至不了解自己的气质、性格、能力、兴趣适合何种职业，因而产生了理想与现实之间的矛盾。

2. 独立性与依赖性的矛盾

大学生毕业后即将告别学校和老师，踏入社会，成为独立生活的成年人。由于进入了独立生活的空间，其自主意识增强，渴望独自决定自己的选择，然而，意识上的独立并不代表能力上的独立。

有些大学生认为学习以外的事情不需要自己操心，许多事情还要依赖家长、亲朋好友、老师及社会的帮助；对自己喜欢什么样的工作，适合什么单位缺乏主见，对激烈求职竞争中的"双向选择"感到茫然，寄希望于家长的帮助和学校的安排，将自己的前途交于他人安排。这容易使大学生失去生活的独立性。

3. 所学专业与未来工作的矛盾

不少大学生将"专业对口"作为就业的重要标准，只要是专业不对口，就认为不适合自己的职业发展，这是不正确的。因为社会中真正意义上完全与所学专业对口的工作岗位并不多，这就产生了所学专业与未来工作的矛盾。

事实上，在现代化的市场经济中，产业结构和职业结构是不断变化的。实际工作中更多的是强调求职者的学习能力、接受新事物的能力、适应环境的能力等，因此，大学生完全不必为"学不能致用"而苦恼。

4. 多种选择与优柔寡断的矛盾

大学生在就业过程中，常常会遇到多种选择的情况，每一种选择都有"诱惑"，都不舍得放弃。此时大学生容易感到束手无策、举棋不定，迟迟不与用人单位签约，思想上产生冲突，心理出现矛盾。由于大学生不能客观地面对现实，缺乏分析和解决问题的能力，遇到问题分不清主次，难以作出决策，因此，在矛盾面前顾此失彼、措手不及。

5. 渴望创业与害怕受挫的矛盾

许多大学生毕业后想干一番大事业，试图在自己的专业领域进行创业，做出成就并实现自己的人生价值。但是，不少大学生缺乏艰苦创业的心理准备，害怕受挫，想走捷径来早日实现理想目标。人生往往是没有捷径的，只有经过艰苦奋斗、努力拼搏，才可能成功。

三、大学生就业的心理误区

大学生在巨大的就业压力下，会产生种种困惑和不适应，甚至产生一些心理误区。所谓的心理误区是指大学生在求职就业过程中，由于受到错误引导，或因生活、学习受挫而产生的有失常态的心理活动。

1. 消极等待

有些大学生认为自己条件好，对一般单位不屑一顾，挑三拣四，对就业一直采取消极等待和观望的拖延态度，以致于错失了许多就业良机。

2. 急功近利

急功近利是大学生就业时最常见，也最难避免的一个心理误区。它是指大学生在就业时一味地追求经济收入丰厚、社会声望较高的职业，同时，产生向往经济发达、生活环境优越地区的心理倾向。大学生就业的这一心理倾向，在外资企业、合资企业、事业单位及北上广地区最为常见。

首先，这些被大学生首选地区的岗位毕竟有限，不可能满足大学生的普遍要求；其次，大学生自身条件各有差异，他们普遍向往的地区和职业，未必是自己成就一番事业的最佳选择。

3. 情绪波动

大学生就业过程中，情绪上易出现异常波动，最为常见的表现有焦虑、不安，甚至抑郁等。据调查，大学生就业前出现抑郁、焦虑情绪的状况普遍存在，女生的焦虑程度高于男生，抑郁程度则低于男生。造成大学生就业前情绪波动和异常的原因主要是就业压力、缺乏自信和承受压力的能力、家庭因素等。

4. 自视过高

有些大学生自以为"能力超群"，但在就业的道路上处处碰壁，于是开始抱怨自己没有施展才能的机会。其实，认为自己怀才不遇也是一种心理误区，俗话说"酒香不怕巷子深""是金子总会发光的"。只要自己有真才实学，就不怕没有人赏识。

实际上在求职时，用人单位不只看大学生的学历文凭或学习成绩，还要看大学生是否掌握了社会所需要的"才能"。因此，正确做法是调整自己的心态，重新审视自己，积极采取行动弥补不足，然后成功推销自己。

四、运用多种方法进行自我调适

人的心理活动总是处于"平衡—不平衡"的螺旋式发展过程中，大学生的心理活动也是如此。当产生各种心理冲突时，应当正确对待，采用多种方法进行自我调节，不要慌张，也不要被动消极。

1. 自我反省

面对就业中的各种矛盾和问题，大学生首先要正确认识和评价自己，明确自己未来的发展方向，了解自己的性格特点，知道自己的优势与不足，认识到自己最适合从事什么职业等。只有通过理智、冷静的自我思考，才能客观地评价自己，也才能在就业中准确定位自己，进行科学的人职匹配，为理想的职业目标做好充分的知识、能力和心理准备。

阅读材料

自我反省，重获信心

英文专业毕业的林萌萌，意外看到了某学院的招聘通知，虽然招聘岗位与萌萌所学专业不对口，但她还是投递了简历并幸运地接到了面试通知。面试当天，林萌萌精神状态饱满，准备充分，提前15分钟到达面试现场。

应聘流程很简单，首先是笔试，笔试通过后是面试。笔试时萌萌作答如流，没有任何难度。到了面试环节，前几分钟还很顺利，可快结束时，主考官突然提出一个情景问题，让萌萌措手不及，不过萌萌很快就缓过神来，急中生智顺利回答了所有问题。面试结束后，主考官让她等候通知。

半个月过去了，萌萌自认为此次应聘过程没有任何问题，面试成功是理所当然的。好不容易等来了结果，学院的答复却是没有通过。这让林萌萌有点接受不了，她立即询问了被拒原因，答复的老师说是"专业不对口"。听到这个理由，林萌萌立刻抱怨起来，专业不对口，我的简历上写得清清楚楚，你们没有看吗？简直是浪费我的时间。电话另一头的老师没有多说，随即挂了电话。

放下电话后，林萌萌冷静下来，开始反思自己："难道真的只是专业的问题？还是院方认为我能力不够？还是……"一连串的问题在林萌萌的脑海里不断浮现。

分析：人人都会有各种失败的经历，不可因为一两次的挫折而一蹶不振。只有认真反思才能获取自信，而只有自信和奋斗才能成就未来。所以，大学生毕业不要害怕失败，而应该分析和总结失败的原因，并进行自我反省，为日后的成功打下基础。

2. 培养自信

在就业过程中屡屡失败，这是大学生自信心减弱、自卑感增强的主要原因。自信心是前进的动力，也是成功的保障，所以，大学生在做心理调适时，培养自己的自信心是极其重要的。具体方法有以下几种。

（1）积极暗示。在准备做一件事情之前，大学生可以在心里默默给自己一些积极的暗示，如"我一定能行！""我很做得更好。"当习惯用积极的态度去看待事情时，不知不觉就会增强心理的力量，潜移默化中便提升了自信心。

（2）正视别人。俗话说，眼睛是心灵的窗户，可以透露出一个人的很多信息。若不正视别人的眼睛，会给别人一种唯唯诺诺、不自信的感觉。所以，大学生可以练习正视别人的眼睛，当你能够坚定地和别人对视，别人又可以感受到你传达出的真诚且自信满满的心理状态时，这便提升了你的自信心。

（3）树立外部形象。大学生保持整洁、得体的仪表，有利于增强自己的自信心。同时，大学生加强锻炼，保持健美的体形，对增强自信也很有帮助。

（4）当众发言。不自信的人都比较害怕上台发言，因为他们觉得自己不够好，没有能力做好这一切，害怕在别人面前出糗。其实，当众发言并不可怕，只要大学生敢于鼓起勇气站到台上，多经历几次后，你就会发现没有什么大不了，并能从容应对了，同时，还能有效提升自信心。

（5）学会扬长避短。大学生在学习、生活和工作中，要善于抓住机会，展现自己的优势，同时，也要注意弥补自己的不足。这样，在提高成功率的同时，就会得到更多的赞扬声，从而增强自信心。

3. 适度宣泄

适度宣泄指将心里的焦虑、烦躁、冲动等不良情绪用对人无害的方式发泄出来，以求得心里舒畅，达到舒缓压力的目的。有一种既简单又有效的宣泄办法，就是去空旷的地方对着远方大声呼喊。当然，最好的办法还是倾诉，向父母或者朋友倾诉自己的忧愁、苦闷，在此过程中获得更多的感情支持和理解，增强克服困难的信心。

此外，大学生还可以通过跑步、郊游、聊天等方式适度地宣泄自己的情绪，恢复心理平衡；也可以通过写日记的方式，将自己就业过程中积压的不良情绪从笔端流泻出来，以达到心理平衡的目的。

4. 正视挫折

生活中的挫折、坎坷有时就是一种鞭策，它往往是造就强者的必经之路，也是锻炼其意志的好机会。所以，当大学生在求职中遭遇各种各样的挫折时，切不可自卑或丧失信心，一定要放下心理包袱，想办法调整自己的心态，然后仔细寻找失利的原因，调整好目标，重新振作起来，彻底摆脱"等、靠、要"的就业心态，不断努力并反复尝试，最终实现职业生涯目标。

5. 保持乐观

不管是为人处世，还是工作学习，大学生都应该时刻保持乐观的心态，相信事情一定会往好的方面发展下去。

在生活中，大学生可以多参加一些娱乐活动，多结交一些朋友，陶冶情操，转移就业压力，一举多得。此外，大学生还应积极参加各种公益活动，在帮助他人的同时从中得到认可与快乐。总之，大学生的职业生涯才刚刚开始，拥有乐观的心态是最重要的，一定要笑对人生。

6. 学会转移注意力

转移注意力是进行自我心理调适的重要方法。当出现心理问题时，大学生可以通过环境的改变、参加娱乐活动等方式转移注意力，如回归大自然，爬山、旅游不仅可以放松身心、开阔眼界，而且能在亲近大自然的过程中受到启发。

肌肉张弛放松
训练法

除此之外，大学生还可以通过听音乐的方式来转移注意力。每个人的性格、音乐修养和乐曲爱好不同，所以应有针对性地选择不同的乐曲。

（1）心情抑郁时，宜听旋律流畅优美、节奏明快的一类乐曲，如《百鸟朝凤》。

（2）心情焦虑时，则应听节奏舒缓、风格典雅一类的乐曲，如《姑苏行》。

（3）感到愤怒时，宜听旋律优美、恬静悦耳、节奏婉转一类的乐曲，如《春江花月夜》《月光》等。

（4）夜晚失眠时，宜听旋律缓慢、清幽典雅的乐曲，如《摇篮曲》等。

提醒

大学生在进行自我心理调适时，除了上面介绍的几种方法外，还可以试试"肌肉张弛放松训练法"，即通过手臂、头部、躯干、腿部的逐次放松而达到全身放松。该方法可以减轻或消除大学生身上的各种不良身心反应，如紧张、焦虑、恐惧、入眠困难等。

第二节 大学生就业与心理素质

课堂活动

活动主题：如何面对挫折。

活动内容：将两碗水放在火上煮，第一碗水中加入鸡蛋，第二碗水中加入咖啡粉末，10分钟后，鸡蛋里面的蛋清和蛋黄变硬了（原本内心敏感、善良，但面对挫折后，变得麻木不仁），而咖啡粉末不见了，但水的颜色变了且散发出香醇的味道（粉末融入了水里，表示面对挫折时，能够坦然、从容；改变水的颜色，代表积极进取改变挫折）。通过这个小故事，请同学们从面对挫折的角度来考虑，假设把开水比作挫折，试比较两种物品在水煮前后的性质变化，从而分析得出自己面对挫折时应该持有的态度和做好怎样的心理准备。

上述故事延伸出了人们在面对挫折时，所表现出来的不同态度，只有勇敢地面对生活中的挫折，树立战胜困难"我能行"的信念，才能磨练意志，激发人们的进取精神。以积极的态度应对挫折，只是对大学生心理素质的基本要求之一，除此之外，大学生还应该具备积极的学习态度、良好的道德素质、坚强的意志品质等。只有这样才能走好人生的每一步。

一、心理素质对大学生就业的影响

个人的心理素质是在先天素质的基础上，经过后天环境与教育而逐步形成的。心理素质包括人的认识能力、情感品质、意志、气质和性格等个性品质诸方面。个人的心理素质水平直接影响人的发展、人的活动效率及人对各种环境的适应能力。因此，心理素质对大学生就业的影响是非常大的。

1. 对确定就业目标的影响

心理素质对大学生确定正确的就业目标起着至关重要的作用。拥有良好心理素质的大学生能客观、正确地评价自我，并客观分析社会和用人单位所需的人才特征，从而在求职择业的坐标中找准自己的位置。如果大学生的心理素质不良，就会导致自我认识失衡，造成情绪紧张慌乱、意志力下降等一系列心理问题，难以找准职业定位，从而带来就业的困扰。

2. 对就业实现过程的影响

大学生的就业过程，实际上是一个选择与被选择的过程，也是用人单位评判、筛选大学生的过程。大学生在就业过程中将要面临自荐、面试、笔试等一系列的考验。能否顺利地通过这些考验，心理素质起着重要作用。良好的心理素质可以使大学生在面对困难时，沉着冷静、乐观向上、勇于创新、缜密思考、果断决策。

面对就业，无论成功与否，大学生都应及时地进行自我调整，正确支配自己的情感和行动。特别是在面对失败时，大学生更要有效地克制自己，调整自己的心态，尽快摆脱消极和负面情绪的影响。

3. 对职业适应的影响

大学生走上工作岗位后，角色的转变、工作环境的变化及人际关系的变化，将给大学生带来新的考验。良好的心理素质对职业适应起着促进和保障作用，可促使大学生充分发挥自己的聪明才智，挖掘自己的潜力，把握自我，拓展自我，与新的环境保持良好互动，尽快适应职业角色。

阅读材料

心理素质很重要

孙某大学毕业后，选择留在高校所在的城市工作。但她很快从对未来憧憬的兴奋状态转向对现实的无奈和迷茫。孙某遇到的第一个打击：工作遇到困难，不知道怎么解决，请教同事时，同事总是说"忙、没时间、不知道"。这让孙某感觉总是有难无人帮忙，心里十分委屈，导致工作时情绪也十分低落。孙某遇到的第二个打击：直属领导比较严厉，经常批评她。如因微信上回复问题时，回一个"嗯"，她被领导批评。领导说道，"和客户或领导交流时都不要回复'嗯'，这个是最基本的职场情商。"比起在高校时老师的"和风细雨"，孙某觉得现在领导对待自己的方式是无情的"疾风骤雨"，经常让自己感觉到"不受尊重"，为此孙某还流下了伤心的泪水。

分析：案例中孙某接受不了同事的冷落和领导的严厉批评，导致情绪低落后伤心地哭了，这说明孙某的心理很脆弱，这也是当今大学生普遍存在的心理问题。工作中，大学生应该认清初入社会的现实处境，积极调整心态，学会与所在环境的同事和领导相处，并做好迎接各种挫折的思想准备，这样才能尽快适应职场，完成从大学生到职场人的蜕变。

二 心理素质对大学生择业的影响

心理素质对大学生择业的影响主要体现在以下 3 个方面。

1. 性格对择业的影响

性格是个性心理中表现最明显，也是最重要的心理特征。一个人的心理特征主要通过其对事物的态度和习惯化的行为方式表现出来。性格的分类方法很多，常见有内向型和外向型两大类。

（1）内向型性格的特点：慎重、自我克制、乐于独处、反省、固执、深思、孤独、自尊心强、不喜欢与人交往、少言寡语、富有责任感、有耐心、较稳重等。内向型性格的大学生适合的职业有科学研究员、报刊编辑、银行职员、会计、考古研究员、地质勘探员、图书管理员等。

（2）外向型性格的特点：大胆、果断、爽快、大方、活泼、乐于与人交往、灵活、随和、坦率、自信等。外向型性格的大学生适合的职业有政治家、社会活动家、公关人员、律师、商人、导游等。

大多数人的性格偏向于某种类型或属于中间类型，在择业时，要善于把自己的性格特点和职业特点结合起来考虑，有利于更好地发挥个人的性格优势和潜能，从而避免性格对择业产生的不良影响。

2. 兴趣爱好对择业的影响

兴趣是最好的老师，当一个人对某种职业感兴趣时，就会对该职业活动表现出肯定的态度，并全身心地投入其中，然后最大限度地调动自己的潜能，从而获得工作的快乐。反之，被强迫做自己不愿意做的工作，对精力和才能都是一种浪费。

人的兴趣千差万别，有些人的兴趣在于运动，有些人的兴趣在于思考。不同的兴趣使人对不同的职业产生不同的态度。兴趣与职业的联系有 10 种倾向，请扫描右侧二维码查看具体内容。

兴趣与职业的联系

阅读材料

兴趣成就梦想

苏翊鸣 4 岁时被父亲带到雪场滑雪，经过尝试后，他逐渐爱上了滑雪。后来，苏翊鸣涉足演艺行业，参与了多部电影的拍摄，在电影《智取威虎山》中饰演"小栓子"一角，颇有些知名度。他一度想走专业演员的道路，而且以单板滑雪作为兴趣爱好。

后来，苏翊鸣对滑雪的兴趣不可遏制，随着北京冬奥会申办成功，他萌发了成为职业滑雪运动员的念头。2018 年 8 月，苏翊鸣入选跨界跨项单板滑雪国家集训队，成为国家队一员。2022年 2 月 7 日，苏翊鸣在北京冬奥会上，获得了坡面障碍技巧亚军和男子大跳台金牌，成为中国男子第一位单板滑雪金牌得主。

分析：兴趣的力量是巨大的，苏翊鸣本身在演艺界取得了一定的成就，拥有光明的前途，但他无法割舍自己的兴趣，踏上了职业运动员的道路，实现了梦想。

在职业选择过程中，能够充分考虑自己的兴趣爱好是十分重要的。当代大学生应当培养多方面的兴趣爱好，广泛的兴趣可以促使人们注意和接触多方面的事物，为自己择业创造更多有利的条件。

3. 能力倾向对择业的影响

人的能力一般可分为技能（现有的突出能力）和倾向性能力（经过培训可能获得的技能）两种。不同的人其能力表现也会存在差异，如有人擅长语言，有人擅长操作，有人擅长实践。研究表明，倾向性能力和职业选择有以下规律和特点。

（1）数理逻辑能力强，有一定的模仿能力、观察能力和创造能力的人，适合从事理论研究、大学教师、审计、统计等工作。

（2）组织管理能力强的人，适合从事机关公务员、教师、编辑、导演等工作。

（3）记忆能力、模仿能力、操作能力强的人，适合从事建筑、装潢、制造、维修、试验、保管等工作。

（4）思维敏捷、反应迅速、注意力集中的人，适合从事法官、警察、律师、驾驶员等工作。

（5）形象思维能力、表达能力、写作能力、观察能力、社交能力强的人，适合从事教师、记者、翻译、导游、推销员、律师等工作。

（6）具有特殊能力的人要根据其特长选择职业，如舞蹈、杂技、戏曲、美术、音乐等。

大学生在选择职业时，不能好高骛远，单从兴趣爱好出发，而是要实事求是地检测自己的学识水平和职业能力是否适合从事某项工作。

三　大学生应具备的心理素质

良好的心理素质是培养思想道德素质的基础，也是培养科学文化素质的重要保障，它将影响大学生学业和未来发展方向。

1. 积极的学习态度

大学生要充分利用在校期间的学习机会，在学好专业技能的同时，加强综合素质的培养。大学生不仅要拥有丰富的知识，而且要培养创新思维能力，多参加有意义的活动，开阔自己的眼界，为今后的择业打下坚实的基础。

2. 良好的道德素质

道德素质是一个人所具有的品德的统称，包含一个人的道德修养和道德情操，体现了一个人的道德水平和道德风貌。无论是从传统伦理角度，还是从现代公民素质角度看，道德素质的培养都是非常必要的。对大学生的道德素质培养可以从以下几点着手。

（1）诚信原则。以诚实守信作为个人立身处世的根本原则。诚实守信作为一种极其重要的道德品质，有利于抵御各种虚假欺诈行为，净化社会的道德氛围。大学生积极培养诚实守信的道德素质，就能在人和人之间建立起相互信任的良性关系。

（2）献身精神。也是"为人民服务"精神的崇高体现。从道德评价来说，献身精神的大小，是判断一个人道德水平高低的重要尺度。大学生要努力培养自己毫无自私自利、全心全意为他人和社会作贡献的精神。

（3）责任观念。无论是何人，都对自身、对他人、对集体、对国家和社会负有一定的责任。"先天下之忧而忧，后天下之乐而乐""鞠躬尽瘁，死而后己"充分体现了中国历代仁人志士对人民、对国家、对社会的责任意识和责任感。当代大学生步入社会后，在不同的岗位承担相应的职务，要有强烈的责任感，并认真履行自己对社会、他人的责任和义务。

3. 坚强的意志品质

意志是一个人成才的重要心理条件，也是求职择业时必须具备的心理素质，坚强的意志是通向成功大门的钥匙。大学生在就业的过程中，不论是因主观或客观原因，都会遇到各种各样意想不到的矛盾和困难，如果没有坚强的意志，就会产生心理压力，出现心灰意冷、彷徨苦闷、摇摆不定等情况。大学生可以通过以下 5 种途径来培养自己的意志品质。

（1）学会在活动中清楚地认识到自己的行为目的和社会意义，自觉克服困难，排除干扰，勇往直前。

（2）学会在活动中适时果断地下决心，提高对事物的判断力和敏感性。

（3）学会在意志行动中正确支配和控制自己的行为和情绪。

（4）面对多种动机时，能够分清轻重缓急，分清主要矛盾和次要矛盾，主动排除干扰，确保达到预期目的。

（5）要在行动中具有不怕困难、不达目的绝不罢休的意志品质。

4. 调动积极情绪

大学生在面对求职压力时，应及时寻找缓解求职压力的方法或措施，不能因一点点不如意就意志消沉，更不能因一点点委屈而懊丧不已。大学生应学会及时调整心态，调动积极情绪，及时排除心理障碍，促进身心健康。

第三节 大学生职场情商的培养

📝 课堂活动

活动主题：情商的作用。

活动内容：情商体现在我们生活、工作、学习的方方面面。请同学们仔细回想一下，自己在平时的生活、学习或工作中有没有遇到过尴尬的事情，你是如何化解的？

情商是一个人感受、理解、控制、运用和表达自己及他人情感的能力，是一种基本的生存能力，它决定了一个人的心智能力。良好的情商又是获得职场成功的基本要素，因此，大学生在踏入职场的那一刻，作为一名新人，首先要学习的就是如何提高情商。

一 职场情商的含义

职场情商是一个人掌控自己和他人情绪的能力在职场中的具体表现，侧重于对自己和他人的工作情绪的了解和把握，以及职场中人际关系的处理。"智商决定录用，情商决定晋升"，职场情商是一个职业人士不可或缺的素质，是大学生在职场获得成功的关键。在职场中，情商高低有时甚至会左右工作成效。因此，提高职场情商是大学生不可或缺的必修课。

二、职场情商的重要性

情商在职场上到底有多重要？情商高的人总是能简单幽默地化解问题，因此，人们都乐于和他交往，他不但能和朋友、同事等相处得非常融洽，甚至还有化敌为友的魅力。有项调查结果显示，一个人的智商和一个人的情商对他工作上的贡献比为1∶2，从这个方面看，情商的重要性是智商的两倍，而且职位越高，情商与智商的贡献比例就越大。由此可见，成功人士不一定是高智商的，但一定是高情商的。图6-1可在一定程度上展现情商在职场中的重要性。

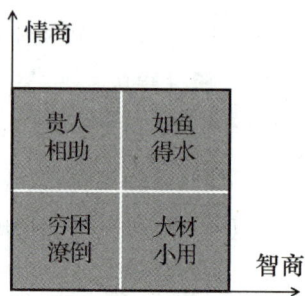

图6-1　情商在职场中的重要性

三、大学生提高职场情商的法则

对于初入职场的大学生来说，如果缺乏职场情商，在工作中就很容易犯错误。要想避免这些现象的出现，就需要掌握提高职场情商的一些基本法则，如认识自我、控制情绪、不怕吃亏、赞美别人、保持低调、善于沟通、谦虚做事、让别人感到舒适、保持和谐。

1. 认识自我

职场情商既然关系到人际关系，就必然存在角色定位的问题，即面对不同的人时自己处于什么样的一个角色，这就是通常所说的认识自我。如果对自我认识不清，那么很有可能无法正确处理人际关系，不能正确地对待领导和同事，有时甚至会影响客户对自己单位的形象认知。

2. 控制情绪

职场情商中，最重要的就是要学会管理自己的情绪，洞悉人心，调整心态，展示好情绪，收敛坏情绪，从而赢得别人的认可和尊重。

每一个心智正常的职场人，都不愿意跟别人发生冲突，更不愿意被别人的情绪干扰，都希望自己能跟别人保持良好的人际关系。能够成功的人，往往是理智型的，而不是情绪化的。

3. 不怕吃亏

很多人都怕吃亏，特别是在面对利益冲突时，往往盲目地以自我为中心，不愿意退让。但在职场上，公司或团队往往是一个利益共同体。合理的退让能赢得别人的尊重，而这些尊重更利于维护职场人际关系。

阅读材料

吃亏，有时真的是福

张杨洋是一家公司的销售总监，他能成为总监，很大程度上得益于他不怕吃亏、义无反顾的精神。

他刚进公司半年，公司为了扩大规模，决定在甘肃开拓新市场。但甘肃市场条件艰苦，如果发展得好，待遇也最多和总公司相同；但是如果发展不好，几乎等同于"下放"。公司里没有员工想去，张杨洋却主动站了出来，并向领导保证，不把甘肃的市场开拓出来就不回来。领导直接升任他为部门经理，给他权力和资金，让他好好把西北部市场做好。

同事们都觉得张杨洋的做法非常不明智，开拓一块新市场，快则3年，慢则要5年以上，如果留在公司总部发展，机会可能更多。但是，张杨洋并不后悔自己的决定，他到了甘肃后，积极开展工作，不怕吃苦受累，仅仅用了两年的时间，就成功开拓了甘肃市场。虽然业绩不到公司总部的十分之一，但市场份额却居当地第一。此时，张杨洋的收入只有总部同等级别经理的一半，就在大家暗自嘲笑他时，老总却把他召回了总部，并任命他为总部销售总监。

分析：本案例中，张杨洋去甘肃开拓新市场，从表面上看，不仅自己的收入无法保证，甚至连晋升机会也比别人少很多。但是他没有退缩，不怕吃亏，越是承担别人不敢干、不愿干的活，才越能体现出他的坚强意志和才干。

4. 赞美别人

个人在与同事相处的时候，多发现别人的优点、长处，多赞美别人，会让自己与同事的关系更加融洽，也会让自己的工作开展得更加顺利。

5. 保持低调

有些年轻大学生，为了彰显个性和能力，总喜欢炫耀自己，以为这样就能获取别人的尊重。但没有人喜欢听一个尚未成功的人"讲故事"。所以，大学生一定要保持低调，这也是体现自己良好职场情商的重要方法。

6. 善于沟通

几乎所有招聘广告中都会要求应聘者具有善于沟通的能力，这说明沟通是职场中必不可少的一部分。很多公司有时候宁可招聘一个专业技能普通但沟通能力较强的员工，也不愿招聘空有专业技能却难以沟通的员工。能够与客户、同事、领导进行流畅沟通，可以体现一个员工的职场情商。

有些大学生进入新的工作岗位，通常会对周围的环境产生一些抵触情绪，不愿与他人沟通和交流。但是很多时候工作是一个团队的协作，必须与很多人打交道，无论工作中遇到什么事情，只要去沟通，大事也会变成小事。如果不去沟通，那么小事就会变成大事。

7. 谦虚做事

在职场上，很多工作需要他人的协助和支持才能完成，或者说由一个团队共同完成。作为团队中的一员，要谦虚做事，多听取大家的建议和意见，这对自己的职业成长是很有帮助的。

8. 让别人感到舒适

如果把所有与人际关系相关的知识凝聚为一句话，那就是所有人都希望被重视，都渴望被认可。因此，当别人犯错时，别急着横加指责，更不要私下讨论；当别人遇到困难时，要主动提供力所能及的帮助。不必刻意讨好所有人，就不会在人际交往中感到疲惫。

9. 保持和谐

一个成功的团队，必然是一个和谐的、团结的团队。与领导保持和谐，与同事保持和谐，这些都是支持一个人走向成功的必要条件。如何妥善处理职场中的各种关系，往往取决于个人职场情商的高低。有时一个小小的转变，也能让你在职场中更加如鱼得水。

阅读材料

和谐关系很重要

李沥成功应聘了一家生物医疗器械公司的销售经理，入职后不久，总是受到宣传部经理赵元的刁难。每当李沥找赵元时，就被皮球砸的"鼻青脸肿"。赵元为人热情，表面看很支持李沥的工作，但总是在不经意间把自己的任务推脱给李沥："你是主管销售的领导，这事还是你负责吧！"又或者是："这件事由你去和对方沟通的话，可能效果会更好。"甚至说："明天吧，今天我还有紧急的事要处理！"李沥是刚入职公司的新人，还没有做出像样的成绩，所以，每当遇到类似问题时，都让他苦恼不已。长此下去，李沥很有可能辞职。

分析：在职场中，被同事为难可能会有发生，如何在保证职场关系的前提下，合理维护自己的利益呢？要学会站在他人的角度来考虑问题，善于做出适当的自我牺牲。良好的人际关系往往是双向互利的，当其他人遇到困难时，及时给予关心和帮助，就会在自己需要帮助的时候得到回报。

第四节　拓展阅读——《易经》中的职场智慧

"天行健，君子以自强不息"，出自《易经》中的乾卦。这句话的大致意思是说，天道的运行是最健朗的，君子应该通过遵循规律而使自己变得强壮。延伸到职场，是指职场新人要有很强的进取心，以饱满的热情、坚定的信念在职场中努力奋斗。"地势坤，君子以厚德载物"，出自《易经》中的坤卦。这句话的大致意思是说，君子应该拥有像地那样厚的道德去包容万物，强调人要有一颗包容之心。具体到职场中，就是要求职场新人要修身立德，以品德在职场中立足。具体表现在以下几个方面。

1. 品德方面

大学生要想在职场获得真正成功，必须克服"投机"心理，注重品德修养。诚实、守信、敬业、责任心等职业素养是一个人事业成功的根基，其中，诚实是最为重要的。

2. 言行方面

《易经》十分强调人的言行，"言行，君子之枢机，枢机之发，荣辱之主也，言行，君子之所以动天地也，可不慎乎。"言语行为是一个人一生荣辱、成败的依托，岂能不谨言慎行？刚入职场的大学生尤其要注意自己的言语和行为。大学生若想在职场中顺利发展，要不断学习。通过学习，大学生可以学到更多管理经验和技术；通过学习，大学生还可以不断改善和完善自身工作，使自身不断适应职场需求和发展。

3. 意志方面

大学生作为职场新人，不可避免地会在职场中遇到各种困境和挫折，此时就需要保持坚强的意志力来应对。《易经》强调意志的重要性。意志的主要特征表现在以下3个方面。

（1）自觉性。蹇卦象曰："蹇，难也，险在前也。见险而能止，知矣哉！蹇，利西南，往得中也；不利东北，其道穷也；利见大人，往有功也；当位贞吉，以正邦也。蹇之时，用大矣哉！"以此来提醒职场新人，职场中的难与易是可以相互转化的，大学生要想在职场中获得顺利发展，就得自觉主动地投入努力和辛劳。

（2）自制性。损卦象曰："君子以惩忿窒欲。"以此来提示职场新人，应在职场中控制或节制各种不良情绪和贪欲，这样才能有助于事业顺利发展。

（3）坚定性。否卦象曰："天地不交，否；君子以俭德辟难，不可荣以禄。"勉励职场新人在困难和逆境中要勇往直前，努力改变现状，开创新局面。坚强的意志力是职场新人成功的必备素质。

4. 人际关系方面

兑卦象曰："丽泽，兑；君子以朋友讲习。"兑即"悦"，提示职场新人要微笑面对同事和上司，要以笑容面对困难和挑战。"微笑"不仅可以传递你的真诚友善，对他人的积极关注，而且还能传递你的自信、乐观和敬业精神。

更多拓展阅读

案例启发

大学生作为职场新人，在职场中遇到困难和挑战是在所难免的。当遇到时，也不必害怕，要想尽快适应环境获得发展，就应以"诚信"取胜，不断学习，从品德、言行、意志、人际关系等方面提高自己的职场素质，并最终适应工作岗位和工作环境。

第五节 自我评估

有部分大学生的心理处于不健康或亚健康状态，其心理问题主要表现为自闭、抑郁、焦虑、偏执等。针对这些心理问题，可以通过相应的测试来分析和评估，从而有效地将不良心理转变成健康心理。

焦虑自评量表（Self-Rating Anxiety Scale，SAS）是由 William W.K.Zung 编制而成的，从量表构造的形式到具体评定的方法，都与抑郁自评量表（Self-Rating Depression Scale，SDS）十分相似，它含有 20 个项目，采用 4 级评分，适用于具有焦虑症状的成年人的评估，仅用于疗效评估而非诊断。

下面通过 SAS 来测试焦虑度。注意，仅供广大学生参考，不作为专业心理诊断。

评分等级：SAS 采用 4 级评分，主要评定项目为所定义的症状出现的频度，其标准为：
"1"表示没有或很少时间有；"2"是小部分时间有；"3"是相当多时间有；"4"是绝大部分或全部时间都有。计算方法：20 个项目得分相加即得粗分（X），经公式换算，用粗分乘以 1.25 以后取整数部分，就可得到标准分（Y）。SAS 的条文及所希望引出的症状如下。

（1）觉得比平常容易紧张和着急（焦虑）。

（2）无缘无故地感到害怕（害怕）。

（3）容易心里烦乱或觉得惊恐（惊恐）。

（4）觉得自己可能将要发疯（发疯感）。

（5）觉得一切都好，也不会发生什么不幸（不幸预感）。*

（6）手脚发抖打颤（手足颤抖）。

（7）因为头痛、颈痛和背痛而苦恼（躯体疼痛）。

（8）感觉容易衰弱和疲乏（乏力）。

（9）觉得心平气和，并且容易安静坐着（静坐不能）。*

（10）觉得心跳很快（心悸）。

（11）因为一阵阵头晕而苦恼（头昏）。

（12）有过晕倒发作或觉得要晕倒似的感觉（晕厥感）。

（13）呼气、吸气都感到轻松容易（呼吸困难）。*

（14）手脚麻木和刺痛（手足刺痛）。

（15）因为胃痛和消化不良而苦恼（胃痛或消化不良）。

（16）常常要小便（尿意频繁）。

（17）手常常是潮湿温暖的（多汗）。*

（18）脸红发热（面部潮红）。

（19）容易入睡并且一夜睡得很好（睡眠障碍）。*

（20）做噩梦（噩梦）。

评定结果分析：在 SAS 的 20 个项目中，有 15 个是正向评分题，依次评分为 1 分、2 分、3 分、4 分；有 5 个为反向评分题，即第 5、9、13、17、19 题，这些题目后面都带有"*"，依次评分为 4 分、3 分、2 分、1 分。按照国内常规结果，SAS 标准分界值为 50 分，其中 50 ~ 59 分为轻度焦虑；60 ~ 69 分为中度焦虑；70 分以上为重度焦虑。

第六节　思考与练习

1. 大学生就业心理问题通常表现在哪些方面？

2. 当出现就业心理问题时，你会如何做？请用本章所学的知识进行自我调适。

3. 人生的道路并不总是一帆风顺的，挫折对每个人来说都是不可避免的。但有些人心理承受力强，可以承受挫折，有些则经不起挫折的考验，产生心理障碍，影响身心健康。请同学们讨论并分享，大学生可以通过哪些方法来培养良好的心理素质。

4. 有人提问，自己智商不低，但情商堪忧，以后进入职场该怎么办。面对这样的情况，请用本章所学的知识帮助该同学提高情商。

CHAPTER 07

第七章 迈入职场第一步

学习目标

了解角色转换中存在的问题；
了解影响职业适应的因素；
掌握大学生职业适应技巧。

素养目标

成功完成角色转换，努力成为一
名优秀的职场人。

案例导入

李静蕾毕业后，通过亲戚介绍来到一家企业工作。刚开始工作时，她对这家企业充满了好奇和骄傲。可没过多久，她的想法发生了变化，她觉得这家企业与自己理想中的企业相差太远，其存在很多管理漏洞，对员工不够公平，而且公司纪律太严格，让人很难适应。

一天，她对一个同事发牢骚："这家企业管理问题很多，工作没意思。"谁知，这话传到了领导那里。公司经过调查和讨论后，认为李静蕾不适合继续留在公司工作，于是辞退了她。起初，李静蕾并不在乎失去了这份工作。可是，当她再次在求职大军中奔波了近两个月，也没有找到更好的企业时，心中才感到有些后悔，心想如果再有类似的企业愿意接纳自己，自己一定接受教训，不再挑三拣四了。

案例思考

1. 案例中李静蕾没有主动了解企业，就给出主观判断，如果是你，该如何去做？
2. 结合案例，思考大学生应如何完成从学生到职场工作者的转变。

在目前的求职环境中，如果自身不具备任何工作经验，就应该珍惜每一个工作机会。不管进入的公司如何，一定要耐心了解公司的业务、领导、同事，然后，慢慢适应自己的角色，并成功实现从学生到职员的角色转换。

第 一 节 角色适应

课堂活动

活动主题：你心中的"职场人"。

活动内容：每位同学想必都对自己的职场生活产生过憧憬，也通过影视作品、文学作品等了解过相关的职场人物形象。下面请说一说自己心中的"职场人"形象，并相互交流。

初入职场，面对与校园截然不同的环境，有很多事情需要大学生去学习和适应。当所在的环境无法改变时，就需要大学生积极适应环境，顺利地完成角色的转变，快速进入职业状态，为自己职业生涯的有序发展奠定良好的基础。

一、角色认知

职场上的角色认知是指个人对自己工作职责的了解程度。正确的职场角色认知可以引导员工努力的方向，改善员工与同事、供应商和其他利益相关者的协作关系。

1. 社会角色认知

社会角色是指由人们所处的特定社会地位和身份所决定的规范和行为模式，是人们对具有特定地位的人的行为的一种期望。社会角色是社会赋予人的社会权利与义务，它反映每个人在社会中的地位和在人际关系中的位置，代表了每个人的身份。个人在不同时间、不同环境、不同场合表现为不同的社会角色，并享有不同的社会权利，履行不同的社会义务，遵循不同的社会规范。

每个人扮演的主要角色由其承担的主要任务来决定。如大学生的主要任务是学习，其主要角色就是学生，他们对承担的"学生"这一角色十分熟悉，但对社会职业人员的角色要求相对比较陌生。

2. 学生角色与职业角色的区别

大学期间，大学生的主要角色是"学生"，而大学毕业后，大学生就需要转变为"职场人"。学生角色与职业角色的区别主要体现在以下 4 个方面。

管理方式不同

大学生在校园里，有学校和院系的监督管理，如定时熄灯查寝等，能帮助大学生强制性养成良好的生活方式；在学业上，有老师已经计划好的学习任务和大纲，大学生只需要按照老师的布置就能基本完成学业。

在职场人的生活里，工作时间内遵守用人单位的相关要求和规定，工作时间外全由工作者自由安排，若想要规律的生活全靠自我控制，因此，工作者在业余生活中不会受到过多约束，享有很大程度的自由。

社会责任不同

作为学生，主要责任是在学习和探索知识的同时，努力提升自己各方面的能力，在学校不仅需要完成学校安排的课程，还要通过在空闲时间参与实践活动来提升自己的综合能力。并且，在探索的过程中，有一定的容错性，即学校鼓励大学生去积极探索创新，不怕失败与走弯路。作为职场人，主要责任是服从企业的安排，通过自己的劳动为企业创造价值，获取一定的报酬。工作者在岗位上的行为后果都需要自己承担，若在工作中犯了错，则需要自己承担责任。

社会规范不同

角色规范是对角色扮演者的行为规定。对于不同的社会角色，会有不同的行为规范和要求。学生角色阶段，学校是从教育和培养的角度出发规范学生的行为，如通过规范学籍管理条例、学生生活管理条例等规章制度，对学生的学习和生活提出相应的要求，以引导学生健康成长，使其成为对社会有用的人才。职业角色阶段，是用人单位对从业者行为模式的规范，因为职业的不同而千差万别。这些模式既具体又严格，一旦违背就必须承担责任，甚至追究法律责任。

全面独立的要求

从学生到职场人的角色转换，对大学生的独立性也有了更高的要求。在学生时代，大学生在经济上主要是依靠家庭的资助；生活上依赖家长的关照；学业上习惯了老师的指导，始终处在被人扶助的环境中。全面独立的要求主要表现在以下4方面。

（1）由于有了工作报酬，经济上逐步成为独立者。

（2）工作上要求能够独当一面，不再依靠家庭和老师。

（3）学习上要会自我安排，在自己日常的工作、生活中通过自身的体验来了解和认知社会。

（4）生活上要学会自己照顾自己。

3. 从学生角色到职业角色转换的意义

人的职务或职业生涯会不断变化，角色也会随之发生变化。大学生告别校园，走上工作岗位，意味着他们已经脱离各方面的监护，开始独立自主地生活，因此，能否尽快地从学生角色转变为职业角色，对于大学生的职业成功意义非凡。

有利于尽快适应职业生活

在新的工作岗位上，大学生面对崭新的工作条件和生活环境、现实化的专业内容、复杂的人际关系时，谁能尽快实现角色转换，谁就能较快地适应社会，并成功地掌握主动权。大多数大学生能较快度过适应期，独立、愉快地开展工作。但部分大学生常常在一两年内都难以适应和胜任工作，进而产生负能量，此时，就需要正视自己、面对现实、脚踏实地，这也是度过适应期的关键。

有利于在人才竞争中脱颖而出

市场竞争是无情的，适者生存、优胜劣汰是不以人的意志为转移的客观规律。初为职业人时，大学生必然会面临来自各方面的挑战和竞争，只有尽快将所学的理论知识应用于实践中，并不断提高自身素质和能力，快速进入职业角色，熟练开展工作，才能在激烈的人才竞争中脱颖而出。

为今后的发展打下良好的基础

从学生角色到职业角色的转换，本质上就是社会化的过程，是新参加工作的大学生学会在组织中行事，逐步了解和认同组织的价值观，具备组织所需的能力及社会知识，从而在组织中担当某种角色，真正成为组织一员的过程。个人的社会化应达到的目标如下。

（1）业务熟练，通过学习，熟悉所从事的工作。

（2）与组织其他成员成功地建立起和谐关系。

（3）了解特定的组织目标和价值观。

（4）全面了解正式或非正式工作关系，以及组织内部权力结构。

（5）掌握组织独有的专业术语及缩略语、行话等。

二　角色转换中存在的问题

大学生在走向工作岗位之初，对职业角色难免会有些不适应，此时，应对自己承担的角色有比较清晰的认识，使之具有合理的地位，这样有助于走上岗位时克服可能产生的情绪波动，从而更好地提升自己。大学生在实现角色转换时主要存在以下问题。

1. 对职业角色的畏惧

一些大学生毕业后进入新的工作环境时，往往不知道工作应该从何做起，如何开展，而且在工作中怕承担责任，缺乏年轻人的朝气和锐气。他们在工作上全靠领导安排，对自己的工作性质、工作范围、相互关系等还没有足够的认识，因此，在履行角色义务、遵守角色规范方面还存在一定的不足。进入职场后，职场人不会再用学生的标准来要求你，因此，一定要调整心态，尽快适应职业角色，克服对职业角色的畏惧。

2. 眼高手低的高傲心理

很多大学生都有高远的个人理想与职业目标，有些人不屑去做基础性工作，长此以往，缺乏完成工作的基本能力，不能很好地胜任本职工作，这在很大程度上会影响自身职业生涯的发展。要知道，"不积跬步，无以至千里"，只有在完成的一件件小事中打下扎实的基础，才能使自己有长久的进步与发展。

3. 浮躁心理

大学生在角色转换中，心理状态极易出现多变和不稳定现象，很难让自己进入角色，导致跳槽的情况时有发生。其实，大学生在工作中遇到问题时，可以先控制和调整自己的心理状态，然后寻求公司领导和同事们的帮助，以乐观豁达、勤奋好学、踏实肯干的作风赢得大家的肯定，最终使自己顺利进入新角色。

4. 失望心理

一些大学生往往把毕业后的生活想得过于理想化，对职业角色的期望值过高，一旦接触现实，就容易产生一种失落感，从而出现情绪低落的现象。失望心理，是大学生步入工作岗位后普遍存在的心理。一旦出现这种心态，一定要及时调整自己，让自己尽快从这种失望中彻底摆脱出来，重新摆正心态，尽快融入新角色。

5. 消极退缩的自卑心理

一些大学生面对新的工作环境和生疏的人际关系时，往往缺乏应有的自信，在工作中放不开手脚，胆小畏缩，甘居人后，从而产生不求有功但求无过的消极心理，这十分不利于自己才能的正常发挥。

三、实现角色转换

大学生走向社会后会发生社会角色的转换，这是一生中一个新阶段的开始。大学生顺利实现角色的转换，有利于尽快适应新的环境，缩短工作磨合期。

1. 从学生时代进入工作状态的心理准备

从学生时代步入职场，应做好以下 6 方面的准备工作。

（1）克服依赖性，增强主动性。

（2）提高职业道德，增强职业责任感和义务感。

（3）敢于面对困难，具有克服困难和正确对待挫折的勇气。

（4）制订合理有效的职业生涯规划。

（5）克服性格上的不足，认真对待每一次选择。

（6）合理调适情绪，勇敢面对每一次挑战。

2. 自我调整，尽快适应新的工作环境

大学生上岗之初，一定要充分认清自己的角色性质、位置、职责范围，明确自己的工作内容、工作特点及社会对这一角色的期望等。只有这样，大学生才能明确自己在工作中应该怎样去做、做些什么、怎样才能做好。一般来说，用人单位会通过开展岗前培训的方式对新员工进行培训。除此以外，大学生还可以通过主动向老员工请教、阅读有关规定和岗位职责规范等，尽快熟悉自己的角色。

3. 正确处理好与领导和同事的关系

职场人际关系是一种基本的社会关系，也是一种复杂的关系。大学生如果能正确处理好自己与领导、同事的关系，就能尽早适应职场环境，实现自己角色的转变。良好的人际关系，可以成就一个人的事业，使其更有信心和力量。

正确处理好与领导的关系

一些大学生在校园中习惯了同学之间的平等相处，进入公司后，可能一时很难接受被人领导，无法适应自己是下属角色。但为了尽快进入良好的工作状态，要学会尊重与服从领导，并主动与领导沟通，完美执行领导交给的任务。

正确处理好与同事的关系

大学生在单位里供职，主动团结同事，与他们和睦相处，有助于自己工作的顺利开展。具体来讲，大学生要处理好与同事的关系，应注意以下 5 点。

（1）平等相待。与同事相处，要亲切友善，不区分亲疏远近；对待同事应当一视同仁、不偏不倚。

（2）搞好团结。平时与同事打交道时，既要讲究公事公办、开诚布公、敢于开展批评与自我批评，又要注意具体的方式方法，不借题发挥、挑拨离间、破坏团结。

（3）以诚相待。正常的同事关系，应当是君子之交，彼此之间豁达大度、以诚相待。

（4）相互支持。既然同事是自己工作上的伙伴，那么，工作中就应当主动关心对方、帮助对方，当同事需要帮助时，应当挺身而出、鼎力相助。

（5）保持距离。不论帮助、关心、支持同事，还是对方主动寻求帮助，大学生都要注意就事论事、适可而止；处理自己与同事的关系时，一定要把握好分寸，要防止热情过度，引起对方的反感。

4. "自我充电"，提升综合素质

随着科技的飞速发展，很多企业对人才的要求也越来越高，为了适应不同工作的需求，大学生需要不断地学习，及时补充业务知识。一般来说，大学生刚到用人单位时，都会经历岗前培训，应该借助该机会调整学习态度，尽快熟悉公司的规章制度、用人理念、技术特点等，以便适应新的工作环境，更好地融入团队。

阅读材料

该不该跳槽

刚满 28 岁的黄玲对是否跳槽举棋不定。黄玲读了 5 年的临床医学专业，毕业后在县城的一家医院做了两年的内科医生。黄玲觉得自己现在的这份工作不仅收入低，而且圈子太封闭，每天都过着医院—食堂—家"三点一线"的生活，实在是乏味。如果自己一辈子就这样待在医院，现在好像就能看到 40 岁的自己。黄玲越想越不甘心，于是辞了医院的工作，去面试了一家企业的销售。现在，黄玲在一家全球 500 强的企业做药品销售，收入还令人满意，但就是应酬太多、太累，这让原本就不太擅长交际的黄玲觉得有点"不堪重负"。她感觉每天的工作压力很大，开始怀念以前在医院工作的时光。黄玲又萌生了跳槽的念头，希望换一个更适合、更喜欢的工作。

分析： 很多大学生在工作后都有跳槽的经历。跳槽并没有对错之分，但注意不能盲目地跳槽，在跳槽前应该认真考虑：该不该跳槽？跳槽后自己能做什么？这样才能让自己在就业方面少走弯路，更利于自己的工作发展。

第二节 职业适应

📝 **课堂活动**

活动主题：怎样做好"职场人"。

活动内容：从校园到职场，大学生也完成了从学生到员工角色的成功转换。请同学讨论，要想做好职场人，应该具备哪些条件？有没有一些适应技巧？

对于即将踏入职场的大学生来说，完成从学生到职场人的角色转变往往是被动的、缓慢的，甚至可能会对大学生造成一定的困难和心理负担。因此，为了高效、快速地适应新职业的岗位要求，需要掌握职业适应期的不同特征，然后利用相关的职业适应方法和技巧来帮助自己主动、自觉地进行角色转变，并最终达到适应新工作的目的。

一 职业适应的含义与影响因素

大学生职业适应，指大学生从学生角色到职业角色的过渡过程中，主动调整自己的行为，以适应环境变化，使自己逐渐达到所从事职业的要求，并顺利完成职业活动。

1. 职业适应的含义

职业适应又称工作适应，是指人在职业活动中，由于工作而产生各种问题时的一系列心理过程。其主要包括个人对工作环境、工作任务，以及对自身行为和新工作的适应。人在与职业相适应的过程中，居于主体地位并发挥主导作用。人与职业之间，只能在不断磨合的过程中达到和谐与统一。

2. 影响职业适应的因素

事实上，造成当前大学生职业适应困难的，既有社会性原因，又有大学生自身的原因。其中，社会因素需要全社会共同努力改善，而大学生自身问题则需要自己去发现并解决。影响大学生职业适应的因素主要体现在以下 6 个方面。

（1）职业期望。大学生的职业理想，在很大程度上受利益取向的制约。这种趋势首先和大学生在市场经济条件下的逐步现实化有关。大多数的大学生经过十几年的寒窗苦读，急于展示自己的才华，以期望能更好地回报家人和社会，因而对未来职业有很高的期望。

（2）职业心态。大多数大学生希望专业对口，以便在事业上有所作为。但在实际就业中，需要对职业方向进行多方面考虑，这是职业心态务实化的表现。很多大学生在择业时，既要追求精神上的满足感和事业上的成就感，又希望在物质上有足够的保障，忽视了工作与自身的匹配性，从而加大了职业适应的难度。

（3）职业待遇。目前，大学生普遍比较看重经济待遇，这已经成为影响相当一部分大学生职业适应的关键因素。

（4）职业风险。工作安定性反映出当代大学生既渴望参与竞争，又期望工作稳定这样一种矛盾的心态。刚毕业的大学生敢做、敢闯，对工作充满激情，这是就业、创业所需要的。但同时也可以看出，部分大学生只愿意承担一定程度或一定条件下的风险，如果风险超出了他们的承受范围，就会增加他们职业适应的难度。

（5）自我价值。随着社会对"以人为本"价值观的进一步认同，大学生也越来越注重自我价值的实现和个人前途的发展，出现了价值的多元化。对于大学生来说，选择适合的职业是他们跨入社会、走向成功、实现价值的重要一步，如果当前职业无法实现大学生的个人价值，那么他们将难以顺利进行职业适应。

（6）人际关系。在强调团队协作精神的今天，和谐的人际关系对职业适应举足轻重。有些大学生虽然能力很强，但与领导、同事无法和谐相处，使人际关系成为职业适应的绊脚石。

除此之外，性格也会对职业适应产生影响。性格越外向的人，适应能力越好，良好的性格有助于个人在受挫折时积极调整好心态，从逆境中奋起。

三、大学生职业适应期的特征

一般来说，职业适应期因个人的主客观条件和职业适应能力的不同而存在差异，但总体来说，都会或长或短地经历4个不同的阶段。

1. 兴奋好奇期

从学校走向社会的初期是兴奋好奇期。这一时期大学生大多比较兴奋和激动，对新环境充满了新鲜感和好奇心，渴望全面了解岗位的性质和特点、物质待遇、发展前景等，希望能在岗位上大显身手，实现自己的理想和抱负。

2. 矛盾冲突期

步入工作岗位时，大学生激动与兴奋的状态会慢慢缓和，好奇心理逐渐消失，随之而来的是矛盾和冲突的产生。矛盾和冲突主要表现在以下3个方面。

（1）理想与现实的矛盾。大学生富有理想，对未来的工作和生活充满了美好的向往。但是，当他们真正走上岗位，处在复杂的职业环境中时，才深切感受到理想与现实的差距，因而出现一系列的负面情绪，如彷徨、苦闷、失望等。

（2）学业成绩与职业能力的矛盾。有的学生在校时成绩优异，各方面表现也都很好，时常受到老师和同学的赞扬，但走向社会后，原有的优越感消失了，一旦受到批评和指责，尤其是在职业能力低下、操作不熟练的情况下，一些人的自尊心、自信心就会受到伤害。

（3）学生角色和职业角色的矛盾。作为学生，所扮演的角色相对单纯且难度也小，在岗位上所扮演的角色则要复杂和困难得多。

阅读材料

学会应对矛盾冲突期

张爱琳是让父母十分骄傲的独生女，外貌和学习都很优秀，并且性格直爽、开朗活泼。毕业后，她很快就找到了一份不错的工作。

在试用期间，由于直爽的性格特点，张爱琳很爱给主管提意见。不久后，她明显感到自己得罪了那位女主管。面对严肃苛刻的主管，张爱琳开始感到害怕，被主管接连挑错也让她的自信心大受打击，害怕失去这份不错的工作。于是，她虚心向同事们请教。张爱琳首先与自己工作上的师父进行了沟通，并虚心讨教，在师父和同事的指点下，她主动找到主管承认错误，与主管进行了良好的沟通，缓解了与主管紧张的关系，加上她工作表现不错，最终给自己争取到了转正的机会。

分析：本案例的主人公张爱琳，刚入职时显然还没有适应职场这一新环境，与领导产生了矛盾。但当她遇到困难时，并没有退缩，而是立即采取行动进行补救，并最终顺利度过了职业适应的矛盾冲突期。

3. 调整平衡期

经过一系列或长或短、或大或小的矛盾与冲突后，大学生开始立足现实，思考所遇到的问题，并探索今后的职业人生之路。

（1）一些大学生会选择放弃过高的期望，重新确立比较可行的职业目标。

（2）一些大学生进行自我调整，如改变处事态度、协调人际环境、学会释放工作压力等。

（3）一些大学生在全方位调整自己的同时，还着手寻找事业发展的新突破口，适时调整职业方向，重新选择新的岗位。

（4）一些大学生经过矛盾冲突期后，变得意志消沉，或逃避现实，或怨天尤人，难以保持心理平衡。

4. 稳定发展期

在这个时期，大学生逐步适应了自己所处的职业环境，基本完成了从学生角色向职业角色的转换，同时，职业理想、职业兴趣也已经形成并逐步稳定，对周围的人际关系开始认同，能主动融入这一环境，成为新集体的一员。

三、提升大学生职业适应的方法

职业适应能力并非与生俱来，它既需要个人的天赋，更需要经过磨砺和锻炼。在实际岗位上，大学生要结合自身性格调整学习和工作方法，逐步适应新的工作环境。

1. 调整心态，积极应对

一般刚参加工作的大学生，所从事的岗位都是较为基层的，和自己的理想存在一定的落差。因此，大学生需要做好充分的心理准备，除了要锻炼自己的抗压能力，还要学会以积极的心态面对新环境。

2. 学会虚心学习

大学生要记住：不管你在学校里有多好的成绩，有多么厉害的经历，在你转变成职业者后，就需要摆正自己的心态和位置，要从工作中的小事做起，虚心向其他同事学习，不断积累工作知识和经验。只有虚心学习，才会使你不断进步。

3. 学会控制情绪

每个人都有情绪不佳的时候，此时思维和行为都会受到影响。作为一个成年且步入职场的人士来说，一定要学会控制自己的情绪，不要把坏情绪带到工作当中，要以平和的心态去完成日常工作任务。

4. 积累实践经验

有些用人单位看重求职者的工作经验，有些用人单位看重求职者的学位学历，但不管进入哪一种用人单位，大学生都应该利用一切机会，积累自己的实践工作经验，锻炼自己的业务能力，以更好地提升自己的职业适应能力。

（1）实习期。大学期间的实习是一个非常良好的桥梁，能够帮助大学生对社会和职业有个初步的了解，同时，也可以在实践中开阔视野、增长见识，为进一步走向社会打下坚实的基础。事实上，很多用人单位在招聘时都会调查求职者在大学期间的社会实践经历，并以此作为评价大学生综合能力的重要标准。

（2）主动学习。大学生在踏入社会之前，应该主动了解和认识社会环境，多参加社会活动（如利用课余时间应聘一些临时的工作岗位），积累更多的社会经验，在锻炼自己工作能力的同时，为今后的职业发展打下基础。

> **提醒**
>
> 如何让自己尽快、更好地适应工作，是每个大学生在踏入职场时必须面对的首要问题。提高职场适应力，能够帮助职场新人在自己的职位上站稳脚跟、快速发展。相反，一旦职业适应出现了问题，那么受到影响的将不仅是大学生目前的工作，还可能是自己之后的人生道路。

四、大学生职业适应技巧

从学生时代过渡到职场状态，实际上就是一个人职业生涯的开始。在人的整个职业生涯中，难免会产生诸多不适应的问题，面对这些问题时，大学生应积极采取相应的方法与技巧来解决，以顺利适应职场生活。

1. 塑造良好的职业素养

大学生初入职场时必须意识到，塑造良好的职业素养是非常重要的。作为一名职场人士，必须在思想上树立比较正确的且符合市场经济需要的对待职业的基本看法，即科学的职业理念。如果没有正确的思想做指导，将很容易走上职场发展的歧路。

（1）专业的工作技能。知识和文凭不等于技能。在学校所学到的知识，在实际工作中可能并不完全适用。如果大学生进入职场后不能掌握专业的工作技能，那么适应工作可能就要花费更长的时间。

（2）规范的职业用语。遵守与人交流的语言规范。例如，银行员工在工作和公共场合中，必须使用的职业用语包括："请！""您好！""请稍等！""对不起！""请提意见！"等。

（3）良好的职业道德。职业道德是指从事一定正当职业的人，在特定的工作和劳动岗位上进行职业活动时，从思想到行为都应当遵循的道德规范。爱岗敬业、诚实守信、公平公正、服务群众、奉献社会，一直是我国各行业共同的职业道德规范。

2. 尽快融入团队

大学生要客观地审时度势，尽快地完成从大学生到职业人的角色转换，顺利度过这个转换的适应期。大学生应该拥有宽广的胸怀，容人的雅量，不要为了一些小事睚眦必报、心生怨恨。职场新人应该把所有的精力都用在工作上，提高自己的工作能力，同时，保持开朗的性格、坦诚的为人，也会有助于自己在新的工作环境中进行良好的交流，建立起融洽的同事关系。

3. 正确看待挫折

不论从事何种工作，遭受挫折总是在所难免的。面对挫折时，大学生一定要保持心态平衡，积极想办法进行调整，可以从以下 3 个方面入手。

（1）自我调节。如将内心愤懑的消极情绪转化为发奋图强、力争上进的积极情绪；或"重振雄风"，加倍努力工作，去实现预定目标；或改变工作方法，另行尝试，以期达到既定的目标。

（2）正确认识工作上的成败。一帆风顺固然可喜，但遇到挫折也不要灰心，也许这一次挫折就是下一次成功的开始。只要看准目标，扎扎实实，一步一个脚印地走下去，就会成功。

（3）勇于面对挫折。遭受挫折并不可怕，可怕的是不敢面对挫折。其实，挫折就是一只纸老虎，你越恐惧，它就越强大；你越勇敢、越坚强，它就越软弱无力。所以，大学生一定要敢于面对挫折，全力以赴，不消极等待，不断地去战胜自己。

4. 理智面对冷遇

部分大学生走上工作岗位后可能会遭到冷遇，要想从冷遇的困境中挣脱出来，就要学会清醒分析，正确对待。

寻找造成冷遇的原因

当大学生在工作中受到冷遇时，首先要从自身找原因。一般来说，主要原因有：自以为是，好高骛远，小事不愿做，大事做不好，领导难以安排合适的工作；对工作挑肥拣瘦，拈轻怕重；过于看重个人得失，不思奉献；没有工作责任心，马虎了事，不能完成领导交代的任务；没有摆正个人与集体、事业与家庭的关系。

消除或避免冷遇的方法

大学生只要认真地剖析自己的言行，就能找出受冷遇的症结所在。然后要通过自身的努力，尽快化解矛盾，消除冷遇。其主要有以下 3 个途径。

（1）谦虚好学。在这个知识爆炸、日新月异的时代，大学生掌握的知识犹如沧海一粟，更何况在校学习的大部分都是理论知识，进入工作岗位后，也只是一个需要成长的新人。因此，要虚心向他人学习，绝不能自以为是，看轻自己的工作。

（2）脚踏实地。大学生走上新的工作岗位后，除了虚心学习外，还要有实干精神。用人单位招聘职员，是为了解决工作、生产、科研中的实际问题，只要大学生能脚踏实地干出一番成绩，领导、同事都会对其刮目相看，冷遇自然随之消失。

（3）豁达大度。大学生在新的工作岗位上，遇到挫折和冷遇是在所难免的。有时，冷遇还可能是由客观原因造成的。但无论如何都应沉着冷静、豁达大度，多从自身找原因，认真总结经验教训，只有这样才有利于问题的解决，否则只会将问题复杂化。

5. 积极消除隔阂

每个人在日常与人交往的过程中，都有可能与他人产生隔阂。消除隔阂是促进人际关系不断发展的关键。大学生在与他人产生隔阂时，应冷静分析，找出原因，然后"对症下药"。针对不同隔阂产生的原因，有以下 3 种消除方法。

（1）因双方缺乏了解而产生的隔阂。大学生应该坦诚相处，真诚交流，以自己的诚意换取他人的诚意。

（2）因为双方误会产生的隔阂。大学生应该宽容、大度，或善意地解释，以此来消除误会。

（3）因为自己的不慎，伤害了对方。大学生应该向对方诚恳的道歉，请求原谅，只要表现出足够的诚意和耐心，就可以化干戈为玉帛，消除隔阂。

阅读材料

主动消除误会

小张上午到公司上班，发现自己要报送的资料不对，以为被同事修改了，为此与同事发生了激烈的争吵。后来小张才发现，是自己没有把新资料复制到计算机上，错怪了共事多年的同事。本来颇有默契的两个人，从发生冲突后，关系变得十分尴尬，距离瞬间被拉远。

下班后，小张反醒了自己的错误，决定明天主动找这位同事谈谈，并就之前的事情向她诚恳地道歉。第二天到了单位，小张非常坦诚地承认了自己的错误，并对昨天情绪的失控向同事表达了最真诚的歉意。同事接受了小张的道歉，双方最终消除了误会。那一刻，小张有一种如释重负的感觉，自己的心情也愉快了不少。

分析：人的一生中，误会别人和被别人误会，都是经常发生的事情。重要的是，有误会一定要及时沟通和解释，不要让误会影响工作和人际关系。

6. 虚心接受批评

刚参加工作的大学生，如果工作中出现了差错，对待批评，要能够微笑，虚心接受，保持良好的态度，并运用正确的方法及时改进，才能得到最佳效果。若是批评者的无端指责，也不应该"耿耿于怀"，更不应"借机报复"，而是要寻找更合适的解决方案。

7. 努力钻研业务

对于大学生来说，在工作岗位上要努力钻研业务、履行职责，才能更好地完成领导下达的任务。此外，还要明白，只有实现理论知识和业务实践的不断结合，才能尽快提高业务能力。

第三节　拓展阅读——不同角色的成功转换

李宁是我国著名的男子体操运动员，是 20 世纪世界最杰出的运动员之一。在运动生涯中他先后一共摘取 14 项世界冠军，创造了世界体操史上的神话，被誉为"体操王子"。1989 年退役后，在 1990 年他创建了李宁品牌，从运动员转行成为了一名企业家。现在，李宁正领导自己的公司向着品牌国际化的目标阔步迈进。李宁在自己获得成功的同时，还一直专注于发展体育及相关业务，为中国体育产业及消费品行业的发展作出卓越贡献。

李宁成功从运动员转行成为企业家，虽然有其名望因素的影响，但最主要的原因还是他有魄力将之前的职业清零，轻装上阵，而且在转行之后很快就适应了新的职业要求，并能够保持原有奋斗精神，低调做事，最终实现了自己的第二梦想——成为一名成功的企业家。

丁磊，网易公司的创造人。他将网易从十几人发展到今天拥有超过 3 000 名员工，并在美国公开上市的知名互联网技术企业。但在 2009 年，丁磊宣布了网易要养猪的计划。"丁磊改行去养猪了"，一时间成了 IT 圈子里的新闻。丁磊说养猪的想法起源于自己对食品安全和农业的关注。其实，他是看中了现代农业的商机，利用其技术特长，将养猪的全过程放在网站直播。同时，当消费者吃到猪肉时，还可以上网查到这头猪是怎么养出来的。这种将农业与互联网行业相结合的创新想法，也使丁磊因此成为中国"IT养猪第一人"。

更多拓展阅读

案例启发

李宁与丁磊都成功完成了角色转换，不同的是，李宁是转行进入了一个全新的领域，而丁磊则是在原有行业基础上涉足其他行业，但取得的成绩是显而易见的。其实，角色转换也不难，只要大学生摆正自己的位置，客观认识自我，以自身的实力积极主动地去适应社会，就能成功迈出职业生涯中关键的第一步。

第四节 自我评估

为了让更多的大学生在初涉职场时，能够尽快地完成角色转换，下面列举了一些初涉职场时的细节问题，供其进行自我评估，同时提供解答供借鉴。扫描右侧二维码还可查看更多初涉职场时常见的问题及解答。

初涉职场时的常见问题

问题1：工作中为什么要严格遵守公司的规章制度？如何做到？

解答：每家公司都有严格的规章制度，大学生必须严格遵守。比如，不在工作期间玩游戏。上班时尽量早到晚走，不轻易为自己的私事请假。同时，还要多翻阅单位内部规章制度，尽量使自己少犯错。

问题2：职场中你能学会微笑面对他人吗？

解答：大学生进入职场后要学习的第一个表情就是微笑。通过微笑，不仅能够展示自信，还可以向领导和同事传递积极的态度。善于微笑的人在职场上获得的机会总是比别人多。因此，大学生要学会微笑，充分地表现自己的亲和力。

问题3：自己的沟通能力如何？职场中如何学会与人有效沟通？

解答：要想尽快融入组织，就必须学会与人沟通。与同事沟通，可以帮助自己尽快熟悉工作流程；与上级主管沟通，可以明确自己的工作职责，把工作做得更好。此外，作为职场新人，大学生也可以积极与人力资源部门的人员沟通，讲述自己在公司的困惑与不解，以便得到他们的帮助。

问题4："新人"怎样才能做好分内工作？

解答：作为职场上的"新人"，大学生要调整好心态，摆脱依赖心理，尽快熟悉自己的工作，并勇于负担起责任，独当一面，赢得公司的信任。

第五节 思考与练习

1. 你认为大学生在进行角色转换的过程中，还会出现什么样的问题？该如何解决？

2. 大学生是社会主义现代化的建设者和接班人，未来，必将会在各个岗位上发光发热。请同学们讨论并分享，根据自己的情况，要如何成为一个合格的职场人？

3. 阅读以下材料，回答问题。

江雪梅大学毕业后，经历了漫长的求职过程，最终在当地的一家外贸公司找到了一份工作。虽然这份工作与毕业时的预期相差甚远，但江雪梅还是松了一口气，为自己能够找到工作而庆幸。但听闻大学同班同学小刘在毕业后进入了上海的某家外企，工资比她高出一倍还多。而且小刘在校期间的成绩却不如自己，又能找到比自己更好的工作，这让江雪梅心理很不平衡。带着这种负面情绪，江雪梅觉得工作中事事不如意，也开始对自己的工作产生懈怠情绪。后来，一次工作失误，江雪梅被经理狠狠批评了一顿，还要求她自己加班改正，这让江雪梅感觉既委屈又生气。

（1）案例中的江雪梅如何完成从学生到职场工作者的转变？

（2）江雪梅应该采取哪些职场适应方法或技巧，来帮助自己快速适应当前的工作环境？

第八章　保障就业权益

学习目标

了解大学生就业的权利与义务；
掌握就业劳动纠纷的解决办法。

素养目标

培养职业精神，忠实地履行自己的义务，提高
法律意识，运用法律合理维护自身权益。

案例导入

周维是某高校的一名应届毕业生，学习成绩很好，在校期间曾担任过学院的学生干部，个人能力较强。毕业后，周维成功与一家她认为具有较好发展前景的企业签订了就业协议书，并在就业协议书中约定了服务期限两年、试用期 3 个月等条款。

但在周维按照就业协议书中的约定时间到用人单位报到后，公司一直没有提签订劳动合同一事。在周维一再要求下，公司人事主管说："劳动合同要试用期满以后再签。"但试用期满后，公司仍没有与她签订劳动合同，并告之："当初签订的就业协议书就是劳动合同，没必要重复签订。"不久，公司即以周维不能适应岗位要求为由将其辞退，并以没有签订劳动合同，不存在劳动关系为由拒绝承担任何责任。

此时，周维才知道自己遇到了就业"陷阱"，立即向劳动争议仲裁委员会提起仲裁。

案例思考

1. 你认为在上述案例中，案例主人公与公司哪一方有错？
2. 如果你遇到这样的情况，会如何处理呢？

从法律的角度来说，用人单位拒绝在试用期签订劳动合同，并用就业协议书代替劳动合同等做法显然是不合法的。这些行为都侵犯了大学生的合法权益。首先，就业协议书不等于劳动合同；其次，劳动合同必须是劳动者开始工作时即签订，而不是试用期结束签订，劳动合同中可以约定试用期；再次，即使没有签订劳动合同，但只要双方能提供存在劳动关系的证据，如工资条、考勤表等，即证明劳动关系成立；最后，用人单位不能单方面以劳动者不能适应岗位要求为由将其辞退。

鉴于此，大学生在踏入职场时，一定要全面了解自己的合法权益，并懂得利用合理的方式维护自己的合法权益不受侵犯。

第 一 节 大学生就业权利与义务

📝 课堂活动

活动主题：列举出你知道的劳动者的权利与义务。

活动内容：老话说："干一行，爱一行，钻一行，精一行。"你觉得从这句话中，可以领悟到哪些劳动者应尽的义务。同时，义务和权利相对，劳动者在履行这些义务时，又可以享受哪些权利呢？

劳动者是社会财富的创造者，既能享受法律规定的权利，同时也应该承担法律赋予的义务。党的二十大报告也提出，"要统筹城乡就业政策体系，破除妨碍劳动力、人才流动的体制和政策弊端，消除影响平等就业的不合理限制和就业歧视，使人人都有通过勤奋劳动实现自身发展的机会"。那么，劳动者具体享受哪些权利，又需要履行哪些义务呢？总的来说，根据《中华人民共和国劳动法》（简称《劳动法》）的相关规定，劳动者依法享有平等就业、选择职业、休息休假、获取劳动报酬、获得劳动安全卫生保护、接受职业技能培训、享受社会保险和福利、提请劳动争议处理的权利，同时，应履行完成劳动任务、提高职业技能、执行劳动安全卫生规程、遵守劳动纪律、遵守职业道德的义务。

刚进入职场的大学生也是劳动队伍的一员，其基本权利和义务也受到法律的保护和制约，但作为特殊的劳动群体，大学生在此基础上还享有一些特殊的权利，并需履行特殊的义务。

➊ 大学生就业的基本权利

大学生作为就业市场的一个重要主体，在就业过程中除了享有普通劳动者所享有的劳动报酬权、休息休假权等一般权利外，还享有许多其他特殊权利。

1.　就业信息知情权

充分了解就业信息能提高大学生的就业成功率，对就业招聘信息了解越多，大学生越可能结合自身情况找到适合自身发展的职业和用人单位。就业信息知情权指大学生拥有及时全面地获取应该公开的各种就业信息的权利，包括以下 3 个方面。

（1）信息公开。用人信息应向所有大学生公开，任何团体、组织和个人都不得隐瞒、截留。

（2）信息及时。就业信息有很强的时效性，所以，就业信息应及时、有效地向大学生公布，以免失去价值，影响大学生就业。

（3）信息全面。就业信息应当全面、完整，以便大学生对用人单位有全面的了解，从而作出符合自身要求的选择。

2.　就业指导权

就业指导工作直接影响大学生的职业生涯规划、就业方向及求职择业等，它是大学生就业成功非常关键的一步。

《中华人民共和国高等教育法》第五十九条规定："高等学校应当为毕业生、结业生提供就业指导和服务。"由此可以看出，接受来自国家、社会和学校的就业指导与服务，是大学生的一项重要权益。由于学校在大学生就业指导工作中占据重要位置，所以，各高校应成立专门机构，开设专门课程，安排专门人员对大学生进行全方位的就业指导与服务，其中包括宣传国家关于毕业生就业的方针、政策；对大学生进行求职技巧指导；引导大学生根据实际情况择业。大学生通过接受就业指导，可以对自身准确定位，合理择业。

3.　被推荐权

学校在就业指导工作中的一个重要职责就是向用人单位推荐毕业的大学生。实践证明，学校推荐与否会在一定程度上影响用人单位对大学生的录用或淘汰。大学生在被学校推荐的过程中享有如实推荐、公正推荐、择优推荐的权利，下面分别进行介绍。

（1）如实推荐。指学校在对毕业生进行推荐时，应实事求是，根据毕业生本人的实际情况向用人单位推荐，不能故意贬低或随意拔高大学生的在校表现。

（2）公正推荐。指学校对大学生的推荐应做到公平、公正，应给每一位大学生就业推荐的机会，不能厚此薄彼。

（3）择优推荐。指学校在公正、公开的基础上，还应择优推荐，真正体现优生优分，人尽其才，这样才能调动广大大学生的就业积极性。

4.　就业选择自主权

根据国家有关规定，现在的高校毕业生可以在国家就业方针、政策指导下"双向选择，自主择业"，即大学生可以按照自己的兴趣、爱好和能力选择自己喜欢和擅长的职业，同时还有权决定自己何时就业、何地就业等。家长、学校和用人单位，可以为初出校门、缺乏工作经验的大学生提供建议和引导，但不能强迫或限制他们选择职业。

5. 平等就业权

大学生在就业过程中享有平等就业的权利。所谓平等，即大学生有公平的机会去竞争工作岗位，要杜绝就业中的各种歧视行为。目前，社会上存在着一些不良的就业歧视，如性别歧视、学历歧视、地域歧视、身体条件歧视和经验歧视等。

6. 违约及补偿权

用人单位、学校、大学生三方签订就业协议书后，任何一方不得擅自毁约。如任何一方无故要求解约，都必须承担相应的违约责任。总体来说，违约一般有如下两种情况。

（1）用人单位违约。用人单位由于单位改制、经营不善等原因，有可能主动向大学生提出解除协议，而此时大学生有权要求用人单位严格履行就业协议，否则用人单位将承担违约责任，支付违约金。

（2）毕业生违约。在现实就业过程中，大学生出于谋求更好的就业机会等原因，向用人单位主动提出解除协议，这时应承担违约责任。

阅读材料

就业没有"双保险"

小张是某高校的应届毕业生，他所在的学校在每年的10月都有不少公司来进行招聘。小张一直想当一名公务员，但由于国家公务员的录取结果要在第二年的5月才公布，为了上个"双保险"，小张在学校双选会上与一家公司签订了就业协议书。第二年5月，国家公务员录取结果公布，小张如愿以偿考上了公务员，于是决定与原先签订了就业协议书的公司解除协议，该公司要求小王按照就业协议书的约定缴纳3 000元的违约金。

分析：《中华人民共和国民法典》第五百七十七条规定：当事人一方不履行合同义务或者履行合同义务不符合约定的，应当承担继续履行、采取补救措施或者赔偿损失等违约责任。因此，小张应当按照就业协议书中的约定承担违约责任。同时，根据法律规定，用人单位需要证明小张的违约行为给单位带来的损失及损失程度，以支持自己对违约金的金额主张。作为当事人的小张也可以据此依法向劳动保障部门提出劳动仲裁，或者直接诉诸法律来维护自身的合法权益。

《教育部关于〈全国普通高等学校毕业生就业协议书〉管理办法》中规定，大学生在协议书上签署个人意见之后，用人单位或学校两方中只要有一方在协议书上签字，大学生就不得单方面终止协议。大学生违约时，必须办理完与原签约单位的解约手续，然后将原协议书交还学校招生就业工作处，并领取新的协议书。

二、大学生就业的基本义务

权利和义务是相对的，大学生在享有多项就业权利的同时，也应该履行一定的义务。

1. 回报国家、服务社会的义务

劳动对于公民来说，既是权利又是义务，是权利和义务的结合与统一。对大学生而言，有自主择业的权利，但也有服从国家需要的义务。大学生应从大局出发，认真执行国家的方针、政策，根据需要为国家服务。

按照"得之于社会、还之于社会、报之于社会"的原则，大学生应积极地、有责任地依托自己的职业行为，发挥自己的专业优势，以此来回报国家、社会和家庭，承担起自己应尽的义务。

2. 实事求是介绍自己情况的义务

大学生在求职择业过程中，应如实向用人单位介绍自己的情况，这既是基本的择业道德要求，也是自己应尽的义务。

大学生在填写就业推荐表、自荐信，与用人单位洽谈介绍自己时，必须实事求是，不得弄虚作假，对于自己的缺点不能回避，有过失也不可隐瞒，应该以诚相见。大学生只有如实介绍自己的情况，才能让人觉得可信、可靠，从而获得用人单位的信任。

如果大学生提供虚假信息，不仅会耽误用人单位录取优秀人才的机会，也会失去用人单位的信任，甚至会出现被退回或发生争议的风险。

3. 配合学校完成毕业交接的义务

高校毕业生在离校前，学校要根据《普通高等学校学生管理规定》《高等学校学生行为准则》等规定的要求，结合大学生在校期间各方面的基本情况，实事求是地对大学生进行鉴定。大学生应该认真总结，并积极配合学校做好此项工作，切实履行好此项义务。

另外，由于部分大学生在校期间接触到学校许多科技成果，甚至还直接参与了成果的研究与开发，因此，他们有保护学校知识产权的义务，不能以此作为与用人单位签约的筹码，否则，将会因侵犯学校的知识产权而承担相应的法律责任。

4. 严格遵守和履行就业协议的义务

大学生与用人单位通过双向选择签订协议后，应严格遵守和履行就业协议，保证就业工作顺利进行。表里如一、言行一致是做人的基本准则，讲信誉是大学生应有的美德。协议一经签订就不能随便违约，一旦违约，不仅影响学校正常的就业秩序，而且会损害用人单位、学校以及其他同学等各方面的利益。因此，大学生应该慎重签约，严格履约。

5. 按规定期限到工作单位报到的义务

大学生办理完离校手续后，应按规定期限到用人单位报到。这类学生，学校不再负责其就业后的问题。

6. 依照职责完成工作任务的义务

大学生是受过高等教育的人才，用人单位会寄予厚望，并赋予重要职责。因此，大学生有义务遵守劳动纪律，积极努力地将自己的知识和才能充分发挥出来，切实履行工作职责，认真完成所承担的工作任务，为单位的发展作出自己应有的贡献。

7. 保守商业机密的义务

一些用人单位，在录用大学生之前，为了全方位了解大学生的情况，会安排其到单位实习。在实习期间，大学生要严格遵守单位的规章制度，尤其是对一些商业机密，更要严加保密，防止侵权行为的发生。

第二节　大学生就业权益的保障

📝 课堂活动

活动主题：劳动合同你签对了吗？

活动内容：几位毕业生到用人单位入职时，人事部门分别与他们签订合同。

（1）A 同学与用人单位签订了 1 年的试用期合同，约定试用期转正后，用人单位即为该同学办理本地落户手续。

（2）B 同学与用人单位签订了 3 个月的试用期合同，约定 3 个月后签订正式合同。

（3）C 同学与用人单位直接签订了 3 年的合同，并约定试用期为 6 个月。

你认为以上 3 位同学中，哪一位同学正确地签订了劳动合同？

大学生是一个特殊的社会团体，在就业过程中受到相应的法律保障。法律保障主要有两个方面，一是就业协议书，二是劳动合同。

一、就业协议书的作用

就业协议书的全称是《全国普通高等学校毕业生就业协议书》，也叫三方协议，它是明确毕业生、用人单位、学校三方在毕业生就业工作中的权利和义务的书面表现形式，能解决应届毕业生户籍、档案、保险、公积金等一系列相关问题。

就业协议书是为了明确毕业生、用人单位、学校三方在大学生就业工作中的权利和义务，经协商签订的协议。协议在毕业生到单位报到、用人单位正式接收后自行终止。

（1）学校凭就业协议书来派遣毕业生。学校依据就业协议书的内容开出毕业生就业报到证和户口迁移证，同时转移学生档案。一般学校会要求学生在规定的日期（如每年 6 月底）上交就业协议书，学校再以就业协议书为依据进行派遣。如果超过这一时限，学校会把学生的关系和档案一并派回原籍。

（2）毕业生一旦签订了就业协议书，则说明该公司或公司所在地人事局决定接收该毕业生的档案，准备正式录用，并开始计算工龄。

二、就业协议书的法律性质

大学生与用人单位双向选择达成意向后，用人单位要先与大学生签订就业协议，当劳动者正式到用人单位报到时，再签订劳动合同，从而确定劳动关系。从法律上讲，就业协议书要具有法律效力，就应具有相应的特征与性质。

1. 就业协议书的合同属性

就业协议书是大学生与用人单位之间确立聘用关系，明确权利、义务的协议，具有合同的属性。《中华人民共和国民法典》中规定，合同是平等主体的自然人、法人、其他组织之间设立、变更、终止民事权利义务关系的协议。签订合同的当事人拥有平等的法律地位，合同应在双方自愿自主的情形进行签订。通过对比可发现，就业协议书的合同属性主要表现在以下 3 个方面。

（1）签订就业协议书的主体是大学生（自然人）和用人单位（法人、其他组织），二者在签订就业协议书时的法律地位是平等的。

（2）就业协议书是双方意见的协商，任何一方都不能将自己的意志强加给另一方。

（3）就业协议书涉及的权利和义务均属于我国民事法律管辖的范围。

2. 就业协议书不能取代劳动合同

虽然说就业协议书具有合同的部分特征，但它不能等同于劳动合同，更不能取代劳动合同。就业协议书只是一份简单的协议，很多劳动合同应有的内容可能并未包含在内，如工作岗位、工作条件、薪酬待遇等，因此，仅凭就业协议书，大学生就业后的劳动权利无法得到充分的保障。

> 提醒
>
> 　　就业协议书是大学生与用人单位确立劳动关系的前提，劳动合同是劳动者与用人单位确立劳动关系、明确双方权利和义务的重要法律依据。对于大学生来说，两者相依相存，并不矛盾，它们合在一起就构成了一道强大的大学生就业保护网。

三　劳动合同概述

　　劳动合同是用人单位与劳动者之间明确权利与义务的协议，所有劳动合同都必须依据《中华人民共和国劳动合同法》（简称《劳动合同法》）制定，而不能依据用人单位的单方面意愿。

1. 现行的《劳动合同法》由来

　　现行的《劳动合同法》于 2007 年 6 月 29 日，由第十届全国人民代表大会常务委员会第二十八次会议修订通过，自 2008 年 1 月 1 日起施行。2012 年 12 月 28 日，第十一届全国人民代表大会常务委员会第三十次会议通过了《劳动合同法》的修订决定，2013 年 7 月 1 日起施行修订后的《劳动合同法》。

　　为了更好地保护自身的合法权益，大学生可在"国家法律法规数据库"学习现在施行的劳动合同法的全部内容。

2. 有效劳动合同应具备的要素

　　劳动合同既具有合同的一般特征和相应的法律约束力，同时作为一种特殊的合同类型，又具有自己的特色，其特点主要包括以下 4 点。

　　（1）主体资格合法。指劳动者必须是年满 16 周岁、具备劳动权利能力和劳动行为能力的公民。未满 16 周岁的未成年人不能作为主体与用人单位签订劳动合同。用人单位的主体资格合法，指用人单位须经主管部门批准依法从事生产经营和其他相应的业务，享有法律赋予的用人资格或能力。

　　（2）合同内容合法。主要指劳动合同的内容不得违反法律、行政法规的强制性规定。如《劳动法》第二十一条明确规定：劳动合同可以约定试用期最长不得超过 6 个月。这里"最长不得超过 6 个月"，就是法律关于劳动合同试用期的强制性规定。假若某劳动者与用人单位签订的劳动合同约定的试用期为 10 个月，则违背了"最长不得超过 6 个月"的强制性法律规定，是无效的。

　　（3）当事人意思表示真实。根据《劳动法》第十八条第（二）款的规定，采取欺诈、威胁等手段订立的劳动合同，因为违背了当事人的真实意愿，所以是无效的。另外，如果有证据证明当事人对合同内容有重大误解，这样的劳动合同也应无效。

　　（4）合同订立的形式合法。《劳动法》第十九条明确规定，劳动合同应当以书面形式订立。以口头、录音、录像等形式订立的劳动合同均无效。

3. 劳动合同的基本内容

根据《劳动合同法》的规定，劳动合同的内容主要由法定条款和约定条款构成。

法定条款

法定条款即法律规定劳动合同必须具备的条款，只有具备了这些条款的劳动合同才能依法成立。一般法定条款包含如下内容。

（1）合同期限。除依法允许订立无固定期限劳动合同的情况以外，合同都应当规定有效期限。其中应包括合同的生效日期和终止日期，或者决定合同有效期限的工作（工程）项目。如某毕业生 2017 年 3 月 1 日被录用开始工作，工作时间为 6 个月，那么合同的期限规定为：本劳动合同从 2017 年 3 月 1 日生效，到 2017 年 9 月 1 日结束。

（2）工作内容。即关于劳动者的劳动岗位和劳动任务条款。

（3）劳动保护和劳动条件。即关于用人单位应当为劳动者提供劳动安全、卫生条件和生产资料条件的条款。如建筑工人应该发放安全帽。

（4）劳动报酬。即关于劳动报酬的形式、构成、标准等条款。

（5）劳动纪律。即关于劳动者应当遵守劳动纪律的条款。如上班时间不得私自外出，如何请假等。

（6）合同终止条件。即关于劳动合同在法定终止条件之外的哪些情况下可以或应当终止的条款。如合同到期终止，或就业单位出现破产、停业等情况终止合同等。

（7）违约责任。即关于违反劳动合同的劳动者和用人单位，各自应如何承担责任的条款。

提醒　由于某些劳动合同自身的特殊性，立法特别要求，除一般法定必备条款外，还必须规定一定的特有条款。

约定条款

约定条款即劳动关系当事人或其代表约定劳动合同必须具备的条款。它是法定条款的必要补充，其具备与否，对劳动合同可否依法成立，在一定程度上有决定性意义。

我国《劳动合同法》规定，除法定必备条款外，当事人还可以协商约定其他内容。通常包括试用期条款、保密条款和禁止同业竞争条款等，但是，补充条款的约定不能与国家的法律法规相抵触，不能危害国家、组织或个人的利益。

四、劳动合同的签订

劳动合同的签订，指劳动者和用人单位经过相互选择和平等协商后，就劳动合同条款达成协议，从而确定劳动关系和明确双方相互的权利、义务的法律行为。

1. 劳动合同的订立原则

《劳动合同法》规定，订立劳动合同要遵循合法、公平、平等自愿、协商一致、诚实信用的原则，不得违反法律和行政法规的规定。

（1）合法原则。劳动合同必须依法以书面形式订立，做到主体合法、内容合法、形式合法、程序合法。只有合法的劳动合同才能产生相应的法律效力。

（2）公平原则。劳动合同的内容应在符合法律规定的前提下，公正、合理地确立双方的权利和义务。

（3）平等自愿原则。平等即劳动者和用人单位在订立劳动合同时在法律地位上是平等的，没有高低、从属之分，不存在命令和服从、管理和被管理关系。自愿订立劳动合同应完全出于劳动者和用人单位双方的真实意志，任何一方不得把自己的意志强加给另一方。

（4）协商一致原则。用人单位和劳动者应对合同的内容达成一致意见，合同内容应得到双方的共同认可。

（5）诚实信用原则。在订立劳动合同时要诚实，讲信用，双方不得隐瞒真实情况，不得有欺诈行为。

阅读材料

试用期内劳动关系可以解除吗

朱某一直对自媒体十分感兴趣，大学期间，她将自己的几个自媒体账号运营得小有成绩，毕业后，为了进一步积累运营经验，她应聘到一家新媒体公司上班，负责公司一个子项目下微信公众号、微博、抖音内容的创作与运营。但3个平台内容创作与运营的任务量非常大，朱某从上班第一周就开始长时间高强度的加班，一个多月后，她感觉自己身体有点吃不消，萌生了辞职的念头。没想到在向公司呈递辞职申请时，公司却以合同约定时间未满拒绝了。朱某现在很迷茫，不知道公司这种行为是否合法，如果自己强制要求解除劳动关系，需不需要承担相应的法律责任。

分析：根据《劳动合同法》第三十七条规定："劳动者提前30日以书面形式通知用人单位，可以解除劳动合同。劳动者在试用期内提前3日通知用人单位，可以解除劳动合同。"

2. 与毕业生关系密切的劳动合同签订事项

《劳动合同法》的颁布给毕业生带来"利好"消息，但由于《劳动合同法》的内容多而全，下面仅列出几项与实际工作息息相关的注意事项。

必须签订劳动合同

《劳动合同法》第十条规定："建立劳动关系，应当订立书面劳动合同。"用人单位自用工之日起超过一个月但不满一年未与劳动者订立书面劳动合同的，应当向劳动者每月支付2倍工资。用人单位自用工之日起超过一年未与劳动者订立书面劳动合同的，视为用人单位与劳动者已订立无固定期限劳动合同。一旦订立无固定期限的劳动合同，如果没有发生法律规定的可以解除劳动合同的情形，用人单位无法辞退劳动者，否则，要支付 2 倍的经济补偿金。

个人隐私保护

为了保护劳动者的隐私，《劳动合同法》第八条规定："用人单位招用劳动者时，应当如实告知劳动者工作内容、工作条件、工作地点、职业危害、安全生产状况、劳动报酬，以及劳动者要求了解的其他情况；用人单位有权了解劳动者与劳动合同直接相关的基本情况，劳动者应当如实说明。"这句话背后的含义是指不属于"与劳动合同直接相关的基本情况"，用人单位无权过问，劳动者也有权拒绝回答。

不得要求提供担保或收取财物

某些不正规的用人单位为了谋取钱财，利用招聘向求职者收取招聘费、培训费、押金或服装费，要求必须扣押证件等。在《劳动合同法》中这些行为都是被禁止的。

同时，《劳动合同法》第八十四条规定："用人单位违反本规定，扣押劳动者居民身份证等证件的，由劳动行政部门责令限期退还劳动者本人，并依照有关法律规定给予处罚。用人单位违反本法规定，以担保或者其他名义向劳动者收取财物的，由劳动行政部门责令限期退还劳动者本人，并以每人五百元以上、二千元以下的标准处以罚款；给劳动者造成损害的，应当承担赔偿责任。"

同工同酬

《劳动合同法》第六十三条规定："被派遣劳动者享有与用工单位的劳动者同工同酬的权利。用工单位应当按照同工同酬原则，对被派遣劳动者与本单位同类岗位的劳动者实行相同的劳动报酬分配办法。用工单位无同类岗位劳动者的，参照用工单位所在地相同或者相近岗位劳动者的劳动报酬确定。"同工同酬是指技术和劳动熟练程度相同的劳动者在从事同种工作时，不分性别、年龄、身份、民族、区域等差别，只要提供相同的劳动量，就应获得相同的劳动报酬。同工同酬最重要的贡献之一就是规定了同一工种不再有合同工与正式工的差别，在同一企业工作的只要是相同工种，就应得到相同报酬。

在实际施行过程中，同工同酬作为一项分配原则也有其相对性。即使相同岗位的劳动者之间也有资历、能力、经验等方面的差异，因此，劳动报酬只要大体相同就不违反同工同酬原则。

关于试用期

试用期指用人单位和劳动者为相互了解和选择，在劳动合同中约定的不超过 6 个月的考查期。《劳动合同法》第十九条规定：劳动合同期限 3 个月以上不满 1 年的，试用期不得超过 1 个月；劳动合同期限 1 年以上不满 3 年的，试用期不得超过 2 个月；3 年以上固定期限和无固定期限的劳动合同，试用期不得超过 6 个月。劳动合同中约定试用期不是必备条款，而是协商条款，是否约定试用期由劳动者和用人单位协商确定。但是，如果双方约定试用期，就必须遵守有关规定。

关于违约金

《劳动合同法》对违约金条款给予严格的限制，明确规定只有以下两种情形可以在劳动合同中约定违约金。

第一种是在培训服务期中约定违约金。用人单位为劳动者提供专项培训，对其进行专业技术培训的，可以与该劳动者订立协议，约定服务期。如果劳动者违反服务期约定，应当按照约定向用人单位支付违约金，但违约金数额不得超过用人单位提供的培训费用。

第二种是在竞业限制中约定违约金。用人单位与劳动者可以在劳动合同中约定保守用人单位的商业秘密和与知识产权相关的保密事项，对负有保守商业秘密和知识产权义务的高级管理人员、高级技术人员和其他负有保密义务的人员，可以约定竞业限制，如劳动者违反竞业限制的约定，应当支付违约金。

除以上两种情况外，用人单位要求劳动者支付违约金都是不合法行为。

关于辞退

《劳动合同法》中关于用人单位辞退劳动者的情形分为 3 种：即时通知解除、预告通知解除和经济性裁员。为了更好地保护劳动者的合法权益，《劳动合同法》对每一类辞退员工的情形都有条件限制，如即时通知解除劳动合同的，用人单位需要承担举证责任，即劳动者在试用期内不符合录用条件，或严重违纪、营私舞弊给单位造成重大损失，或劳动合同无效，或员工兼职给单位工作造成严重影响，或被追究刑事责任等；预告通知解除劳动合同的，需要符合法定情形，并且履行法定程序；经济性裁员也要符合裁员的条件并履行法定程序等。

（1）用人单位可解除劳动合同的情况。《劳动合同法》第四十条规定，劳动者有下列情形之一的，用人单位提前 30 日以书面形式通知劳动者本人或者额外支付劳动者一个月工资后，可以解除劳动合同。

① 劳动者患病或者非因工负伤，在规定的医疗期满后不能从事原工作，也无法从事由用人单位另行安排的工作的。

② 劳动者不能胜任工作，经过培训或者调整工作岗位，仍不能胜任工作的。

③ 劳动合同订立时所依据的客观情况发生重大变化，致使劳动合同无法履行，经用人单位与劳动者协商，未能就变更劳动合同内容达成协议的。

（2）用人单位不可解除劳动合同的情况。《劳动合同法》第四十二条规定，劳动者有下列情形之一的，用人单位不得依照第四十条的规定解除劳动合同。

① 从事接触职业病危害作业的劳动者未进行离岗前职业健康检查，或者疑似职业病病人在诊断或者医学观察期间的。

② 在本单位患职业病或者因工负伤并被确认丧失或者部分丧失劳动能力的。

③ 患病或者非因工负伤，在规定的医疗期内的。

④ 女职工在孕期、产期、哺乳期的。

⑤ 在本单位连续工作满 15 年，且距法定退休年龄不足 5 年的。

⑥ 法律、行政法规规定的其他情形。

（3）用人单位应支付经济补偿的情况。《劳动合同法》规定，有下列情形之一的，用人单位应当向劳动者支付经济补偿。

① 劳动者依照本法第三十八条规定解除劳动合同的。

② 用人单位依照本法第三十六条规定向劳动者提出解除劳动合同并与劳动者协商一致解除劳动合同的。

③ 用人单位依照本法第四十条规定解除劳动合同的。

④ 用人单位依照本法第四十一条第一款规定解除劳动合同的。

⑤ 除用人单位维持或者提高劳动合同约定条件续订劳动合同，劳动者不同意续订的情形外，用人单位依照本法第四十四条第一项规定终止固定期限劳动合同的。

⑥ 用人单位依照本法第四十四条第四项、第五项规定终止劳动合同的。

⑦ 法律、行政法规规定的其他情形。

总体来说，除了劳动者因个人原因主动辞职，或个人不满足岗位需求、违法乱纪外，用人单位若因经营不善倒闭，或不按劳动法办事等原因解除劳动合同的，用人单位都应向劳动者支付经济补偿。经济补偿按劳动者在本单位工作的年限，每满 1 年支付 1 个月工资的标准向劳动者支付；6 个月以上不满 1 年的，按 1 年计算；不满 6 个月的，向劳动者支付半个月工资的经济补偿。支付经济补偿的年限最高不超过 12 年。

阅读材料

非全日制用工的法律规定

一位大学生毕业后想继续升学深造，决定在读书的间隙找一个相对固定的工作赚取生活费，于是他找到了一份兼职，以非全日制的形式到用人单位上班。在入职时，用人单位与该大学生约定，不签订劳动合同，并约定了弹性劳动时间，工资一个月结算一次。这位大学生不知道这样的约定是否合法。

分析：在选择非全日制的形式工作时，大学生也应该懂得维护自己的合法权益。关于非全日制用工的规定包括：①非全日制劳动者在同一用人单位一般平均每日工作时间不超过 4 小时，每周工作时间累计不得超过 24 小时；②非全日制用工双方当事人不得约定试用期；③非全日制用工小时计酬标准不得低于用人单位所在地人民政府规定的最低小时工资标准；④非全日制用工劳动报酬结算支付周期最长不得超过 15 日；⑤用人单位必须为劳动者缴纳工伤保险，否则发生工伤事故要承担相关责任。

第 三 节 违约责任与劳动争议

📝 课堂活动

活动主题：分析劳动争议案例。

活动内容：一位大学生到公司报到，人力资源部的负责人要求他填写了入职登记表，并上交了身份证复印件和毕业证书原件。该大学生以为自己的毕业证书只是暂时由公司代管，以方便公司办理一些必要手续，但过了一段时间，公司仍未归还毕业证。他询问其他同事，发现他们在签订劳动合同之前，也全部把毕业证书交给公司保管了，而且公司人力资源部负责人说，这是公司传统，在公司任职的大学生都必须将毕业证书交由公司保管。该大学生认为这种做法不合理，与用人单位协商无果后，向劳动争议仲裁委员会申请了仲裁。你认为公司这种做法合法吗？你能够为该大学生提供什么建议呢？

大学生在正式工作后，可能会因为未与用人单位在工资、工时等方面达成一致意见，而产生劳动纠纷。此时，大学生应该学会运用正确的方式处理问题。通常来说，当大学生对劳动纠纷的性质无法准确判断时，可以主动寻求专业人士的帮助，例如，咨询专业的律师、法律系的老师或同学，或就业指导中心的老师等。必要时也可以去用人单位所在地的劳动监察大队进行咨询，对用人单位的不法行为进行投诉检举。如果劳动纠纷的性质超出了劳动监察大队的管辖范围，则可前往用人单位所在地的劳动争议仲裁委员会申请劳动仲裁。

一 就业协议书争议解决办法

关于大学生就业协议书的争议问题时有发生。例如，大学生与一家单位签订了就业协议书，但后来发现了更适合自己的公司，就想解除与原单位的就业协议，从而引起纠纷。国家没有明确的关于解决就业协议书争议的法律规定。但在实践中，解决就业协议书争议的主要办法有以下 3 种。

（1）毕业生与用人单位协商解决。这种办法适用于因毕业生引起的就业协议争议，毕业生可出面向用人单位赔礼道歉，并说明情况，赢得用人单位的理解，必要时需支付违约金，经双方协商达成新的意向。

（2）学校或当地省级毕业生就业主管部门与用人单位协调解决。这种办法大多适用于因用人单位引起的就业协议争议，由学校或行政部门介入，针对纠纷予以调解，使双方达成和解。

（3）通过法律途径。对协商调解不成的，可向人民法院起诉，由人民法院依法裁决。

二、劳动合同争议解决办法

劳动合同争议是指用人单位与劳动者之间由于劳动合同发生的争议，此类争议的解决办法主要有协商和调解、仲裁、诉讼3种。劳动合同争议发生后，双方当事人可自行协商，也可向相关部门申请调解。协商或调解无果的，当事人可向当地的劳动争议仲裁委员会申请仲裁。最后，还可向人民法院提起诉讼。

1. 协商和调解

劳动争议发生后，首先争议双方本着互谅互让的积极态度，自行协商解决，也可以请第三方（即双方信任的个人或组织）帮助协商，达成和解协议。如果争议双方不愿协商、协商不成或者达成和解协议后不履行的，可向本单位劳动争议调解委员会、地方劳动争议调解组织申请调解。

为确保调解协议的顺利履行，可以从调解协议生效之日起15日内，争议双方共同向劳动争议仲裁委员会提出审查确认，经审查确认后出具有法律效力的仲裁调解书。

使用协商和调解方式解决劳动合同争议，具有简单方便、灵活快捷等优势，能够及时有效地维护当事人的合法权益，是解决劳动合同争议的最佳方式。

2. 仲裁

劳动争议发生后，当事人的任何一方都可在争议发生之日起60日内向劳动争议仲裁委员会申请仲裁，并提出书面申请。劳动争议仲裁委员会应当自接到仲裁申请之日起5日内做出是否受理的决定。劳动争议仲裁委员会决定受理的，应当自收到仲裁申请之日起60日内做出仲裁裁决。

劳动争议仲裁委员会可依法进行调解，经调解达成协议的，制定仲裁调解书。仲裁调解书具有法律效力，当事人必须自觉履行，如一方当事人不履行，另一方可向人民法院申请强制执行。

3. 诉讼

诉讼是解决劳动争议的最后一道程序。如当事人对劳动争议仲裁委员会做出的仲裁裁决不服，可自收到仲裁裁决书之日起15日内向人民法院提起诉讼。逾期不起诉的，仲裁裁决将产生法律效力。

第四节　拓展阅读——职场新人的试用期维权

办理完毕业相关手续后，大学生张文成功应聘到本地一家电子公司上班。她在这家公司工作了 5 个月，只拿到了前两个月的工资，并且工资远低于同岗位正式职工的工资标准，针对这一点，主管说公司早有规定，员工手册中对试用期员工的工资标准以及工资发放时间都进行了说明，公司所有人都应该遵守这个规定。

从入职第二月开始，张文就向公司表达了自己想签订劳动合同的诉求，但公司却一推再推，迟迟没有同意。待 6 个月试用期满时，公司表示将开展试用期员工考核，考核通过后的员工才可转为正式员工。

遗憾的是，张文的试用期考核并未通过，张文请求查看考核成绩及明细，但公司以需为其他员工的信息保密为由拒绝了。针对张文的去留，公司提出了两个方案，一是延长试用期，期满后再次参加考核；二是调换岗位，外出跑业务。

张文认为这两种方案自己都不能接受，就选择了离职。但在离职后，张文迟迟没有收到自己应该结算的工资以及相关回复。于是，前往当地劳动行政部门，申请了劳动仲裁。

根据《劳动合同法》第七条规定：用人单位自用工之日起即与劳动者建立劳动关系。第十条第一款规定，建立劳动关系，应当订立书面劳动合同。

《劳动合同法》第二十条规定：劳动者在试用期的工资不得低于本单位相同岗位最低档工资或者劳动合同约定工资的百分之八十，并不得低于用人单位所在地的最低工资标准。

《劳动合同法》第八十二条规定：用人单位自用工之日起超过一个月不满一年未与劳动者订立书面劳动合同的，应当向劳动者每月支付二倍的工资。

《劳动合同法》第三十条第二款规定：用人单位拖欠或者未足额支付劳动报酬的，劳动者可以依法向当地人民法院申请支付令，人民法院应当依法发出支付令。

根据法律规定，张文所在的这家用人单位关于试用期的一系列规定，自然都是不合法的，而在职场遭遇不公平待遇的张文，在意识到自己的合法权益受到侵犯后，应该有理有据地提出抗议，维护自己的合法权益，甚至可通过法律的途径来解决问题。

大学生就业关系大学生本人的事业前途，因此，很多大学生为了获得职业发展和成功，选择快速进入职场、适应职场，而忽视对自己的保护。对于大学生来说，试用期是一个十分特殊的阶段，在这个阶段中，应抱着职场新人的"学习"心态来工作，提升自己，服务企业，这也是大学生的义务，如果履行好了自身的义务，那就应当享受法律规定的权利。

更多拓展阅读

案例启发

刚刚进入社会时，大学生往往还处于就业迷茫期，如果遇到简历无回复、求职被拒绝等情况时，很容易产生紧张、焦虑的心理，陷入急于就业的状态，从而忽略了自身的合法权益。为了维护自身的合法权益，一定要提升就业维权的意识，这不仅可以帮助大学生争取到应有的权利，也能在一定程度上帮助大学生防范就业陷阱，避免损失。

第 五 节　自我评估

近几年，大学生就业维权意识不断提升，部分大学生在就业中遭受不公正待遇时，会运用法律来维护自己的权益，但仍有部分大学生在遇到一些职场问题时，仍旧不知道合法权益是否受到侵犯。你的就业维权意识如何？

就业维权意识自评

〖测试说明〗

下面列出了一些关于就业维权方面的问题，大学生可以根据以下问题对自己的维权意识进行简单的测试和自评。

（1）你熟悉《劳动法》和《劳动合同法》吗？

（2）就职前，你会认真与用人单位讨论工作时间、工作内容和劳动报酬等问题吗？

（3）你希望学校、社会等加大就业维权知识的教育和宣传力度吗？

（4）你会主动分析职场中的劳动侵权问题吗？

（5）遇到一般的劳动侵权行为（例如拖欠工资、口头承诺违约、延长试用期、没有加班费等），你是会积极应对、辞职，还是接受？

（6）你在怀疑自己的权益遭受侵犯时，会主动寻求专业人士的帮助吗？

（7）你认可就业维权对自己、对用人单位的意义吗？

（8）你认为很多原因都会成为阻碍自身进行劳动维权的影响因素吗？

（9）你愿意利用空闲时间主动参加就业维权方面的培训吗？

（10）你觉得大学生就业权益受到侵害主要是由哪些原因造成的？

〖测试分析〗

以上每题均没有固定答案，测试者可以根据自己的最终答案评估自己在就业维权方面的积极性和主动性。例如，自己会认真与用人单位讨论工作时间、工作内容、劳动报酬等问题，积极应对劳动侵权行为等就属于积极的就业维权意识，反之，则维权意识相对淡泊。

第 六 节　思考与练习

1. 试用期不签订劳动合同、试用期内不为劳动者缴纳社保、试用期内随便辞退劳动者、续签劳动合同时再次约定试用期等情况，都不符合《劳动法》或《劳动合同法》

的规定，假设遇到了这些问题，你第一时间会如何处理？你更愿意向谁寻求帮助？

2. 登录"国家法律法规数据库"网站，在网站中搜索并查询《中华人民共和国民法典》《劳动法》《劳动合同法》中关于合同签订、劳动法律法规等内容，整理一个与大学生就业相关的法律法规库。

3. 很多大学生在与用人单位签订劳动合同时，都未曾详细阅读过劳动合同中的具体条款，因此对合同中约定的双方权利与义务并不清楚。扫描右侧的"劳动合同模板"二维码，阅读其中的条款，分析合同中对用人单位和员工双方的权利和义务进行了哪些规定。

4. 阅读以下材料，回答问题。

（1）高校毕业生王梅，在毕业前夕与某公司签订了就业协议书，毕业后王梅按照协议约定到该公司上班。现已按规定签订劳动合同，合同期限为5年，劳动合同中没有规定违约金。但是就业协议书中要求服务未满5年辞职时需支付违约金5万元。王梅在这家公司工作的过程中，发现自己并不适合这份工作，于是提交了辞职书，但该公司要求她支付5万元的违约金。你觉得王梅是否需要支付？

提示：

就业协议书仅在应届毕业生求职阶段有法律效力，其有效期为毕业生取得毕业证以前。如果用人单位与应届毕业生签订了正式的劳动合同，则就业协议书的效力自动解除。

（2）喻玲玲是某高等职业技术学院的毕业生，毕业后到某公司工作，并与该公司正式签订了为期2年的劳动合同。在劳动合同终止前1个月，喻玲玲提出不再与公司续约一事，人事部表示同意并要求其1个月后办理手续。1个月以后，当喻玲玲到人事部办理离职手续时，人事部负责人却提出："要辞职必须按规定支付后3年服务未到期的违约金2 000元。"原来公司制订的员工手册第18条规定：凡到公司工作的人员至少应服务5年。所以公司认为：喻玲玲与公司签订的2年劳动合同虽然已经到期，但至少还应与公司续签3年的劳动合同才符合公司条款，如果喻玲玲不再为公司服务，则应赔偿违约金2 000元。喻玲玲不知道该不该赔偿，她可以在不赔偿的情况下成功离职吗？

提示：

公司内部手册的制订不能单纯参考公司单方面的意见，还必须考虑所有员工的意愿；公司规章制度的制订必须与国家法律、法规的规定相符合，对劳动合同中没有约定且国家法律、法规没有规定的，才能做出补充规定；劳动合同期满时，劳动合同终止，一方不得强迫另一方延长劳动合同期限。

第九章 大学生自主创业

了解大学生创业现状；
熟悉大学生创业准备工作；
掌握创业计划书的编写方法。

素养目标

能够具备创业的素质、知识；
具备一定的创业能力。

案例导入

　　某财经大学的学生小李，某日在阅读了一则故事后，萌生了在校创业的想法。她得知国外有一家公司收集了每位公交车司机的头像进行个性化设计，并做成邮票发行。这种邮票十分具有纪念意义，发行之后很受欢迎。当时正值应届生毕业季，对于毕业生来说，他们也有想要收藏和纪念的东西。

　　于是，小李咨询了学校创业教育的老师，说出了自己的一些想法，得到老师的肯定和支持后，立即与一位学长一起成立了一间创意工作室。这个创意工作室主要面向毕业生提供服务，他们根据毕业生提供的照片和成长资料，为其量身定做毕业纪念册。学校里每一年都有毕业生要离开校园，他们的工作室开在校内，既有近水楼台的高校学生客源，也有优于其他商家的校园设计能力。他们的工作室很快在学生中引起良好的反响，并通过毕业生的自发宣传将产品推广出去。

案例思考

　　1. 小李的创业为什么能够成功？

　　2. 相较于求职就业，大学生开展自主创业能够为社会、为家庭、为自己作出哪些不同的贡献？

大学生在毕业之后，除了可以选择与用人单位签订劳动合同实现就业外，还可以选择开创自己的事业。创业目前已经形成一股社会潮流，越来越多的大学生选择在毕业后投身创业。很多大学生都曾对创业有过憧憬，将创业视作实现自我价值和财富自由的途径。但落实到现实中，创业仅仅依靠激情是远远不够的，还需要学习专业的创业知识。

第 一 节　了解创业现状

📝 课堂活动

活动主题：了解附近创业孵化机构。

活动内容：孵化机构是面向创业企业和创业团队，提供物理空间、共享设施和专业化服务的科技创业服务载体。很多大学生创业项目都是在孵化及巩固中诞生并且茁壮成长的。

下面，请同学们通过网络搜索附近的孵化器、加速器、产业园、创业园等机构的信息，看看孵化机构能够为大学生创业者提供什么服务，有哪些优惠，其又成功"孵化"出了哪些创业企业。

通过上述活动，大学生对当地创业孵化机构已经有了一些了解。同时，根据创业孵化机构的"孵化"成果，也能从侧面了解当地大学生的创业情况。但要想自主创业，首先需要了解我国大学生的创业现状。

一　大学生创业现状分析

2015 年"大众创业、万众创新"号召的提出引出了一轮全国创业热潮。在这之后的创业活动中，大学生创业无疑占据了重要的地位，根据过去几年的实际情况，可以从以下几点来介绍大学生创业的现状。

创新创业意识不强

智联招聘发布的《2021 大学生就业力调研报告》数据显示，2021 年参与调研的应届毕业生中，仅有 1.4% 的人选择创业，较 2020 年占比提升了 0.3%，但整体占比仍较少，大学生创新创业意识仍不够强。现在仍有很多大学生对创新创业的理解仍停留在做老板的阶段，还有许多对就业或创业难以取舍，或者对创业持"玩票"性质，不够重视，因此，创业成功并取得突出成就的较少，这需要大学生端正心态，正确规划职业生涯，树立坚定的创业信念。

大学生成为青年创业主体

由于创新创业教育在近几年备受重视，高校也积极响应国家号召，积极开展大学生创新创业培养教育工作，并为其提供一定的资金与技术帮助，大学生创业人数有所增加，且在青年创业人员中占比较大。《中国青年创业发展报告（2021）》数据显示，青年创业者中，19 ～ 23 岁的大学在校生、应届毕业生、毕业后待业人员是创业主体，合计占比为51.3%，其中 20 岁为创业高峰（图 9-1）。且从 2015 年至 2020 年，中国青年创业发展指数由 100 升至 167.5，整体呈上升趋势。

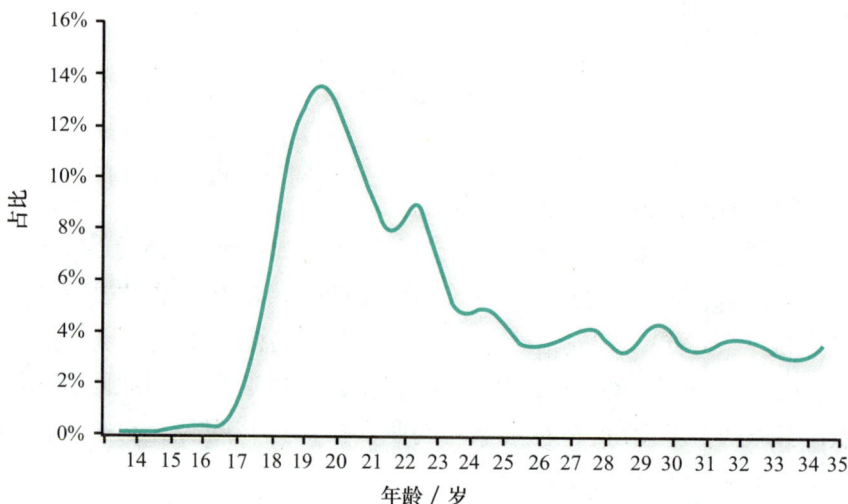

图 9-1　创业者年龄占比

> **提醒**　《中国青年创业发展报告》从创业环境、企业家精神和创业结果三个维度构建了中国青年创业发展指数,分别从政策环境、市场环境、创新精神、创业精神、创业活力、创业质量 6 个方面分析中国青年创业情况，共涉及包括一般公共服务支出占比、财政科技支出占、全社会 R&D 经费支出与 GDP 占比、每万人独角兽企业数等在内的 17 个具体指标。

缺乏创业的基本素质

一个合格的创业者应该具备过硬的文化素质、心理素质，以及发现潜在商机的能力、长远的目光、领导能力与团队精神等，而缺少阅历的大学生在这些方面则有较明显的短板，因此，很多大学生的创业积极性并不高。

创业项目与专业知识不能紧密结合

现在许多大学生将创业局限于餐饮、服装等领域，或将店铺开设在学校周边，为大学生及大学附近的人服务，而这些创业类型在一定程度上会让大学生的创业与其所学知识、专业脱节，导致大学生创业缺乏理论知识支撑，并不利于大学生未来的创业发展。

二　大学生创业的特点和存在的问题

在过去的几年里，大学生群体进行了数量众多的创业实践，广泛的实践显示出了大学生创业的一些显著特点，同时也暴露了大学生创业中存在的一些问题。

1. 大学生创业的特点

相较于其他群体创业和国外大学生创业，我国大学生创业在创业领域、创业心态、对创业的认识、对创业的行动以及创业的科技转化率上都呈现出鲜明的特点。

创业领域

首先，当前很多大学生受限于社会经验不足、资金不充裕，创业的领域主要集中在门槛较低、所需投入较小的微型服务业，特别是街边餐饮、网店等。

其次，一些大学生依靠自己出色的专业知识和技能，投身于高新科技、文化创意、特色农业等领域，这类创业项目通常与创业者的所学专业息息相关。

创业心态

近几年，大学生对待创业的心态越来越理性，以往仅凭着一腔热情就涉足创业的"激情创业"已经逐渐消失。

大学生对未来充满了希望，个个朝气蓬勃，同时大多在学校期间接受了一定的创新创业教育，在面临创业时，很多人也能考虑得比较全面，抱着务实的心态实施创业。

对创业的认识

虽然目前大学生创业活动兴盛，但很多创业者对于创业的理解仍然有偏颇，例如，认为"用智力换资本"才是大学生创业，而传统的小买卖、小店铺、摆摊不是创业。有些还认为开公司、办企业才是创业，而开个人工作室、成为独立设计师等则不算创业。

随着创新创业教育的普及和深入，目前，越来越多的大学生已经对创业建立起了科学的认识，相信在未来，大学生创业者对于创业的认识将会越来越完善。

对创业的行动

根据调查数据，在大学生群体中，超过半数想过创业或表达过创业的意愿。但实际上，真正选择创业的大学生数量远少于表露出创业意愿的大学生数量。这说明我国想创业的大学生很多，但真正行动的却很少。

一方面，社会对企业家的宣传、对经济的追求让大学生能够充分认识创业成功的好处，萌生想要创业的想法。另一方面，考虑到自身条件和创业失败的损失，很多大学生又对创业望而却步。

未来，随着国家对大学生创业支持的进一步落实，加之市场经济的进一步发展和规范，大学生的后顾之忧将得到很大的缓解，届时可能会引来新一轮的创业热潮。

创业的科技转化率

虽然我国大学生创业所涉足的领域比较广，创业的形式也呈多样化发展，但相对于我国庞大的大学生群体，真正在高科技领域创业的却很少，科技转化率普遍偏低。

随着素质教育的不断深入和科教兴国战略的不断进展，有理由相信，在不久的将来，大学生的科技创业会更加普遍。

2. 大学生创业存在的问题

我国大学生创业经历了十多年的发展，取得了可喜的成绩，但同时也暴露出大学生创业者身上普遍存在的许多问题。

缺乏经验和技能

由于大学生长期生活学习在校园，对社会缺乏较深的了解和认识，特别是在市场运作、企业运营等领域缺乏相关的知识和经验。此外，由于大学生缺乏社会经验，对创办企业的各种办事流程不熟悉，社会交往、沟通能力也不够，对遇到的问题缺乏预见性，不会主动发现和解决问题。

创业项目的选择竞争激烈

服务业是大学生创业的首选领域。近两年来，大学生自主创业最为集中的行业主要为儿童早期教育、互联网、综合餐饮等。但这些行业市场饱和度高，竞争比较激烈，大学生创业者又缺乏社会经验，很容易在激烈的市场竞争中败下阵来。

未做好充分的创业准备

现阶段，有一部分大学生在加入创业队伍时，只是为了盲目寻求一条就业途径，并非已经有了明确的创业理想和充分的创业准备。在这种情况下踏上创业之路的大学生，独立性不强，抗挫折能力弱，但市场竞争是残酷的，大学生在创业过程中肯定会遇到各种挫折和打击。在创业初期，生意惨淡的情况时有发生，这些状况都会对未做好创业心理准备的大学生带来严重的打击，甚至使其就此悲观消沉，最后选择退出创业，导致创业失败。

资金不足

很多大学生都有不错的创业项目或设想，但由于资金匮乏难以付诸实践。启动资金以及后续经营资金的不足也是大学生创业者面对的一大难题。

三　大学生创业园区

为了响应国家"大众创业、万众创新"战略，各级政府以及高校都纷纷开设了大学生创业园。简单地说，大学生创业园就是学校或政府支持建立的，用以大学生创业的场所，通常都有较为完备的基础商业设施，如办公场地、水、电、网络、办公设施等。大学生创业者可以申请入驻大学生创业园，低价甚至免费使用其中的设施。

大学生创业园还为大学生创业者提供咨询、指导，营造了支持大学生创业的社会氛围，并提供了有助于大学生创业的鼓励机制和帮扶机制。我国部分大学生创业园的相关情况及特点（表 9-1）。

表 9-1 部分大学生创业园的相关情况及特点

创业园	相关情况	特点
浙商大学生创业园	浙商理念:"两低"优势——低门槛创业进入机制、低风险退出机制	连接了浙商资源和大学生创业群体
南京市大学生创业示范园	具有项目开发、风险评估、开业指导、创业培训、政策咨询、信息和融资等一系列创业孵化服务和相应的创业孵化扶持政策	可为入驻的新创企业提供人事代理、劳动保障、工商、税务、融资、信息和咨询等一站式服务
上海大学科技园区	由孵化基地、市北工业园及莘莘学子创业园3部分组成	主要产业化方向为信息技术、新材料、生命科学、机电一体化、环境保护技术
湖南大学科技园	对于创业场所使用费、自主创业开办费和各类社保的补贴,享受优先获得担保贷款、全额补贴等政策扶持	以优惠政策为引导,以创业培训为支撑,以全程专业服务为手段,打造大学生创业、就业、企业和事业四位一体的示范基地
杭州市大学生创业园(上城区)	联合中国美术学院建立大学生创业领导小组,成立大学生创业俱乐部,联合冰川投资管理有限公司创办上城区大学创业园	搭建大学生就业创业一站式服务窗口、网上一站式服务平台和审批绿色通道,从就业创业信息公开、就业创业技能提升、就业创业服务整合等环节解决大学生就业创业中遇到的困难
成都高新区技术创新服务中心	园区由起步区孵化园、西区孵化园、高新孵化园组成。先后获得"国家级高新技术创业服务中心""国家高新区先进孵化服务机构""全国大学生创业基地"等称号,是国家人事部与地方政府共建的首家留学人员创业园	创新中心通过降低创业者的创业风险和创业成本,提高了创业的成功率,促进科技成果转化,培育科技型企业和企业家
江苏省大学生创业园	具有项目开发、风险评估、开业指导、创业培训、政策咨询、信息检索和融资等一系列创业孵化服务和相应的创业孵化扶持政策	可为入驻的创业企业提供人事代理、劳动保障、工商、税务、融资、信息检索和咨询等"一站式"服务
深圳大学学生创业园	每年投入100万元设立深圳大学学生创业基金	主要支持有市场潜力的科技创新项目以及在商业模式上有特色的项目

第 二 节　创业前的准备工作

✍ 课堂活动

活动主题:什么样的人适合创业?

活动内容:古今中外,成功的创业者很多,这些成功者各有特点,如有的人精力充沛、有的人满怀激情、有的人冷静沉着……请同学们组成小组讨论,要成为成功的创业者,应该具备哪些特质?什么样的人才更适合创业,更容易取得创业成功?

从刚刚的活动中，同学们应该已经得出了一些创业者应有的特质。对于大学生来说，在创业之前就有意识地提高自己的创业素质是很有必要的。同时，创业是一项复杂的活动，大学生还需要在知识、能力、方法等方面都做好准备。

一、提高创业素质

创业是极具挑战性的社会活动，是对创业者自身的智慧、能力、气魄、胆识的全方位考验。一个人要想获得创业的成功，必须有意识地提高自己的创业素质。创业素质是一个综合概念，由众多部分构成，下面分别介绍。

1. 强烈的创业意识

创业意识指创业者在创业过程中起着动力作用的个性倾向，包括需要、动机、兴趣、思想以及世界观等。创业意识支配了创业者的态度和行为，决定了态度和行为的方向、力度，具有强大的选择性和能动性，是创业素质的重要组成部分。

要想取得创业的成功，创业者必须具备自我实现、追求成功的强烈的创业意识。因为这种创业意识可以帮助创业者克服创业道路上的各种艰难险阻，将创业目标作为自己的人生奋斗目标。

创业者树立了正确的创业意识之后，还要认识到创业是一种精神，更是一种素质。创业者需要明确创业目标，努力使自己具备发现机遇、凝聚梦想、不懈追求、学习新知、进取提升、敢于担当、直面挑战、居安思危和自省自警的意识。

2. 坚定的创业精神

创业精神是激发大学生创业冲动的源泉，是支撑大学生创业活动的灵魂，拥有顽强的创业精神可以使大学生在创业过程中信念坚定、目标明确、意志顽强，一步一步走向成功。当代大学生最需要具备的创业精神如下。

开拓创新的精神

大学生社会经验不足、掌握的资源和信息有限，要想在成熟的领域里创业，难以和"商界老手"们竞争。但大学生在创业上也有一项独特的优势，那就是创新精神。大学生群体普遍有着前沿的眼光和天马行空的思路，因此具备高度的创新性，能够突破现有事物的藩篱，开拓进取，走出一条前人未涉足的成功之路。事实上，成功的创业企业基本都有一些创新之处，而创新对于创业有着不可忽视的巨大价值。

阅读材料

大胆创新获丰收

2016 年，四川电子科技大学电子科学与技术专业的硕士研究生刘沈厅决定返回家乡眉山市彭山区创业。彭山区是农业大区，有着悠久的果蔬种植历史，出产多种高品质水果，刘沈厅认为在家乡搞现代农业是绝佳的创业机会。

返乡不久，刘沈厅在李山村流转了130亩地，种植猕猴桃和柑橘，他本来以为直接请当地有经验的人负责技术、生产，自己负责管理、找销路，就能很快走上正轨，没想到不久就因为有机肥质量出现问题，导致80亩猕猴桃无一存活。

2017年7月，刘沈厅重新种上了耙耙柑（学名春见）。因为柑橘3年后才能挂果，中间成本较高，于是刘沈厅开始琢磨耙耙柑提前挂果的方法，发现树体的大小是挂果的关键。因此，他在搜集研究秋冬两季气象资料的基础上，选择不剪秋冬所生新芽；并改良原有的插箭式滴管，去掉滴头，在管道上打孔以让喷洒的水肥尽量多地覆盖到树体，最终成功提前一年挂果，亩产达8千斤，销售额达300多万元。

随着刘沈厅的成功，有不少果农过来"取经"，他也毫无保留地向同行分享自己的经验，指导大家种植，不少果农在其帮助下种上优质柑橘，走上了致富路。2021年1月14日，刘沈厅被农业农村部办公厅确定为第四批全国农村创业创新优秀带头人。

分析： 刘沈厅在创业遭遇挫折后，通过创新性的手段，实现了耙耙柑的提前挂果，获得了巨大的收益，这说明勇于创新对创业有着巨大的作用。

敢于冒险的精神

成功者必须具有冒险精神。对于大学生创业者而言，冒险精神更加重要，因为在大学生创业的过程中，只有具备了冒险精神和承担风险的意识，才能对创业活动把握得更客观、更具有前瞻性，其智慧和胆识也才能得到充分发挥。

自信、自强、自主、自立的创业精神

自信心能赋予人主动积极的人生态度和进取精神，不依赖、不等待。自强就是一个人在自信的基础上，敢于实践，不断增长自己各方面的能力，勇于使自己成为生活与事业的强者。

自主指一个人具有独立的人格，具有独立思维能力，不受传统和世俗偏见的束缚，选择自己的道路，善于设计和规划自己的未来，并采取相应的行动。自立指一个人凭借自己的智慧和才能，凭借自己的努力和奋斗，建立起自己生活和事业的基础。

3. 良好的创业心理品质

心理品质指创业者的心理条件，包括自我意识、性格、气质、情感等心理构成的要素。作为创业者，应该具有非常强的心理调控能力，能够持续保持一种积极、沉稳的心态。

创业的成功在很大程度上取决于创业者的创业心理品质。正因为创业之路不是一帆风顺的，所以创业者只有具备处变不惊的良好心理素质和愈挫愈勇的顽强意志，才能在创业的道路上自强不息、顽强拼搏，创造出属于自己的一番事业。

4. 全面的创业能力

创业能力是一种特殊的能力，它由决策能力、经营管理能力、专业技术能力与交往协调能力等组成。作为一个想创业并打算创业的大学生，必须培养和提高自身的综合能力，特别要注重锻炼自己的用人能力、沟通交流能力和组织策划、管理、自我控制等能力。

决策能力

决策能力指创业者根据主客观条件，因地制宜，正确地确定创业的方向、目标、战略以及具体选择实施方案的能力。

创业者的决策能力通常包括分析能力、判断能力和创新能力。大学生创业是一个充满创新的事业，创业者必须具备创新能力，能根据客观情况的变化，及时提出新方案，不断地开拓新局面，走出新路子。可以说，决策能力是创业者不断前进的关键。

经营管理能力

经营管理能力指对人员、资金的管理能力。它涉及人员的选择、使用、组合和优化，也涉及资金筹集、分配、使用等。经营管理能力是一种较高层次的综合能力，是一种运筹性能力。经营管理能力的形成要从学会经营、学会管理和学会理财等方面去努力。

专业技术能力

专业技术能力指创业者掌握和运用专业知识进行专业生产的能力。许多专业知识和专业技能要在实践中摸索，逐步提高并发展完善。

创业者要重视创业过程中的知识和专业技术方面的经验积累以及职业技能的训练，对于获取的理论知识和实践中的经验，两者要结合运用，并在加深对理论知识理解的基础上不断提高和拓宽。对于陌生的知识和他人经验更要探索，在探索的过程中形成自己的特色，并为己所用。只有这样，专业技术能力才会不断提高。

阅读材料

邓应龙的"南花北引"

邓应龙出生于云南农村，对土地和鲜花有着天然的情怀。后来他考入山东农业大学园艺学院，在校期间，他敏锐地发现了北方的鲜花市场。由于北方天气寒冷，不适宜种植鲜花，因此所需鲜花都是由南方运来，价格较高。邓应龙的家乡云南便是全国最大的花卉种植地，他想，要是能将云南的鲜花引种到山东，那么就能够获得巨大的利润。

很快，邓应龙组织团队，在临沂市沂南县蒲汪镇大于家庄村建立了试验花圃。利用寒假，邓应龙回到云南国家级花卉工程技术研究中心——昆明杨月季园艺有限责任公司实习，学习新品种的研发、新技术的推广和月季鲜花的生产及销售技巧。年后，邓应龙把学到的"真本事"都用在了花圃里，果然在8月收获了高品质的月季花。之后，邓应龙团队根据前期网络布局的预售订单，将月季花从山东销售到了河北、北京等各地，获得了丰厚的利润。

邓应龙的成功带动了当地花卉产业的发展，2017年，沂南全县花卉面积发展到近5万亩，年产值达9.622亿元。

分析：邓应龙的成功说明专业技术能力不可或缺，可见高素质的创业能力是获得创业成功的基础。

交往协调能力

交往协调能力指一个人能够妥善地处理与公众（政府部门、新闻媒体、客户等）之间的关系，以及能够协调下属各部门成员之间关系的能力。

在创业过程中，大学生（以下也称创业者）不可避免地需要与各种组织、个人打交道，因此，必须具备一定的交往协调能力。

领导能力

创业者作为事业的"领头羊"，必须具备一定的领导才能和人格魅力。出色的创业团队的产生，是因为有一位优秀的领导者。创业者应该具有一种感召力和吸引力，能够使自己的队伍努力为企业奋斗与付出。

领导力的培养与行业知识、人际关系、技能、信誉以及进取精神等多个方面相关。在校大学生不能单一地关注学习成绩，还应该注重综合素质能力的培养。一个优秀的大学生在学习与社会实践两个方面都应表现得很出色。除了平时学好专业知识，还应该多参加各种学生组织和学校组织的社会实践活动，如学生会、大型比赛活动、班委会等，这些都可以锻炼和培养自己的领导能力。

学习能力

学习型人才是当今社会需要的主流群体。在这样一个日新月异的时代，创业时，一个人要想把工作做好，就必须具备好学与善学的精神。学习可以帮助创业者跟上经济发展的变化，创业者在学习的过程中，既要见贤思齐，又要注重吸取经验教训。

创新能力

创业过程中，创业者往往会面临或大或小的问题，这些问题往往缺少"通用解"，需要大学生以创新的方法来解决。同时，要使自己的产品或服务领先竞争者，创业者也不可避免地需要创新，因此，大学生创业者应具有创新能力。

创新能力指创新主体从事创新活动的能力，是运用一切已知信息，包括已有的知识和经验等，产生某种独特、新颖、有社会或个人价值的产品的能力。

阅读材料

创新方式扩大产能

杨某很小就立志要改变家乡的面貌，于是在大学毕业后他便回到家乡，做起了特色养殖。杨某从国外引进了优良肉羊和饲料作物，建起了现代化的养殖场，很快便出栏了一批高质量的羊肉，被抢购一空。第二年，杨某获得了很多预订的订单，但他发现凭借自己扩充产能无法满足市场需要，而要扩建养殖中心也来不及了。思前想后，杨某决定将当地的乡亲发动起来，养殖优质肉羊。但乡亲们大多觉得养殖肉羊的投入大、技术要求高，收益无法保障，都不敢尝试。

经过半个月的走访考察和冥思苦想，杨某开创了一种新的养殖方法，即将自己养殖中心的羊仔免费送给附近的乡民喂养，并且对他们进行养殖培训，然后与村民约定，养殖中心按固定价格回收出栏的肉羊。这样，杨某的养殖中心只用繁殖羊仔，就能够收购源源不断的肉羊，村民的收益也得到了保证。

在这一养殖方法出台后，乡民们纷纷打消顾虑，踊跃地从养殖中心领取羊仔，杨某凭借创新的方法有效地扩充了产能，满足了市场需要。

分析：案例中杨某面对产能不足的困难，采用创新性的方法将当地村民发动了起来，解决了产能问题，可见创新能力是创业的重要助力。

5. 积极的竞争意识

竞争是市场经济的重要特征之一。创业充满竞争，竞争本身就是提高，竞争的最终目的就是取得最后的胜利。

随着我国市场经济的发展，各行各业的竞争越来越激烈，从小规模的分散竞争，发展到大集团集中的竞争；从国内竞争发展到国际竞争；从单纯的产品竞争，发展到综合实力的竞争。因此，创业者只有敢于竞争，善于竞争，才能取得成功。

6. 开放的创新思维

思维是人类基于客观事实并利用主观经验对事物进行认知的过程，是人类所独有的高级认识活动。创新思维是创新的灵魂与核心，指以新颖独创的方法解决问题的思维。拥有创新思维，通常能让人突破常规思维的局限，转而以超常规甚至反常规的方法或角度去思考问题，提出与众不同的解决方案，从而产生新颖独到的、有实际意义的思维成果。

在当前复杂的社会环境中，各行各业都在快速进行迭代升级，如果大学生缺乏创新的思维与方法，墨守陈规，就很难抓住市场机会。因此，具备开放的创新思维对于大学生具有重要意义。创新思维可以粗略地分为发散思维、逆向思维和联想思维。

发散思维

发散思维又称辐射思维、放射思维、扩散思维或求异思维，是指人在思考的过程中，不受已经确定的规则、方式和方法的约束，思维呈现一种扩散状态的模式。

发散思维就像一棵树，想法就像树枝，从树干四面八方伸展出去，这样就能从多个方向、多个角度扩展思维的空间。我们在进行发散思维训练的过程中，要做到思维的流畅、变通和新颖。

逆向思维

逆向思维是指朝着与固定思维相反方向进行思考的思维模式，它是一种从问题的对立面出发进行思考和从问题的相反面进行分析的方法。比如，我们熟知的电动吹风机和电动吸尘器，就是发明者从相反的原理方向进行研究而发明的产品。

逆向思维的主要目标是要形成一种观念，即在思维过程中并不局限于一条思维道路，而要对客观事物在相反的方向进行分析和思考，这样才能改变传统的立意角度，产生全新的见解。进行逆向思维时要注意以下几点。

（1）对待事物，要以怀疑的眼光。

（2）在思考问题时，既要看到事物之间的差异，也要看到因事物之间存在的差异而产生的互补性。

（3）要积极主动地从正反两方面进行思考，以便于发现问题存在悖论的地方。

（4）对问题进行分辨、评断和剖析，以发现客观事实。

联想思维

联想是指思路由此及彼的过程，即由所感知和所思考的事物、概念和现象而想到其他事物、概念和现象的心理过程。联想思维是指在人脑内的记忆表象系统中，由于某种诱因，不同表象发生联系的一种思维活动。比如，美国工程师斯潘塞在做雷达起振实验时，发现口袋里的巧克力融化了，最后发现原来是雷达电波造成的。由此，他联想到用雷达电波来加热食品，从而发明了微波炉。

联想是一种创造性的思维活动，它可以通过对事物的对比和同化等手段把许多事物联系起来思考，从而加深对事物之间联系的认识，由此形成新的构想和方案。

二　储备创业知识

当前时代，是一个知识经济的时代。随着市场经济的不断发展、相关制度的不断完善，大学生要想成功创业，就需要在大学期间储备相关知识。

1. 管理知识

一个管理有序的企业应该是先保证企业"做正确的事"，然后努力地"把事做正确"。创业初期，创业者要靠眼光与勇气来排除万难，积极投身于创业领域。一旦企业步入正轨后，就需要管理者具有一定的管理能力，而这种管理能力往往来源于创业者的知识储备。

在校大学生可以主动学习"管理学"这门课程，也可以积极参加班委竞选，参加各类学生会和社团组织，或到辅导员办公室从事学生助理工作，抓住机会让自己得到锻炼，学习各个组织、各种层面上的管理知识。

2. 营销知识

营销知识是创业过程中经常要用到的知识之一，这需要在创业前就必须认真学习和运用，大学生可以通过以下方式进行学习。

（1）多去图书馆阅读有关营销案例方面的书籍，这些成功企业的营销案例具有很强的指导性。

（2）大学课堂都是开放式的，大学生可以选择一些管理专业的营销课程去学习。

（3）多参加校内外的促销活动。大学生通过促销活动，可了解不同顾客的特点和需求，并学会如何去满足顾客的要求，培养自己以顾客为中心的营销意识。

（4）大学生利用寒暑假到一些企业从事兼职营销工作，参与企业市场调研、产品渠道开发、公关促销等一系列活动，通过这些工作，让自己在创业前不断积累营销知识。

知识缺陷导致创业失败

刘某是某大学电子信息专业的学生。在校期间，刘某练就了高超的编程技能，在大三时曾自己编写出一个软件，被某企业以2 000元的价格买下。这次成功让刘某充满了信心，决定走上创业之路。

在大四时，刘某和同专业的几个同学组成了创业团队，向学校提出了自己的创业计划，成功入驻学校创业园。在创业园里，刘某和同伴立即投入到软件编程工作中，经过几个月的技术攻关后，成功研制出一款数据分析软件。

在软件研发完毕后，经学校创业园的宣传，一家企业找到了刘某，想和刘某共同运营软件，企业负责软件推广营销，拥有软件收入的85%；刘某团队负责技术，拥有软件收入的15%。刘某认为这样的分成比例无法接受，最终拒绝了提议，于是，他开始自己尝试软件的推广和营销。但是刘某虽然技术过硬，却没有商业经营的知识和能力，对于软件的推广和营销始终不得其门而入。

在经历了多次失败后，刘某团队只能将软件以数万元的价格一次性卖给了一家公司，他们的创业计划也就此夭折。

分析：案例中刘某的创业经历说明，仅靠专业技术只能成为专家，难以成为成功的创业者，因为其不具备创业所需的市场营销知识。

3. 财务知识

创业时创业者需要具备一定的财务管理知识。作为一个正规的企业，必须要让"财务报表说话"，不少准备创业的在校大学生比较缺乏财务管理知识，容易导致启动资金预算不准确、成本核算不全面、企业账目混乱等问题。

因此，预先了解和学习一些基本的财务知识是非常有必要的。建议大学生多参加一些相关财务管理知识培训，如财政系统提供的会计从业职业资格培训等，这些都是现在高校学生培训中比较热门的财务知识培训。

三、了解创业方法

大学生要想获得创业的成功，不仅需要做好思想、知识、基本素质等方面的充分准备，还需要掌握一套实用的创业方法。大学生创业者资源基础薄弱，选择以下几种创业方法比较合适。

1. 先就业再创业

大学生在正式创业前，可以先以个人创业为目标进行就业。大学生可选择自己准备创业的行业，然后进入该行业中规模较大、竞争优势较强的企业中就业。在就业的过程中，大学生即可了解行业的运行模式和产品生产流程等信息。然后，大学生还可以有针对性地去学习和积累经验，如学习所在企业的管理模式、产品知识和营销知识等。当大学生已经对行业有了基本的了解，创业的成功率会更高。

2. 最简化可实行产品试错

最简化可实行产品（Minimum Viable Product，MVP）是指以尽可能低的成本展现产品的核心概念，用快捷的方式建立一个可用的产品原型。大学生创业者在资源有限的情况下，可以先制作出简化可实行产品，然后将其推向市场，再不断地通过市场反馈来完善产品，最终推出完备、成熟的产品。

假如你的愿景是生产一种高级出行工具，如小轿车。传统的产品设计思路是：从车轮、车轴辘、外壳，到动力装置、内部装饰，按流程制作，最后得到一个完整的产品。而MVP的思路是：先做一个小滑板车或者自行车，看看用户对出行工具的认可程度。如果用户认可产品概念，再去生产更加高级、完善的摩托车，甚至小轿车。

传统产品迭代思路成本高、速度慢、风险大，花高成本做出来的产品用户可能不认可；MVP策略的优点在于试错成本低、速度快、风险低，能满足产品快速迭代的需求。

3. 有效利用网络创业

网络创业不同于传统创业，主要是利用现有的网络资源进行创业。网络创业的准入门槛低、成本少、风险小，并且方式也很灵活，特别适合初涉商海的大学生创业者。

目前，网络创业主要包括网上开店和网上加盟两种形式。例如，京东、淘宝等知名电子商务网站都具备较完善的交易系统、交易规则以及成熟的客户群，大学生创业者可在投资较少的情况下入驻这些网站，依托电子商务平台来发展业务。

阅读材料

利用网络成功创业

某购物平台上有一家很受欢迎的定做喜糖的网店，买家对这家店的赞誉度非常高。这家网店的创办人是还在宁夏某大学读书的学生王一新。

在校期间，王一新就已经在这个平台上开了这家定做喜糖的网店，货源和发货均由他自己负责。网店刚开张时，一个月只接了两笔小单，销量完全提不上来。王一新想了很多办法，他每天通过网络接触形形色色的人，不厌其烦地介绍自己的产品，终于打开了销路。由于送货及时，加上产品质量过硬，服务态度和售后方面都做得很到位，王一新的网店不仅销量提升了，而且获得了很多买家的好评。他说："有自己的事业是我一直以来的想法，大学空闲时间多，开设网店不仅可以锻炼自己的能力，还可以累积一定的资金，为自己毕业后的自主创业打下良好的基础。"

分析：网络购物现已成为重要的社会交易方式，案例中的王一新充分利用网络的优势，在大学期间便成功创业，他的这种创业方法值得我们去借鉴。

4．参照成功者的经历

在生活中，可以发现很多成功者，这些成功者身上往往有一些闪光点和独特特质，大学生可以以一个或几个成功者为榜样，学习和揣摩成功者的优秀之处，锻炼自己，然后进行模仿创业。

四、挖掘创业机会

所有的商业项目都可以视作一个个机会的开发。对于大学生来说，能不能敏锐地挖掘出创业机会直接决定了其创业能否成功。仔细观察可以发现，创业机会广泛存在于生活中，例如，大家想要出行方便，便出现了共享单车和网约车；大家想要吃到送上门的食物，便出现了外卖等。把握住了每个稍纵即逝的创业机会，就等于事业成功了一半，而学会在机会出现之后进行识别筛选，就会促成创业机会的变现。创业者可以从以下几方面识别创业机会。

1．变化就是机会

彼得·德鲁克将创业者定义为能"寻找变化，并积极反应，把它当作机会充分利用起来的人"。古往今来，每一次创业热潮大多依赖社会环境、市场环境的变化，而这个变化势必带来市场需求、市场结构的变化，这就为识别创业良机带来契机。

创业者可透过这些变化发现新的前景。这些变化包括：人口结构的变化、产业结构的变化、个性化服务的追求、科技通信的进步、政策扶持、价值观和生活观念的变化、收入水平提高、消费升级等。例如，家庭收入提高，人们的娱乐活动则更加丰富多样；"三胎"政策的开放为母婴市场带来了良机；人们推崇"快"文化，移动电商应运而生，蓬勃发展，同时带动了物流、在线支付等的发展；私人轿车不断增加，为汽车销售、维修、清洁、二手车交易等行业带来诸多创业机会。

2．顾客的需求就是机会

从顾客身上觅得创业良机是一个亘古不变的规则，创业者销售的产品或服务，最终面对的是顾客。分析调研顾客的需求，从中可识别出创业良机。

想要从顾客身上识别良机，需要观察顾客的生活和工作轨迹。由于每个人的需求不同，创业者应将顾客分类，研究各类人群的需求特点。比如，退休职工重视身体保健，家庭主妇重视子女的教育等。

"负面问题"指令人们"烦恼的事""困扰的事"，这些都是市场需求的痛点。如果创业者能着眼于人们的苦恼、困扰，有效提供人们迫切希望解决的问题的办法，实际上就是找到了机会。因为搬家费时费力，就有了搬家公司；双职工家庭没有时间照顾小孩，于是有了家庭托儿所；上班路途遥远，人们难得吃一顿舒适的早餐，于是就有了焖烧杯。这些都是从"负面问题"寻找机会的例子。

从顾客的需求和"负面问题"中很容易觅得创业良机，但这需要创业者善于识别创业先机，然后通过实践、改进，才能一步步走向成功。

五、熟悉创业步骤

虽然在各个方面做足了准备，但一些大学生仍然会对"创业活动如何开展"这一问题十分陌生。事实上，这个问题主要涉及大学生创业的基本流程，如果大学生了解并掌握了创业的主要步骤和每一个步骤的主要任务，就能对创业活动建立清晰的认知，此后开展创业活动时也可以形成清晰的思路，做到有条不紊。

1. 为企业建立好的构思

好的企业构思是避免创业项目失败或出现重大损失的第一道防线，因而在开始创业之前，大学生（创业者）一定要有一个好的企业构思。而一个好的企业构思，往往需要满足两个基本条件，一是必须要有市场机会，即市场有需求；二是创业者要有专长，即创业者必须具备满足这种需求的技能或资源。简而言之，就是创业者的个人特长和顾客的需求，只有满足了这两点，企业构思才有继续实施和执行的必要。

2. 评估创业市场

评估创业市场就是创业者针对创业产品或服务，搜集、记录和整理相关市场的信息和资料，然后分析市场需求，并对市场的现状和发展趋势进行分析，以便正确认识市场、行业等的综合情况。评估创业市场是创业中十分关键的环节，创业者必须先了解市场中的顾客、竞争对手，才能制订合理的营销计划，并正确预测市场销量。

3. 明确企业的人员组织

大部分创业项目都是以团队的形式运营的，在创业计划开始实施时，创业者首先需要寻找创业伙伴，接着，还需和创业合伙人明确创业企业的人员组织，形成相对完善的企业组织结构，为之后企业运行和发展打下基础。

企业组织结构指为实现组织的目标，经过组织设计，形成的组织内部各个部门、各个层次之间固定的排列方式，即组织内部的构成方式。从纵向看，合理的企业组织结构是一个统一的、自上而下的、领导关系明确的指挥系统；从横向看，合理的企业组织结构是各部门、各环节密切配合的协作系统，使企业形成一个有机的整体。因此，企业组织结构既可以明确企业的管理层级，也可以明确企业内部的各职能部门及其合作关系。

图 9-2 所示为企业组织结构的一种基本形式。自上而下是企业的指挥系统，反映了企业内部的领导关系；自左向右则是企业的协作系统，反映企业内部的职能部门。

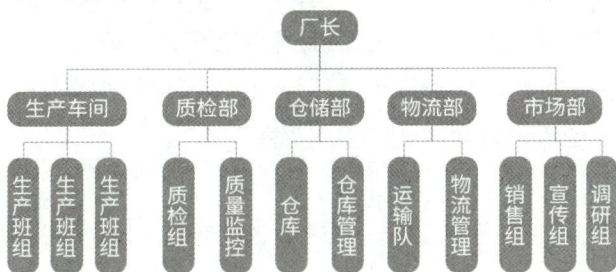

图 9-2 企业组织结构

对于新创企业来说，创业者在设计企业组织结构时应遵循精简、合理的原则，以优化企业的业务流程，降低企业组织的经营成本，从而提升企业的竞争力。

4．选择一种企业法律形态

企业的法律形态是一个国家法律规定的企业在市场环境中存在的合法身份。在我国，每一个企业都有且只有一种法律形态，因此，选择企业法律形态时大学生创业者需要慎重。下面介绍适合大学生创业者的 3 种企业法律形态。

（1）个人独资企业。又称个人业主制企业，是指依法设立，由一个自然人投资并承担无限连带责任，财产为投资者个人所有的经营实体。当个人独资企业的财产不足以清偿债务时，企业拥有者须依法以其个人其他财产予以清偿。

（2）合伙企业。根据《中华人民共和国合伙企业法》（以下简称《合伙企业法》），合伙企业是指依法在中国境内设立的由各合伙人订立合伙协议，共同出资、合伙经营、共享收益、共担风险，并对合伙企业债务承担无限连带责任的营利性组织。合伙企业包括普通合伙企业和有限合伙企业两种形式。两者最大的区别在于有限合伙企业有两种不同的所有者：普通合伙人和有限合伙人。其中，普通合伙人对合伙企业的债务和义务承担无限连带责任；而有限合伙人仅以投资额为限承担有限责任，且一般不享有对组织的控制权。

（3）有限责任公司。公司是现代社会中最主要的企业形式，有限责任公司和股份有限公司是公司制企业的主要类型，其中，有限责任公司是指按照法律规定登记注册，由 50 个以下的股东出资设立，每个股东以其所认缴的出资额为限对公司承担有限责任，公司以其全部资产对其债务承担责任的经济组织。

5．预测启动资金需求

启动资金就是开办企业必须的前期开支。在正式创办企业之前，大学生创业者应该尽可能准确地预测所需的启动资金。按照资金投入企业的时间，可将启动资金分为投资资金和营运资金。

（1）投资资金。发生在企业开业之前，是企业在筹办期间发生的各种支出所需要的资金，包括企业在筹建期间购建房屋、建筑物、机器设备、专利权、商标权、版权等无形资产所投入的资金；以及在筹建期间发生的人员工资、办公费、培训费、差旅费、印刷费、注册登记费、营业执照费、市场调查费、咨询费和技术资料费等开办费用所需资金。

（2）营运资金。是从企业开始经营之日起到企业能够做到资金收支平衡为止的期间内，企业发生的各种支出所需要的资金。初创企业开办之初，企业的产品或服务很难在短期内得到消费者的认同，企业的市场份额较小且不稳定，将会在一段时间内"入不敷出"，这就需要创业者不断投入营运资金直到达成"收支平衡"。

6．制订利润计划

获取利润是创办企业的最终目的之一，创业者要想让创业项目获取利润，首先必须明确自己需要付出的成本及可能获得的收入，并以此制订销售成本和现金流量计划，为企业持续获得利润做好准备。大学生创业者需要先确定产品的销售价格，然后预测销售收入，在此基础上制订销售计划、成本计划和现金流量计划。

7. 开办企业

大学生创业者实际开办自己的企业的过程可以分为以下3步。

（1）确定企业名称。为了规范企业名称登记管理，保护企业的合法权益，维护社会经济秩序，优化营商环境，《企业名称登记管理规定》对新企业名称的登记管理进行了详细规定。企业注册登记时，必须先进行名称核准，以确保新企业名称没有违反国家相关规定，没有与其他企业名称重复，且符合工商注册登记的要求。

（2）企业工商注册。工商注册登记是设立新企业的法定程序，完成工商注册登记后，申请人才能获得从事市场经营活动的资格。创业者可以到工商管理部门或在官方网站注册申报服务系统中办理新企业的工商注册登记手续。

（3）安排企业日常工作。在完成企业工商注册后，企业即正式创立。为保证企业的正常运行，大学生创业者还需要刻制印章、开立银行账户、办理税务登记和社会保险等。此外，还要做好招聘、人员定岗、工作安排等日常工作，让企业早日走上正轨。

六、筹备创业资金

资金是企业开设和运营的必需品，大学生要开办企业，就必须筹备足够的资金。对于大学生（创业者）来说，其自身往往没有足够的积蓄，因此需要从外部筹备。

1. 向亲朋好友借款

企业创立初期，向亲戚朋友借款是较为常见的资金来源方式。创业者和这些人之间有一定的亲情、友情关系，更容易建立起信赖感，成本通常也较低。

当然，创业者也应该全面考虑投资的正面、负面影响及其风险性，以公事公办的态度将亲戚和朋友的借款与其他投资者的资金同等对待，并形成一份相关的正规协议。

2. 大学生创业贷款

近年来，国家各级政府相继出台了许多优惠政策来支持大学生创业，而大学生创业贷款政策就是其中之一。大学生创业贷款是银行等资金发放机构对各高校学生（大专生、本科生、研究生、博士生等）发放的专项贷款，相较于其他银行贷款通常利率更低，甚至可以享受免息和贴息，因此，筹集资金的成本较低。同时，很多银行也为大学生创业贷款开放了绿色通道，申请、审核和放款都更加快捷和方便，因此是一种较为理想的筹资方式。

3. 银行贷款

银行贷款指银行根据国家政策，以一定的利率将资金贷放给资金需要者，并约定期限归还的一种经济行为。银行贷款有很多种类，接受的额度和利率各不相同，包括银行信用贷款、抵押贷款、质押贷款等，大学生创业者要谨慎选择。

第 三 节　创业计划书的编写

📝 **课堂活动**

活动主题： 试编写创业计划书。

活动内容： 创业计划书是开办一个新公司的发展计划，也是风险投资人评估一个新公司的主要依据。因此，编写创业计划书至关重要。请同学们将自己的创业计划写出来，然后讨论哪里写得出彩，又有哪些不足。

从上述的活动中可以发现，大家写出的创业计划书大多包含不同的内容。事实上，创业计划书通常是市场营销、财务、生产、人力资源等职能计划的综合，要完整地编写创业计划书，需要系统学习。

一 创业计划书的作用

创业计划书是创业者计划创立的业务的书面摘要，它是以描述与拟创办企业相关的内、外环境条件和要素特点为内容的发展指南，是衡量业务进展情况的标准。拥有一份好的创业计划书，就好像有了一份业务发展的指示图，它会时刻提醒创业者应该注意什么问题，应该规避什么风险，并最大限度地帮助创业者获得来自外界的帮助。

1. 指导创业者的创业行动

编写创业计划书的过程，是一个调研与思考的过程，创业者可以在这个过程中清楚地了解自己所有的资源、已知的市场情况和初步的竞争策略等，使创业者进一步明确自己的创业思路和经营理念。

2. 帮助创业者凝聚人心

一份完美的创业计划书可以增强创业者的自信。创业计划书通过描绘新创企业的发展前景和成长潜力，明确要从事的项目和活动，对自己有一个准确的角色定位，使管理层和员工对企业及个人的未来充满信心。因此，创业计划书对于创业者吸引所需要的人力资源，凝聚人心，具有重要意义。

3. 帮助创业者获得融资

创业计划书作为一份全方位的项目计划，在对即将开展的创业项目进行可行性分析的同时，也是在向风险投资商、银行和客户等宣传拟建的企业及其经营方式，包括企业的产品、营销、制度、管理等各个方面。在一定程度上，创业计划书也是拟建企业对外进行宣传和包装的文件。

二、创业计划书的编写要求

创业计划书必须充分展现创业者对于企业内、外环境的掌握以及实现创业计划的信心。同时，它还要体现重要的经营功能，以及对环境变化的假设与预测。要做到这些，创业者在编写创业计划书时应遵循以下要求。

1. 坚持以市场为导向

任何一个企业的利润都来自市场对产品与服务的需求，因此，创业计划书必须坚持以市场为导向的原则来编写，通过市场调查，充分展示创业者对市场现状的掌握和对未来发展的预测。

2. 真实明确

创业计划书内的数字不能凭空想象，必须通过调查来获得，尽量做到客观、真实。创业者一般容易关注投资回报而低估经营成本和风险，创业者要尽量列出可供参考的数据与文献资料，明确指出企业的市场机会与竞争威胁，并要以具体的资料和数据来证明。

此外，创业计划书还要明确说明各种分析所采用的假设条件、财务预测方法、市场需求分析所依据的调查方法与事实依据等信息。

3. 展现优势与投资利益

创业计划书不仅要将经营、管理方面的信息完全展示出来，而且还要充分展现创业者所具备的竞争优势。除此之外，要明确指出投资者的利益所在，显示出创业者创造利润的强烈愿望。

4. 展现经营能力

创业计划书的"管理团队"部分，要充分展现创业团队的经营能力与丰富的经验背景，并显示创业团队对于该产业、市场、产品以及未来运营策略的信心和对创业成功的把握。

5. 内部逻辑一致

创业计划书通篇要做到前后基本假设或预测相互呼应，保持前后逻辑一致。比如，人员的配备要依据经营规模的变化而变化。

6. 完整性

创业计划书一般包括封面、计划摘要、企业介绍、行业分析、产品介绍、组织结构、营销策略等多方面的内容，其内容、用词要以简单明了为原则，文字流畅，表达准确，排版规范，对于非相关资料尽量不罗列出来。

三、创业计划书的主要内容

一份完整的创业计划书，应该由封面、计划摘要、产品（服务）介绍、人员和组织架构、行业分析、市场预测、营销策略、生产制造规划、财务规划与报酬分析、风险评估构成。

1. 封面

封面的设计要美观，具有艺术感，以使阅读者形成良好的第一印象。

2. 计划摘要

计划摘要涵盖了计划的要点，是浓缩了的创业计划书的精华。在编写计划摘要时，应以一目了然为原则，以便阅读者能在最短的时间内评审计划并作出判断。计划摘要必须要认真书写，保证内容全面，以吸引投资者关注，它一般应包括公司介绍、管理者及其组织、主要产品和业务范围、市场概貌、营销策略、销售计划、生产管理计划、财务计划和资金需求状况。

> **提醒**
>
> 摘要可以说是整个创业计划书的浓缩内容，要尽量简洁明了，特别要说明所创办的企业与同行业其他企业的不同之处，以及创业企业能够在市场中获取成功的主要原因。

3. 产品（服务）介绍

在进行投资项目评估时，投资人最关心的问题就是风险企业的产品、技术或服务是否具有独特性，是否能尽快占领市场。因此，产品介绍是创业计划书中必不可少的部分。通常，产品介绍应包括产品的概念、性能及特性、产品的研究和开发过程、产品的市场竞争力、产品的市场前景预测、发展新产品的计划和成本分析、产品的品牌和专利。

在产品（服务）介绍部分，创业者要采用通俗易懂的语言，对产品（服务）进行详细、准确的说明，达到让非专业人员的投资者都能看明白的效果。一般情况下，产品介绍都应附上产品原型、照片或其他介绍。

4. 人员和组织架构

一个企业除了要拥有产品外，人员也是不可缺少的。企业管理层人员素质的高低和组织架构的合理性，直接决定了企业经营风险的大小。因此，风险投资人会特别注重对管理队伍的评估。

创业计划书必须要对重要人物进行介绍，包括他们具有的能力，他们在本企业中的职务和工作经验，他们过去的详细经历及背景等。除此之外，计划书中还应对公司结构做简要介绍，包括公司的组织机构、各部门的负责人及主要成员、公司的董事会成员等。

5. 行业分析

在行业分析中，应该正确评估所选行业的基本特点、竞争状况以及未来的发展趋势等内容。以下是应该仔细思考并写进创业计划书的内容：

（1）该行业发展程度如何？现在的发展动态如何？

（2）创新和技术进步在该行业扮演着一个怎样的角色？

（3）该行业的总销售额有多少？总收入为多少？发展趋势怎样？

（4）经济发展对该行业的影响程度如何？政府是如何影响该行业的？

（5）竞争的本质是什么？你将采取什么样的战略？

（6）进入该行业的障碍是什么？你将如何克服？该行业典型的回报率有多少？

6. 市场预测

在创业计划书中，市场预测应包括需求预测、市场现状综述、竞争厂商概览、目标顾客和目标市场以及本企业产品的市场地位等内容。

创业者进行市场预测时，首先，要对需求进行预测，了解市场是否存在需求、需求程度、市场规模有多大、影响需求的关键因素等。其次，市场预测还包括对市场竞争情况的分析，如主要竞争对手有哪些、本企业预计的市场占有率是多少、本企业进入市场会引起竞争者怎样的反应，本企业将采取的策略等。

7. 营销策略

营销是企业经营中最富挑战性的环节。在创业计划书中，营销策略应包括市场机构和营销渠道的选择、营销队伍的管理、促销计划和广告策略、价格策略。

对新的创业企业来说，由于产品和企业基本无知名度，很难进入已被其他企业掌控的销售渠道。因此，企业不得不暂时采取高成本低效益的营销战略，如广告策略，在各平台推广商品；价格策略，向批发商和零售商让利等。

8. 生产制造规划

创业计划书中的生产制造规划应包括产品制造和技术设备现状、新产品投产计划、技术提升和设备更新的要求、产品各项固定成本与变动成本的说明、详细生产成本的预估，以及质量控制和质量改进计划等内容。

在寻求资金的过程中，为了增加企业在投资前的评估价值，创业者应尽可能地使生产制造规划更加详细、可靠。创业者在编写生产制造规划前，应对以下几点内容做好准备：

（1）企业生产制造所需的厂房、设备情况如何？

（2）生产线的设计与产品组装是怎样的？

（3）生产周期的制订以及生产作业计划的编制。

（4）设备供应商及设备的引进和安装情况。

（5）供货者的前置期和资源的需求量。

（6）物料需求计划及其保证措施。

（7）质量控制的方法是怎样的？

（8）怎样保证新产品在进入规模生产时的稳定性和可靠性？

9. 财务规划与报酬分析

财务规划一般要包括创业计划书的条件假设、预计的资产负债表、预计的损益表、现金收支分析以及资金的来源和使用等内容。财务规划的重点是资产负债表、利润表（也称损益表）、现金流量表的编制。

企业的财务规划应保证和创业计划书的假设相一致。事实上，财务规划和企业的生产计划、人力资源计划、营销计划等是密不可分的。要完成财务规划，企业必须明确产品的生产费用、产品的定价、分销渠道的成本和利润、人力资源成本等要素。

报酬分析的主要内容是提供未来 5 年的损益平衡分析、投资报酬率预估，说明未来融资计划，投资者回收资金的可能方式、时机及获利情况等。

10．风险评估

风险评估旨在详细说明公司在运作过程中可能遇到的各种风险，并估计其严重性和发生的概率，然后提出相应的解决方法。风险分析是为确认投资计划可能伴随的风险，并以数据方式衡量风险对投资计划的影响，目的是向投资者说明风险的应对策略。

四、创业计划书的编写流程

创业计划书是在对行业、市场进行充分研究的基础上编写完成的，在编写时，大学生创业者要注意措辞准确、行文条理清晰、简明扼要，并围绕投资者的关注点去思考、调查和分析。创业计划书的编写可以分为以下 6 步。

1．经验学习

初创企业的创业者完全没有编写创业计划书的经验，此时，可以先搜集国内外较为成功的创业计划书范文，借鉴其内容、结构和写作手法后，取其精华，然后整理自己的写作思路。

2．细化创业构想

创业者对自己将要开创的事业要给予非常具体、细致的思考，并细化创业构想，制订明确的时间进度表和工作进程。成熟的创业者应具有较为完整的创业构思，并在制订计划书前，思考以下问题：

（1）我为什么要创业？是有创业条件与机会，还是被逼无奈？

（2）分析与评估自己。自己的优点是什么？缺点又是什么？

（3）是否寻找到适合自己创业的领域？

（4）是否已选定具体的经营范围，并对市场机会与市场前景有相当程度的把握？

3．市场调研

收集各种情报、信息和资料。在市场调研过程中，调研者要同潜在顾客展开接触，搜集顾客购买此类产品的时间周期、谁在决定是否购买、产品或服务凭什么吸引住顾客等信息，以便制订销售策略。

此外，市场调研还包括对竞争对手的调查，例如，竞争对手有哪些、他们的产品与本企业产品的异同、竞争对手采用的营销策略等。

4．方案起草

收集到足够的信息后，创业者即可开始起草创业计划书。由于其中包含的内容较多，因此，创业者在计划时要明确各个部分的作用，做到有的放矢。同时，在撰写创业计划书的过程中，还需咨询律师或顾问的意见，确保其中的文字和内容没有歧义。

5. 完善方案

首先根据撰写的创业计划书，把其中最重要的内容做成一个 1 ~ 2 页的摘要，放在前面。其次，认真检查，避免出现病句或错字。最后，设计一个漂亮的封面，编写目录与页码，并打印、装订成册。

创业计划书的封面要简洁有新意，包含项目或企业名称、地址、联系方式等。版本装订要精致，要按照资料的顺序进行排列，并提供目录和页码，最后还要附上创业计划书中支持材料的复印件。

6. 检查方案

对创业计划书的文本和内容进行检查，以保证创业计划书的正确和美观。

第四节 大学生创业的风险与防范

课堂活动

活动主题：创业风险盘点。

活动内容：创业者会面临很多的风险，如资金不足、生产事故、公共危机……下面请同学们畅所欲言，尽可能多地罗列大学生在创业过程中可能遭遇的风险。

大学生在创业的各个阶段都可能会遭遇风险，甚至风险会一直伴随着整个创业活动。了解创业过程中可能存在的风险，寻找防范措施，避免陷入创业误区，对于大学生来说具有积极的意义。

一 大学生创业的风险来源

做很多事情都需要承担风险，创业更是如此，大学生创业一般会遇到以下风险。

1. 缺乏市场调研

缺乏对市场的了解是目前大学生创业中普遍存在的现象。不少大学生创业者没有对其产品或项目做市场调查的意识，而只是进行理想化的推断，凭臆想作决定。而要想创业成功就需要在创业初期做好市场调研，因为只有在了解市场的基础上创业，才能长久。

2. 缺乏创业技能

一些大学生创业者眼高手低，当创业计划转变为实际操作时，才发现自己根本不具备解决问题的能力，这样的创业无异于纸上谈兵。

3. 社会资源贫乏

企业创建、市场开拓、产品推介等工作都需要调动社会资源，一些创业的大学生在这方面感到非常吃力。建议平时多参加各种社会实践活动，扩大自己人际交往的范围。

4. 缺乏承受挫折的能力

一些大学生创业者的人生经历一帆风顺，没有经历过挫折与失败，所以，抗挫折能力较差。在创业时，没有做好迎接困难、面对挑战的心理准备，遇到问题容易心灰意冷，停滞不前。

另外，从创业成本上来讲，很多大学生创业者对高风险创业费用的承受能力也十分有限。

5. 盲目扩张

当创业者初尝甜头后，往往急于求成，想更快地收回成本，创造盈利，从而盲目扩张，使企业不能与自身能力、市场需求相协调，这样是极其危险的。稍有意外，就可能产生巨大的损失，导致前期所有的努力都功亏一篑。

6. 管理不当

企业管理是一个合伙企业存活的关键。大学生创业初期的合作伙伴往往是亲朋或同学，由于初涉商场，知识单一，又缺乏实践经验，往往会出现决策失误、信息不通、患得患失、用人不当、急功近利、盲目跟风等现象。同时，大学生创业者有时会出于对合作伙伴的信任而忽略了企业管理的重要性，长此以往，导致企业的管理混乱不堪，企业的生存也就越来越艰难。

7. 竞争不力

任何行业都会面临竞争的问题，对于新创企业更是如此。如果创业者选择的行业竞争很强，那么在创业之初很有可能受到同行的排挤。

一些大企业为了争夺市场，常常会采用低价销售的手段。因大企业实力雄厚且已形成规模效益，短时间的降价并不会对企业运营造成太大的影响，而初创企业则可能被大企业挤压生存空间，面临倒闭的风险。因此，考虑好如何应对同行竞争是创业企业生存的必要准备。

8. 团队分歧

现代企业越来越重视团队的力量。初创企业在诞生或成长的过程中，主要的力量来源一般是创业团队，一个优秀的创业团队能使创业企业迅速地成长起来。但与此同时，风险也蕴含其中，团队的力量越大，产生的风险也就越大。一旦创业团队的核心成员在某些问题上产生分歧，就极有可能会对企业造成强烈的冲击。

三、创业风险的防范措施

虽然创业过程中的各种风险是难以预测且不可避免的，但是通过科学的方法，仍可以未雨绸缪，针对不同风险制订不同的防范措施，最大限度地降低风险的发生概率，甚至化风险为机遇。

1. 应对竞争对手

每个行业中都有竞争对手，当竞争对手与自己实力相当时，该如何保证自己始终处于优势状态呢？下面将根据实战经验给出一些面对竞争对手时的应对策略。

（1）控制技术，限制竞争。如果创业依托的技术有专利权，那么将在很大程度上排除同类竞争项目出现的可能性，降低投资成本和投资的商业风险。

（2）密切注视同行的动向。在企业产品的研发阶段，应密切注视其他公司类似工作的进展情况，如同类产品的功能设计，从中找出自己产品的优势，为产品推出市场以及后期跟进提供可执行的方案。

（3）选择高技术项目。如果项目的技术含金量足够高，那么其他企业要想通过破解技术配方或关键内核来仿制新产品是很难的，而自行研制开发也需要技术和时间。因此高技术项目能够有效地延长其他企业跟进的时间。

（4）重视产品的更新换代。当第一代产品还在研发过程中时，企业就要制订后续系列产品的开发计划，并在生产规划中详细论证以确保开发计划的实施。因此，企业一方面要抓紧时机生产出升级换代的产品，以完善原有产品，更好地满足顾客的需求；另一方面还要优化生产工艺和销售渠道，在成本和价格方面适应市场竞争的需要。

（5）注重产品多样性。创业企业推出主打产品的同时，一定要制订产品多样化的战略，以扩大市场占有率。多样化的产品能有效地预防竞争者的模仿。

2. 应对市场变化

不管是企业还是企业的产品，都需要面对变幻莫测的市场，作为创业者应该采取哪些措施来应对呢？

（1）有效的市场调查。企业只有进行有效的市场调查和研究，才能了解顾客的需求。市场调查贯穿产品研发和试制过程的始终，切实指导产品的开发和改进。

（2）扎实高效的组织。仅有好的创意、好的机会还不足以真正成就一个企业，新产品、新技术的实现和推广要依靠扎实高效的团队。因此，企业建立高素质、善于学习和能够主动适应市场的团队组织，才能将新产品的营销、推广策略真正落到实处。

（3）新领域的先锋。新技术、新产品不仅能满足顾客需要，还应能够发掘并引起新的市场需求，动态地改变顾客的偏好，成为新领域的先锋。

3. 应对管理危机

新的创业企业的管理团队一般很年轻，组建之初缺乏默契，再加上管理经验不足，想在短时间内完成新技术、新产品的生产和推广，要面对很多的管理问题，必须积极采取措施进行应对。

（1）借用外脑。在公司起步这个比较关键的阶段，大学生可以考虑与风投公司或是孵化公司合作，邀请有经验的人士参与经营管理；也可以聘用各种专业人才加盟，利用有经验的专业人士带动整个组织及管理团队的成长和进步。

（2）培养团队精神。团队精神是企业抵达成功彼岸的基石。在社会分工越来越细的今天，企业之间的竞争，已经不是个人赛，而是团体赛。因此，面对竞争日益激烈的市场，企业更应该注重团队人才的培养，塑造符合自身发展目标的企业文化。

（3）控制人员的流失。由于创业企业很容易遇到各方面的风险和阻力，因此常常要面对人员流失问题。大学生创业者要及时提高员工的工资和福利待遇；建立完善的晋升制度，做到奖惩分明；加强人员从业素质的培训，使其感受到在公司中的个人价值。

4．应对财务危机

在创业初期，很可能会遭遇财务危机。面对财务危机时，创业者应及时采取相应的措施。

（1）完善财务管理体系。创业企业要建立一套严格的财务管理制度，包括财务报表制度、投融资制度、赊销制度及审核制度等，真正把财务管理工作提高到企业管理的高度上来。

（2）适时调整财务结构。企业在发展过程中应适时改变财务结构。事实证明，如果销售额增长，新企业的成长速度就会大于资本结构的成长速度。因此，新企业的每一次成长，都需要一个与众不同的新财务结构。

（3）拓宽融资渠道。资金是决定创业企业生存和发展的关键。为了应对创业过程中的财务危机，创业者可以通过寻找风险投资等方式来拓宽融资渠道。

（4）增加成本意识。一般而言，在创业初期，所要投入的成本主要有场地租金、生产经营设备、员工工资、开办企业所缴纳的各项税费等。此时要严格核算企业的可控变动成本和可控固定成本，根据企业经营目标和产品市场状况，合理确定可控成本的范围及边界。

第 五 节　拓展阅读——让非遗走向现代生活

我国文化悠久，历史底蕴丰厚，自古代民间就传承了各式各样的工艺文化、民间文学，拥有非常丰富的文化资源。其中，尤以各类"非物质文化遗产"（简称非遗）最为突出。非遗即文化遗产，也是大学生创业的优质资源，常州工学院的"知一"团队，就以非遗"金坛刻纸"（剪纸的一种）为项目核心成功创业，带领非遗走入现代生活。

在 2017 年常州工学院的一次"刻纸进校园"活动中，陈俊博第一次接触金坛刻纸，从此对刻纸这门古老的民间艺术产生了浓厚的兴趣。他萌生了通过商业将金坛刻纸发扬光大的想法，于是很快找到几位志同道合的伙伴，一起成立了"知一"团队。

2018 年，刚组建没多久的"知一"团队以"中国韵＋原创"为理念，以传承和弘扬优秀传统文化为发力点，启动校级大学生创新创业实践项目——"别具匠心：星匠创意文化开发"，并很快确定了"将刻纸这一传统艺术与现代技术有机结合"的主攻目标。

2019 年，团队注册成立"常州星匠创意文化设计有限责任公司"（以下简称星匠公司）。然后团队成员访遍南京、苏州、安徽等地，数次往返金坛，探访老一辈技艺传承人，对刻纸故事和现状进行调查，并成功与金坛刻纸研究所签订了合作协议。在走访调查中，团队发现当前刻纸行业存在不适应市场发展、传承人才后继乏力、技术创新不足、普及度不高等问题。为更进一步地了解产品开发的延伸方向，团队又马不停蹄地前往上海、南京、苏州等地的多家文创店进行走访调研，并且利用平时休息时间联系厂家和实地考察，进行开版做货。

在金坛刻纸研究所以及多位剪刻纸传承人的配合下，星匠公司提出了很多的文创构思。公司一方面将校园景观、景点地标等用金坛刻纸的相关工艺制成图案；另一方面将金坛刻纸的图案与日常用品，如作业本、笔记本等结合起来，使得产品既富有金坛刻纸的传统文化韵味，又具有现代的活泼气息。

为了进一步宣传金坛刻纸文创产品，星匠公司陆续进驻时下流行的社交媒体——抖音、微博、微信等线上平台，不遗余力地宣传金坛刻纸文化和产品，还运用 VR 全景技术搭建了在线刻纸展厅，运用 3D 全息投影捕捉刻纸的工艺步骤，全方位展现金坛刻纸的艺术特色，建立起金坛刻纸线上非遗馆、全国剪刻纸分布电子地图。同时，公司还通过淘宝店铺销售相关产品。在线下，星匠公司积极与高校、社区、政府机构等进行合作和文化推广、定制服务。

为了进一步扩大项目的知名度，获得更多的指导和支持，项目团队参加了"创新、创意及创业"挑战赛，获得了全国总决赛特等奖和最佳创意奖。这次获奖极大增强了项目团队的信心。未来，团队将开发更多刻纸系列衍生产品。

更多拓展阅读

案例启发

　　"知一"项目团队以弘扬中华传统文化为发力点，立足于金坛刻纸文化，通过跨界组合、原创设计、突破常规和资源的高效运用，让这门古老的非遗艺术焕发新生。这一创业行为体现了当代年轻人对传统文化的传承与创新的创业精神。传统文化中蕴含着丰富的"营养"，不管是带给人的精神力量，还是其本身具备的艺术审美力、国际影响力，都值得当代年轻人去继承与发扬。这也是新时代的人们应当背负的时代任务。

第 六 节　自我评估

下面提供了关于创业资质的测试，可帮助大学生判断自己是否适合创业。由于影响个人创业的因素很多，因此最终测评结果仅供参考。

创业资质测试

〖测试说明〗

下面有 13 道题，选项中 A 代表"经常"；B 代表"有时"；C 代表"很少"；D 代表"从不"。请根据自己的实际情况对以下问题作答，不要花时间去揣摩答案，回答完成后计分。计分时，选 A 得 4 分，选 B 得 3 分，选 C 得 2 分，选 D 得 1 分。

1. 在急需决策时，你是否在想"再让我考虑一下吧"？
2. 你是否为自己的优柔寡断找借口说"得慎重，怎能轻易下结论呢"？
3. 你是否为避免冒犯某个有实力的客户而有意回避一些关键性的问题，甚至有意迎合客户呢？
4. 你是否无论遇到什么紧急任务都先处理日常的琐碎事务呢？
5. 你是否非得在巨大压力下才肯承担重任？
6. 你是否无力抵御妨碍你完成重要任务的干扰和危机？
7. 你在决策重要的行动和计划时，常忽略其后果吗？
8. 当你需要作出很可能不得人心的决策时，是否找借口逃避而不敢面对？
9. 你是否总是在晚上才发现有要紧的事没办？
10. 你是否因不愿承担艰苦任务而寻找各种借口？
11. 你是否常来不及躲避或预防困难情形的发生？
12. 你总是拐弯抹角地宣布可能得罪他人的决定吗？
13. 你喜欢让别人替你做你自己不愿做而又不得不做的事吗？

〖测试分析〗

若得分在 50 分以上，说明你的个人素质与创业者相去甚远；若得分为 40~49 分，说明你不算勤勉，应彻底改变拖沓、低效率的缺点，否则创业只是一句空话；若得分为 30~39 分，说明你在大多数情况下充满自信，但有时犹豫不决，不过没关系，这也是稳重和深思熟虑的表现；若得分为 15~29 分，说明你是一个高效率的决策者和管理者，有望成为成功的创业者。

第 七 节　思考与练习

1. 杭州娃哈哈集团有限公司创始人宗庆后曾言，我认为做企业要有这些素质，特别在中国市场上，那就是诗人的想象力、科学家的敏锐、哲学家的头脑、战略家的本领。你是否认同这一观点？你认为创业需要具备哪些素质？

2. 青年处于创新创业的活跃期，大学生是"万众创业"的主力军。请你思考，大学生创业有哪些优势？为什么众多大学生选择创业？

3. 前清华控股董事长徐井宏表示"如今，国家对创新创业给予各种政策支持，市场机制正在完善，法治体系正在健全……与十几年前相比，今天的创业者是幸福的一代。"请思考：为什么今天的创业者是"幸福"的？当今大学生创业的有利因素有哪些？

4. 阅读以下材料，回答问题。

　　大学毕业的沈佳一因没有明显的特长和工作经验，多次被用人单位拒之门外。她放弃了继续求职，决定自己给自己打工。但刚毕业又没有任何积蓄的大学生，该如何开始自己的创业梦呢？沈佳一想到了自己家乡的豆腐脑，她盘算着，不如推着自己家做的豆腐脑到大街小巷去叫卖，如果生意好，说不定就可以自己开店了。

　　沈佳一说干就干，开始每天穿街走巷叫卖，一天下来只能赚到 50 元。制作豆腐脑的方法是父母教的民间传统做法，没有什么特色，难以吸引顾客。而产品没有优势，就很难做出口碑，沈佳一决定对豆腐脑的口味进行创新。经过反复尝试后，她研发出几种不同的口味，邀请顾客免费品尝。3 个月后，沈佳一做的豆腐脑终于获得了顾客的好评。一些老顾客每次听到沈佳一的叫卖声，都会不约而同地前来购买。就这样辛苦了半年，她的豆腐脑生意迎来了发展良机。一家酒楼的老板看中了沈佳一制作的豆腐脑，并与其达成合作意向：由沈佳一提供技术并负责制作各种不同口味的豆腐脑，酒楼则提供场地及开发资金。最后，扣除成本，老板和沈佳一各得纯利的 50%。这次合作，将沈佳一的豆腐脑品牌彻底推广出去。

　　（1）你认为沈佳一身上体现出了创业者的哪些优秀素质？

　　（2）案例中沈佳一的创业活动有哪些潜在的风险？应该如何应对？

第十章 大学生就业与创业案例分析

了解大学生就业案例；
了解大学生创业案例。

素养目标

能以开阔的视野认识和学习就业与创业的精神；
能从就业与创业案例中吸取经验。

案例导入

2021 年 10 月，第七届中国国际"互联网 +"大学生创新创业大赛总决赛在南昌大学拉开帷幕。这一年，有来自国外 117 个国家和地区的 1 263 所学校、5 531 个项目、15 611 人报名参赛，基本囊括了哈佛大学、麻省理工学院、牛津大学、剑桥大学等世界排名前 100 的大学，实现"百国千校万人"参赛，大赛"国际范""含金量"再创历史新高。

自 2015 年首届"互联网 +"大学生创新创业大赛举办以来，累计已有 603 万个团队、2 533 万名大学生参赛，实现了基础教育、职业教育、高等教育的贯通，仅 6 届大赛的 400 多个金奖项目就带动就业达 50 多万人。

创新创业是大学生实现高质量就业的有效途径，新时代的大学生有知识、有激情、有能力、有想法，在投身大学生创新创业大赛，发挥个人创意和才智的同时，也在创造于自己、于社会独一无二的价值。

案例思考

1. 你如何看待大学生创新创业大赛？
2. 你认为依靠创业实现就业、带动就业有何意义？

早在 2015 年，国务院办公厅就印发了《国务院办公厅关于深化高等学校创新创业教育改革的实施意见》，鼓励在校大学生创新创业。另一方面，为了丰富大学生就业形式，鼓励到祖国需要的地方就业，国家及各省市地区又组织开展了"大学生志愿服务西部计划""三支一扶计划""选聘毕业生到村任职""特岗计划"等活动。

多年来，为促进大学生高质量就业与创新创业，我国颁布多项措施，为大学生就业创业提供政策、教育、培训、资金等支持，积极营造了良好的就业创业环境。在这样的背景下，越来越多的大学生在不同岗位、不同行业、不同领域取得了成功就业与创业的不俗成绩。

第一节 大学生就业案例分析

课堂活动

活动主题：描述自己心目中的理想工作。

活动内容：你知道自己身边的亲人、朋友都从事什么工作吗？你对他们的工作环境有何了解？假设你即将就业，想从事什么样的工作？说一说你选择这份工作的原因。

在事业上取得大成就的人，肯定非常敬业、乐业。大学生要想在事业上获得成就，也必须培养阳光、积极的就业心态，认真对待职业和事业。

一 投身基层，发展自身才能

有这样一个寓言故事。

一位路人路过一个建筑工地，他询问其中一位建筑者："你们在干什么？"该建筑者说："我们从早到晚都在这里搬石头。"而另一位建筑者说："我们在建造圣殿。"如果国家是一座圣殿，那么基层工作者就是建造圣殿的人。

1. 在基层扎根

每逢毕业季，无数大学生站在就业的十字路口上，都会面临一道选择难题，是去繁华的城市寻找"康庄大道"，还是投身基层扎入"成长沃土"。近几年，面对这一问题，越来越多的大学生决定到乡镇一线就业、到西部基层奋斗、到中小微企业成长，在基层一线挥洒汗水，不负青春，成就自己的精彩人生。

2017 年，从北京大学毕业的优秀毕业生黄世芳，来到广西百色市德保县城关镇党建办工作，成为了一名基层工作者。毕业前，黄世芳原本获得了去广州一家知名企业就职的机会，但他最终还是选择回到家乡。大城市的工作环境相对好，收入也更高，但黄世芳认为，基层工作更加锻炼个人的能力和意志，相比不一定能够获得施展空间的大城市，到家乡带领村民走上致富之路，更有价值和意义。

当然，名校毕业的硕士研究生选择到家乡的基层工作，每日走村入户，不断处理各种琐碎繁杂之事，很多亲友和乡亲都无法理解，但黄世芳说："让一片土地逐渐变得更美好，是一件十分有价值的事情，现在，我们的基层需要更多学习能力强的青年大学生来充实队伍，青年大学生蓬勃的朝气和干劲是做好基层工作的有力保障。"

2. 带孩子看更大的世界

曾获南京大学栋梁奖学金特等奖、美国百人会英才学者、江苏省优秀共青团员等 40 项荣誉，在校期间发表学术论文 20 余篇，主持参与项目近 30 项，合作出版图书 5 部，获得软件著作权 25 项、发明专利 1 项的南京大学信息管理学院 2017 级情报学博士杨金龙，在返回家乡甘肃工作时，也遭到了很多人的不理解。回到大西北，其实是杨金龙进入南京大学求学时就已作好的决定。

进入南京大学后，杨金龙第一次发现了一个完全不一样的世界，大大的图书馆，海量的免费学习资源，各种学习平台，这些都是家乡的孩子们不曾拥有的。他立下决心："我带着自己的才学和资源，到祖国最需要的地方去，这是一种坚守奉献的情怀，更是一份沉甸甸的责任与使命。"

博士期间，杨金龙连续两年去海南开展支教志愿服务，捐赠爱心图书室，建立社会实践基地。毕业后，杨金龙选择回到西北师范大学从事教育工作，他认为师范学校的强项就是教育，希望可以通过西北师大的教学资源，带动地方基础教育的发展，让孩子们得到更好的教育。

3. 案例分析

无论是家乡的民众，还是西北的孩子，都渴望改变人生的机遇，而这一机遇，正是由学习能力强、有创新意识和一技之长的大学生带来的。为了鼓励大学生到基层进行就业、创业，近年来，国家出台了一系列优惠政策措施，而凭借着这些政策支持，有志于重新寻找自身价值定位，到基层的岗位上锻炼和增强自身能力，从而发现问题和解决问题的大学生，可以将自己的满身才能施展到真正有需要的地方，发挥所长，为家乡谋福祉，也活出自己的多彩人生。

二、去西部，做一名志愿者

从 2003 年开始，按照公开招募、自愿报名、组织选拔、集中派遣的方式，我国每年都会招募一定数量的普通高等学校应届毕业生，到西部地区从事 1 ~ 3 年的教育、卫生、农技及青年中心建设和管理等方面的志愿服务工作，鼓励大学生扎根基层，发挥自己的才能，实现自己的梦想。

在国家的号召下，一批又一批大学生选择到西部去，到祖国需要的地方去，在西部广袤的大地上书写自己的人生篇章。

1. 追梦之始

2018 年 7 月，大学毕业后的袁德美报名参加了西部计划，前往重庆市永川区，成为了一名区人力资源和社会保障局的西部计划志愿者。

刚到单位报到时，还是一名新人的袁德美被分配到办事大厅，负责接打电话、日常政策文件的解答，以及社保办理等工作。由于经验不足，业务生疏，刚到岗的袁德美不可避免地犯了一些小错误，也遇到了一些困难，但这并没有打击她的热情。日常工作比较琐碎，考验的正是一个人的耐心和毅力，她相信自己可以把这份工作做好。为了提升自己的工作质量和水平，袁德美虚心向同事请教，在同事的热心帮带下，经过一段时间的学习和锻炼，她逐渐适应了机关里的工作模式及工作环境，在工作中树立了"提供为民服务信息、进行便民在线服务"的思想，并在工作细节和实践中一点一点完善和提高了自己。

2. 奉献与坚守

在人力资源和社会保障局工作期间，袁德美没有忘记自己是一名西部计划志愿者，除了本职岗位工作，她不曾错过单位开展的任何一次志愿服务活动。儿童节时，她与同事们前往特殊学校，陪学校中的小朋友堆积木、拼图、唱歌，玩游戏。她还主动联系志愿者，成立了青少年之家故事团，组织开展了青年之家助力七彩公益课堂。由于该公益活动取得了较好的社会反响，袁德美也因此获评"优秀志愿者"称号。

后来，袁德美所在的单位进行机构改革，她由负责大学生医保和居民医保信息维护工作调整到社保局参保征缴科从事单位参保工作。工作的调动，意味着袁德美又将踏上新的志愿者征程。为了提升自己的业务水平，她投入大量精力适应新岗位，学习新知识，面对新岗位中的各种挑战，专业、耐心地解决新问题。

在新的岗位上，袁德美在 2 个月内走遍了区里 26 个街道、乡镇，讲解社保知识，发放社保政策宣传资料。她在各个乡镇成立义务讲解点，针对部分居民的个人咨询，及时、耐心地提供详细解答，每看到一个居民边点头边露出恍然大悟的笑容，袁德美都感到十分有成就感。

志愿者工作没有大风大浪，有的只是多而细碎的小事，甚至对于青年人来说，这些小事烦琐、枯燥、乏味，没有一点激情。然而袁德美认为，与民众相关的事都是重要的事，自己通过志愿者工作，可以培养踏实认真、为民服务的精神，此后在从事其他工作时，才能成为一名合格的工作者。

3. 案例分析

至 2022 年，西部计划已经实施了 19 个年头。19 年来，40 余万名西部计划志愿者在 2 000 多个县（市、区、旗）基层开展乡村教育、服务乡村建设、健康乡村、基层青年工作、乡村社会治理、服务新疆、服务西藏 7 个专项志愿服务工作，在广阔的西部展示新时代青年志愿者的理想信念、爱心善意、责任担当，在新时代新征程上奋勇建功立业。

我国著名作家老舍先生曾写下这样的诗句："让一切劳动都爆出火花，让一切行动都发出光彩。"无论任何工作，从业者都要埋头苦干、默默奉献、不畏艰险，在自己的岗位上书写出不平凡的故事，即使身在远方，也能不忘初心，明白自身工作的价值与意义，在实干担当中成就自我、开创未来。

三、让青春在平凡的岗位上发光

1. 最美奋斗者

为庆祝中华人民共和国成立70周年，中央宣传部、中央组织部、中央统战部、中央和国家机关工委、中央党史和文献研究院、教育部、人力资源和社会保障部、国务院国资委、中央军委政治工作部（以上均为简称）共同组织开展"最美奋斗者"学习宣传活动，引导人们永远铭记各行各业奋斗者为党和人民作出的重要贡献，永远铭记中华人民共和国筚路蓝缕、艰苦卓绝的奋斗历程，永远铭记英雄模范承载的爱国奉献奋斗精神，在全社会大力唱响礼赞新中国、奋斗新时代的昂扬旋律。

"最美奋斗者"共评选出278名"最美奋斗者"个人和22名"最美奋斗者"集体。山西省大宁县徐家垛乡乐堂村的乡村医生贺星龙就是荣获"最美奋斗者"的个人之一。作为一名平凡的村医、防疫医生，19年来，贺星龙恪守"24小时上门服务"的出诊承诺，一个电话，随叫随到，骑坏7辆摩托车，用烂12个行医包，累计出诊约17万人次，免收出诊费35万余元，为五保户患者免费贴药达4万元，深受患者的赞誉，并荣获"2019年度全国脱贫攻坚贡献奖""全国五四青年奖章""白求恩奖章""最美医生"等荣誉。

2. 从城市到乡村的"逆行"

2000年，贺星龙从运城卫校毕业后，毅然返乡当了一名村医。贺星龙出生在山西省大宁县徐家垛乡，这里地处吕梁山腹地，沟壑纵横、土地贫瘠。村里的年轻人期盼着山外的世界，一心想去山外谋生活。贺星龙走出了大山，但毕业后，又再次选择回到了山里。起初，有人很不理解他。确实，贺星龙总共有两次走出大山的机会：一次是从运城卫校毕业后，他可以留在当地当一名城市医生，在城市中奋斗；另一次是贺星龙在大宁县医院实习期间，医院十分看好他，他实习结束后，可以选择留在县城医院工作。

但贺星龙说："出去之前我就想好了要学医，学成了一定要回来。我不能辜负了乡亲们的恩情！"

1996年，贺星龙考上卫校时，需要准备3 025元的学费，而这一笔学费，是全村人各家各户30元、50元凑出来的。这份恩情，贺星龙想用一生来回报。

3. 24小时上门诊治服务

刚回到家乡时，由于村里没有现成的诊所，贺星龙便将自家的一孔窑洞改成了诊所。没有基本的医疗器械和药品，贺星龙便卖掉家里的羊和玉米，凑了不足1 000元钱，购买器械和药品。家乡沟壑纵横、村落相隔、出行不便，偶遇急诊就要跑得气喘吁吁，还十分耽误时间，贺星龙又从废品收购站淘了一辆自行车，开始骑车出诊。后来嫌自行车也不够快，贺星龙干脆从信用社贷款4 000多元，买了一辆摩托车。从此，摩托车的声音响彻大山。

无论是雨天，还是雪天，贺星龙都骑着摩托车奔驰在乡间小道上，亲自上门为村民诊治。甚至很多次，他骑车不慎摔倒了，爬起来又继续往村民家里赶去。最严重的一次，他右脚踝关节骨裂，依然忍着疼痛，坚持出诊看病。在贺星龙的努力下，村民们小病不用看、大病往后拖的习惯改变了，有时候有个轻微的头疼脑热也会打电话问询贺星龙。就这样，行医 19 年，贺星龙在风雨冰雪中一步一步走成一位最美的乡村医生。

4. 案例分析

从城市到乡村，放弃优渥生活的贺星龙，正是凭借着在平凡岗位上奉献自己的青春，成了平凡而伟大的英雄。2022 年的清明节，中国青年报社社会调查中心联合问卷网，对 2 048 名受访者进行的一项调查显示，87.1% 的受访者平时会关注平凡英雄的报道，其中 00 后的比例为 90.7%。中华民族从来不缺英雄，这些英雄可能并不是在祖国发展的关键领域中奉献价值，而是在一些平凡而普通的岗位上燃烧自己，然而，即使在平凡的岗位上也能履职敬业、不忘初心，为他人、为社会创造价值，也能铸就新时代的英雄篇章。作为新时代的大学生，要学习这些在平凡的岗位上作出不凡贡献的工作者们，用乐业、敬业的感恩之心踏上职业和人生的新征程，建功新时代。

第 二 节　大学生创业案例分析

📝 课堂活动

活动主题：我喜欢的创业家。

活动内容：在第 14 届创业家年会上，五星控股董事长汪建国，明源云创始人、董事长高宇，小鹏汽车董事长 CEO 何小鹏，UCloud 优刻得创始人兼 CEO 季昕华，壁仞科技创始人、董事长、CEO 张文，摩方精密董事长、联合创始人贺晓宁，锅圈食汇创始人杨明超荣获 2021 年度创业家奖。在我国各行各业的发展中，诞生了无数优秀的创业家，你最喜欢哪一位？说一说你在他身上看到了哪些"闪光点"。

创业家是一群有梦想、有使命，敢于冒险、敢于创新、敢于突破的人，他们有能力，有担当。大学生创业者作为创业者群体的重要成员，怀揣着改变世界的梦想，敢于去做前人没有做过的事情，在创业过程中也创造了各种佳绩和佳话。

一　建一座生态茶园

为什么自家茶叶品质好，却销路差？这个问题困扰着河南省信阳市浉河区龙潭村所有的茶农们，他们的"信阳毛尖"究竟有没有出路？

1. 萌生创业想法

商学院学生陈星出生于河南省信阳市浉河区龙潭村，这里是我国十大名茶之一"信阳毛尖"的主产区。信阳的茶是正宗的高山好茶，茶农们祖祖辈辈种茶，也制得一手好茶，但茶叶始终缺少良好的销售渠道，大多数茶叶基本都走不出本地。

陈星的家是茶农世家。他从小与父辈一起种茶、采茶，对茶有着十分深厚的感情。上了大学后，他就下定决心：要给家乡的好茶寻一个好出路。他开办了一家淘宝店，用于销售家乡的茶叶，同时趁着课余时间到各个茶馆、茶店去学习。大二时，他参加了"挑战杯"比赛，在与商家合作的过程中，广泛接触了物联网技术、无土栽培技术和有机蔬菜生长柜，认识到了现代农业的发展方向，这也让他"建设生态茶园"的梦想正式落地生根。

2. 创业积累

为了给自己的"生态茶园"之梦铺路，陈星开始有意识地积累知识。除了学习专业知识，他还学习了做网站，营销和管理方面的知识。大三时，他去了一家茶叶公司实习，近距离接触茶叶企业的运营形式，这次实习不仅让他积累了更多关于茶叶销售和公司管理的知识，也进一步坚定了自己创业的信心。他重点研究了家乡信阳毛尖的基本情况，甚至论文题目都是《信阳毛尖的品牌与销售现状》。

3. 准备创业

掌握了一系列的茶叶种植技术和营销理念后，陈星开始着手组建自己的团队。他先后邀请从事广告工作的好友冯士泰和计算机专业毕业的雷智强一起回乡创业，并注册成立了自己的第一家茶叶公司。

陈星想打造"信阳毛尖"原生态第一品牌，就不能只和家乡的茶农一样只懂种茶。他想要做出一种新模式，让家乡的茶农共同致富。为了建好自己的茶叶生态圈，他跑遍方圆几十里，考察地形地貌和周边旅游市场，最后成功建立起一个包括天然鱼池、餐饮住宿、农家乐、体验采摘区、茶叶生产加工区、茶品体验馆（产品展销区）以及可远程监控的物联网下的 mini 茶场等在内的茶产品配套基地。他还与河南农业大学合作研究了无人机喷药技术，极大提升了茶园施药施肥的效率。

经过一系列的奔波和资源整合，陈星理想中的茶叶生态圈逐渐建立起来。公司设在信阳黑龙潭，游客可以在体验区免费游玩，体验茶文化，购买绿色生态茶叶。此外，他还与商家合作，在郑州成立了他的第一家体验式茶馆，微店以及线上商城也逐步得到完善，茶叶销售额逐步上升。在现代经营理念的支撑下，陈星就这样从大学生一跃成为一个拥有千亩茶山的农场主。

4. 案例分析

在很多传统行业的优化转型上，掌握了先进理念、技术和知识的大学生往往能够提出更多有建设性的意见，甚至还能运用新颖的想法和思维创新产业生产模式，带动周边产业的共同发展。陈星的茶业生态圈，对整个乡村来说，是现代农业转型和乡村振兴的一条明路；对个人来说，是实现自己创业梦想的有效途径。有知识、有能力、有魄力的大学生创业者要想顺利实现自己的创业之梦，就必须敢想敢做，做好准备，锐意进取，同时也要脚踏实地。

二　将艺术香氛做成小而美的事

在英国，有一家私家花园。花园的主人是一位建筑设计师，他将自己对于宇宙的思考全部转化融入花园的设计中。这座闻名世界的私家花园每年会开放一天，引来无数人的参观，一个艺术香氛品牌也因它而诞生。

1. 放弃"理想"工作

何沐涵大学毕业后，回到了上海，顺利进入银行工作。在亲友的眼中，这是一份十分理想的工作，待遇好、体面，但何沐涵并不适应。银行的工作比较机械化、程序化，个人的个性难以得到发挥，而何沐涵是一个十分注重生活体验的人，她想要的是在工作中获得精神上的愉悦。

于是，她从银行辞职，选择到英国留学，并从金融学专业跨越到冷门的时尚管理专业。硕士毕业后，她在一家画廊工作，看到了关于"苏格兰宇宙思考花园"的新闻，并被这个新闻触动了，她想，自己有没有可能也创造出一点什么可以引起他人共鸣的东西？

2. 萌生创业想法

硕士毕业后，何沐涵回国，进入一家外贸公司工作，并尝试着将一些国外的小众香氛品牌引入国内。一年后，外贸公司被外企收购，她开始着手打造自己的香氛品牌。在她看来，香氛是可以提升个人精神愉悦的家居用品，不管是图书馆、家居店、超市货架，还是个人或家庭，都可以使用。

她租下一间20平方米的办公室，招了一个员工，正式开始创业。在与加工厂反复商量和打磨中，何沐涵的第一款产品正式推出。她通过"小红书"对产品进行推广，很快就积累了第一批粉丝，甚至有些淘宝买手店专门找过来，想寻求代理。

3. 打造艺术香氛品牌

互联网的能量是巨大的，令何沐涵没想到的是，受香氛吸引而来的不仅有上班族群体，还有国内东南西北各个地区的小城市的很多香氛爱好者。很快，何沐涵的香氛品牌就在天猫商城开通了官方旗舰店，她的艺术香氛正式开始品牌化，品牌产品甚至成了天猫商城家居频道的"明星"，销量成倍增长。

2020年，也就是正式创业的两年后，何沐涵的艺术香氛品牌与艾尔米塔什（冬宫）博物馆达成合作，推出了联名香水和香氛蜡烛。这一次联名合作，为何沐涵的品牌创建之路树立了一块鲜明的标志，也是她为自己的创业之路交出的第一份漂亮答卷。

4. 案例分析

虽然成功的创业者必然会经历各种困难和风险，但对于大学生来说，丰富的知识、专业的能力、开阔的视野、发展的眼光，都是创业必须的宝贵财富。当大学生拥有了一个"好点子"，并真心想为了实现这个"好点子"而付出努力时，就应该抓住机会，整合并利用自己的各种资源，在"新、奇、特"上下功夫，量力而行、稳扎稳打，在创业市场中闯出天地。

第三节　拓展阅读——寻访创业英雄

2021年1月，KAB全国推广办公室发布了"寻访2019—2020年大学生创业英雄活动结果名单"，这个名单分别展示了"2019—2020年大学生创业英雄10强""2019—2020年大学生返乡创业10强"，以及"2019—2020年大学生创业英雄100强"。了解企业（Know About Business，KAB）项目是共青团组织通过国际合作，推进中国创业教育发展的重要项目。KAB全国推广办公室举办这次活动，目的是寻找、发现、展示和传播大学生创业英雄的创业事迹，选树一批创新创业典型人物，充分发挥青年榜样的示范引领作用，活跃高校创新创业氛围，鼓励和支持广大青年学生积极投身创新创业，建功新时代。

榜单中的大学生创业者来自全国高个高校，他们的创业项目覆盖了新材料、油气能源、环保、服装、生态农业、蔬菜产销、文创、中医药制品等多个领域，不少创业企业已经获得了非常可观的盈利。例如，入围2019—2020年大学生创业英雄10强榜单的东北大学信息科学与工程学院自动化专业2018届本科毕业生孙兆舆，他创建的"水云织梦"项目在2020年销售额就已突破1 200万元，并初步打开海外市场。

列入名单的大学生创业者都是经过网络展示、百所高校创业社团负责人网络评审和专家评审等环节，基于创业企业成绩（包括商业价值、社会创新、社会责任价值）、创业者的创新创业故事（能够体现大学生创业的榜样作用）、大学生创业者具有较好的社会影响力三个标准严格评选出来的。这些都是当代优秀的大学生创业者，体现了年轻一代的创新思维与活力。

党的二十大报告中强调，必须坚持科技是第一生产力、人才是第一资源、创新是第一动力。作为新时代新青年，大学生是推动国家创新驱动发展战略的主力军，在我国知识经济转型的重要时期，在高新技术兴起、创新活动层出不穷的时期，大学生更应当不断培养自己的创新创业意识与技能，用专业本领、实际行动走上开拓创新之路，为个人价值实现、国家事业建设作出贡献，争作勇担民族复兴大任的时代新人。

更多拓展阅读

案例启发

《中长期青年发展规划（2016—2025年）》明确表示要高度重视青年、关怀青年、信任青年，始终坚持把青年作为党和人民事业发展的生力军，为青年在革命、建设、改革中施展才华创造条件、提供舞台，支持青年在伟大奋斗中实现自己的人生理想。大学生应当积极响应国家号召，投身创新创业实践中，这不仅是大学生自身适应快速发展的现代化社会的需要，也能为维持和推动国家创新体系建设输送力量。

第 四 节　自我评估

很多大学生在创业之前，都不确定自己是否适合创业，以及是否具备创业的素质。诚然，具备创业素质的创业者往往能够在创业之路走得更远。大学生不妨对自己的创业综合素质进行简单测试，了解自己的创业意愿、能力和倾向。

大学生创业素质综合评估

〖测试说明〗

创业素质的测评题（表 10-1），可帮助大学生创业者判断自己是否具备创业素质，是否能运营好创业项目。测试按照 A~E 这 5 个程度进行评分，A 为完全符合，B 为比较符合，C 为一般符合，D 为不符合，E 为完全不符合。注意，该测试仅供参考，不作为专业评判。

表 10-1　创业综合素质测试

评估要素	评估结果 （A~E）
我的想法通常比别人的更有价值，更具有创造性	
我具有丰富的想象力，并能把这些想法准确而生动地表达出来	
我的想法通常并不是天马行空、泛泛而谈，而是切实可行的	
每天早晨我都是怀着积极的态度醒来，感觉今天又是崭新的一天	
我不是一个风险规避者	
我知道如何控制自己的生活、性情和脾气，并做到自律	
我更倾向于主动地去把握和解决问题，而不是处于被动局面	
我善于观察周围事物，注重细节，把握契机，把不利局面转化为机会	
当我失望时，能够处理问题而不逃避放弃，能以积极状态重新投入工作	
当我选择创业时，家人能够理解我的不自由状态并支持和鼓励我	
我能够挖掘理想的合伙人或经理人、雇佣理想的员工	
我有雄厚的资金和稳定的财务来源，至少可以保证第一年正常运营	
我可以通过合理途径以自己能接受的成本募集资金	
我可以获得充足的物质来源，如原材料等，能很好地控制成本	
与打工相比，我更渴望有一份属于自己的事业	
我有一个很明确的创业目标，并可以为之奋斗，哪怕付出较大的代价	
我有勇气和耐心去实现创业目标，即使需要承担较大的风险	
我十分有信心，最终能实现自己的创业目标	
对即将创业的领域，我有很好的专业背景和技术	

续表

评估要素	评估结果 （A~E）
我了解创业行业目前的市场运作、竞争水平和相关法律政策	
我有管理经验，并擅长组织活动	
我眼光长远，更看重创业项目的发展潜力，而不是短期盈利	
我喜欢合作胜于凭一己之力完成工作	
我具有影响他人的能力，并使人信服	
别人认为我是一个值得信赖的人，并且充满活力、积极向上	
我善于和陌生人打交道，而不只是局限于熟人圈内	
我善于向媒体公众推销自己的想法，吸引别人的注意力	
我能同行业内的竞争者更容易实现竞合而非竞争	
我想我能够做到和上下游企业保持紧密合作，相互扶持，共同发展	
我同利益相关团体，如政府机构、金融机构能保持良好关系	

〔测试分析〕

每一题选择完成后，可参照以下解析进行自我评估。

选 A 的数量最多，则适合创业和守业，但创业者也应该注意全身心地投入创业事业，且要注意把握机会；选 B 的数量最多，则比较符合创业的要求，但仍需要提升守业能力，保证公司的长期发展；选 C 的数量最多，表明具备一定的创业素质，但自我认识不足，容易受外界因素的影响；选 D 的数量最多，表明具备创业意识，但不具备创业主动性，在风险和安稳之间更倾向于后者；选 E 的数量最多，表示不适合创业，或不想创业。

第五节　思考与练习

1. 职场人的最好状态就是敬业、勤业、精业、乐业。尊重工作，提升自己，才能寻求更好的职业发展，也才能创造更多可能。你如何看待敬业、勤业、精业、乐业？说一说你身边或你了解的优秀职场人物，分析他们在职场或人生中取得了哪些收获和成就。

2. 古语有云："前事不忘，后事之师"。大学生创业者可以借助前人的经验来提升自己的创业能力。当代，有许多企业家分享了自己的创业故事和创业经验，试着搜索你感兴趣的企业家的专访，从中总结经验，形成自己的体会。

3. 在"大众创业，万众创新"的时代背景下，大学生的创业创新受到国家、社会、企业和高校等多方面的重视和关注。你有创新创业的想法吗？试着为自己创新创业实践制订学习计划。